Tomislav Ivančić

Wenn Gott stirbt

THEOLOGIE

Forschung und Wissenschaft

Band 51

LIT

Tomislav Ivančić

WENN GOTT STIRBT

Fundamentaltheologische Zugänge

Geleitwort von
Prof. Dr. Jürgen Moltmann (Tübingen)

LIT

Umschlagbild: Eva Stauber/Riedenburg

Titel der kroatischen Ausgabe:
Ako Bog umre
teološki pristup
Verlag Teovizija Zagreb, 2008
ISBN: 978-953-209-164-9

Übersetzung aus dem Kroatischen: Marko Žarić
Textbearbeitung: P. Lic. theol. Markus Gebhard Stark OCist
und P. Willi Klein

Gedruckt auf alterungsbeständigem Werkdruckpapier entsprechend
ANSI Z3948 DIN ISO 9706

Bibliografische Information der Deutschen Nationalbibliothek
Die Deutsche Nationalbibliothek verzeichnet diese Publikation in der Deutschen Nationalbibliografie; detaillierte bibliografische Daten sind im Internet über http://dnb.dnb.de abrufbar.

2., unv. Auflage 2023

ISBN 978-3-643-15334-0 (br.)
ISBN 978-3-643-35334-4 (PDF)

Verlagskontakt:
Fresnostr. 2 D-48159 Münster
Tel. +49 (0) 2 51-62 03 20
E-Mail: lit@lit-verlag.de https://www.lit-verlag.de

Auslieferung:
Deutschland: LIT Verlag, Fresnostr. 2, D-48159 Münster
Tel. +49 (0) 2 51-620 32 22, E-Mail: vertrieb@lit-verlag.de

Geleitwort

Dies ist reiches Buch, voller Einsichten und Ideen.

Ich erkenne theologische Diskussionen wieder, die wir in der zweiten Hälfte des 20. Jahrhunderts geführt und die im 21. Jahrhundert ihre Folgen haben. Der Atheismus ist zur Signatur unserer Zeit geworden, jedenfalls im Westen.

Tomislav Ivančić beginnt mit einer Analyse des Atheismus und endet mit Atheismus als Herausforderung des christlichen Glaubens. Er unterscheidet den marxistischen Atheismus, der im Grunde eine Religionsgegnerschaft ist, vom theologischen Atheismus und vom Indifferentismus, einer Gleichgültigkeit gegenüber der Religion. Das ist weit die verbreitete Form des Atheismus, nicht nur in Kroatien.

Geschickt unterscheidet er zwischen Glaube und Religion: Religion ist der äußere Ausdruck und Vermittlerin des Glaubens in Lehren, Riten und Benehmen. Der Glaube ist Ausdruck der unaussprechlichen Tiefe der Existenz. Der Autor hält daran fest, dass der „wahre Atheismus in der Trennung von Gott durch die Sünde ist“ (18). Der interreligiöse Dialog mit fremden Religionen wird nicht erwähnt. Es geht um den Atheismus in Christentum.

Wir haben viel zu viel von Gott geredet und zu wenig von Jesus Christus. Mit dem Protestantismus verlangt Ivančić die Rückkehr zur Bibel und zu Jesus, weil er davon überzeugt ist, wer ihn sähe, der sieht auch Gott (27).

Besonders intensiv beschäftigt er sich mit der Frage: gibt es ein „atheistisches Christentum“? In den sechziger Jahren kam in den USA die God-is-dead-Theology auf. Gabriel Vahanian, Paul van Buren und Tom Altizer waren die bekanntesten Vertreter. Auch in Deutschland machte Dorothee Sölle mit „Atheistisch an Gott glauben“ Furore. Ivančić behandelt diesen Versuch kritisch unter dem Titel: Theologie des „toten Gottes“.

Nur Dietrich Bonhoeffer lässt er gelten, weil dieser eine christologische Antwort auf den Atheismus gefunden hat: „Nur der leitende Gott kann helfen.“ – Insgesamt offenbart sich der katholische Theologe aus Zagreb als Anhänger des evangelischen Theologen Bonhoeffer. Die Kapitel VI und VII widmet er ihm. Auch sonst kommt Bonhoeffer bei den Lösungen der aufgeworfenen Fragen vor.

Ganz im Sinne Bonhoeffers „Theologie des Kreuzes“, die Ivančić rühmt und teilt, versuchten ich und Eberhard Jüngel, den theoretischen und praktischen Atheismus mit Hinweis auf den gottverlassenen Gottessohn Jesus Christus zu integrieren: „Der gekreuzigte Gott“ 1972 und „Gott als Geheimnis der Welt“ 1977. Johann Baptist Metz sprach von einer „Gotteskrise“ und rief zu einer „Memoria Passionis“ auf, die allerdings erst 2006 veröffentlicht wurde.

Dann kamen auf die Theologie, evangelisch, katholisch und ökumenisch, andere Probleme als der Atheismus zu, und die Theologie reagierte darauf mit der südamerikanischen Befreiungstheologie, mit der ökumenischen Feministischen Theologie und mit der Ökologischen Theologie.

Inzwischen ist die atheistische Gleichgültigkeit gegenüber den Kirchen in der westlichen Welt gewachsen. Da brauchen wir die Stimme von Tomislav Ivančić dringend.

Tübingen, zur Jahreswende 2022 / 2023
Jürgen Moltmann

Geleitwort zur deutschen Ausgabe

Es ist mir eine große Freude, mit „WENN GOTT STIRBT“ nun den zweiten Band meiner Werke in deutscher Ausgabe vorlegen zu können. Der erste Band „HAGIOTHERAPIE IN DER BEGEGNUNG MIT DEM MENSCHEN. Grundlagen der Anthropologischen Medizin“ erschien bereits im Sommer 2015 im LIT Verlag Berlin / Münster.

Theologie erfasst ihre Grundbestimmung, wenn ihre Überlegungen um die zentrale Frage der „Rede von Gott“ kreisen. „Wenn Gott stirbt“ macht ernst mit einigen fundamental-theologischen Herausforderungen unserer Zeit – von „Gott in der Konsumgesellschaft“ über „Todesverständnisse heute“ bis zur „Theologie des toten Gottes“. Was heißt da „Transzendenz Gottes“ – oder des Menschen? Was bedeutet heute „Ethik“ und „Werteordnung“? Welche Bedeutung hat das Bekenntnis zu „Jesus, dem Christus“? Gerade unter Bedingungen des „atheistischen Ambientes“ muss der Christusglaube und der Glaube der Christen neu bedacht und ausgesprochen werden.

Meine Argumente sind erwachsen aus der Lebensumgebung in Kroatien, wo lange ideologische, atheistische und totalitäre Regime walteten, jedoch in etwas anderer Form als in anderen Ostblock-Staaten. Diese Gedanken wurden geprüft über Jahrzehnte internationaler Kooperationen und bewährt bei zahlreichen Seminaren. Ich bin mir trozdem bewusst, dass das deutsche Lesepublikum in einer ganz anderen Lebensumgebung gelebt hat und dass manche meiner Gedanken und Thesen ihnen nicht sofort klar sind. Ich wünsche mir, dass diese Verschiedenheit der Lebensumgebung nicht als Zeichen der intellektuellen Armut aufgenommen wird, sondern als ideenreiches Motiv zu neuen intellektuellen Perspektiven beiträgt.

Meinen tiefen Dank möchte ich ausdrücken – zuerst dem Verantwortlichen des LIT Verlages, Herrn Dr. Michael J. Rainer – und dann vielen meiner Mitarbeiter, die diese Übersetzung und Ausgabe ermöglicht haben.

Demnächst folgt mein neuer Band „ERNEUERUNGEN DER KIRCHE FÜR DIE WELT VON HEUTE. Impulse aus dem Zweiten Vatikanischen Konzil“.

Ich freue mich, mit dem deutschen Lesepublikum nun in einen noch direkteren Kontakt treten zu können.

Zagreb im November 2015.
Tomislav Ivančić

Inhalt

Geleitwort von Jürgen Moltmann i

Geleitwort zur deutschen Ausgabe 1

Vorwort 7

I Gott in der heutigen Konsumgesellschaft 9
- Einleitung 9
- Konflikt zwischen Logos und Mythos 10
- Der heutige Atheismus 16
- Die neue Welle der Religiosität 20
- Konsequenzen für Christen 26

II Gott kann doch „sterben“ 31
- Einleitung 31
- Kann Gott sterben?. 32
- Worum geht es? 33
- Todesbegriff 35
- Die Kirche als mystischer Leib Christi 38
- Gottes Verifikation in der Welt 42

III Atheistisches Christentum? – Theologie des „toten Gottes“ 49
- Einleitung 49
- Theoretischer und praktischer Atheismus 50
- Theoretische Ursachen des „atheistischen Christentums“ 54
- Die bekanntesten Vertreter der Theologie des „toten Gottes“. 58
- Ein kurzer kritischer Rückblick 63

IV Die Transzendenz des modernen Menschen 67
- Einleitung 67
- Begriff und Unterscheidung der Transzendenz 67

Transzendierungen des modernen Menschen . . . 71
Schlussfolgerung . . . 80
V Die Rolle der Werteordnung . . . 83
Einleitung . . . 83
Von einer mechanistischen zur ethischen Wirtschaft . . . 87
Die Werteordnung ist entscheidend . . . 93
Schlussfolgerung . . . 95
VI Jesus Christus und die Welt . . . 97
Einleitung . . . 97
Wer ist Christus für uns? . . . 98
Der Begriff der „Mitte“ . . . 100
Der christliche Glaube . . . 104
Die neue „Theologia crucis“ . . . 106
Mensch für andere . . . 109
Schlussfolgerung . . . 111
VII Die Wirklichkeit ohne Christus ist eine Abstraktion . . . 113
Einleitung . . . 113
Auf den Spuren christologischer Erkenntnisse . . . 115
Die christologisch begriffene Wirklichkeit . . . 118
Gottes verhüllte Gegenwart in der Welt . . . 124
Theologie des Kreuzes . . . 126
Einige hermeneutische Begriffe . . . 131
Wirklichkeit . . . 131
Weltlichkeit . . . 132
Diesseitigkeit . . . 132
Die mündig gewordene Welt . . . 133
Nichtreligiosität . . . 135
Gottlosigkeit . . . 135
Schlussfolgerung . . . 136
VIII Der Christusglaube im atheistischen Ambiente . . . 139
Einleitung . . . 139
Das atheistische Ambiente in Kroatien . . . 139

Der Glaube des Christen im atheistischen Ambiente 146

Schlussfolgerung 155

Literaturhinweise 157

Namensverzeichnis 163

Über den Autor 167

Vorwort

Folgende grundlegende anthropologische, philosophische und theologische Fragen sind heute aktueller denn je: Wer ist der Mensch, in welcher Welt lebt er? Wem gehört die Natur? Erreicht der Mensch mit seinen zahlreichen geistigen Fühlern Gottes Anwesenheit? Welche Zukunft hat die Welt? Was ist mit der Geschichte der Menschheit, wo und wie fing alles an? Warum verfügt der Mensch nicht über sich selbst, warum bestimmt er nicht selber sein eigenes Schicksal? Warum stellen Katastrophen, Krankheiten und selbst der Tod ihn so tragisch in den Schatten? Eine endlose Reihe von Fragen! Wo und wie findet man eine Antwort darauf?

In den Texten dieses Buches wird versucht, eine Antwort darauf zu geben. Diese Texte können erst jetzt in diesem Zusammenhang verstanden werden. Geschrieben wurden sie bereits in den achtziger und neunziger Jahren des zwanzigsten Jahrhunderts. Das war, so scheint es, etwas verfrüht, als sei die Zeit für ihr Verständnis noch nicht reif gewesen. Jetzt kommt es zu jener gesellschaftlichen Entwicklung, für die diese Arbeiten zur Zeit ihrer ersten Veröffentlichung lediglich eine prophetische Stimme sein konnten. Die gegenwärtige Gesellschaft versucht, mit ihren Konsumangeboten die brennenden Probleme und das Seelenleid des modernen Menschen vergessen zu machen. Europa ist bemüht, Nietzsches Rede vom toten Gott möglichst bald wirklich und sichtbar werden zu lassen. Doch verschiedene wissenschaftliche Entdeckungen der letzten Jahrzehnte zeigen deutlich, dass Gott nicht sterben kann, wohl aber der Mensch. Die Transzendenz ist dem heutigen Menschen aufgegeben. Auch durch die Mauern der heutigen Gesellschaft, innerhalb derer lediglich die Stimme: *panem et circenses* (Brot und Spiele) zu hören ist, sucht er den lebendigen Gott zu sehen und zu entdecken. Wenn der Mensch und die Gesellschaft die metaphysische Vision und die moralische Verankerung aufgeben, zerfallen die unterschiedlichen natürlichen, gesellschaftlichen, kulturellen, wissenschaftlichen und wirtschaftlichen Systeme – und am schnellsten zerfällt der Mensch selbst. Wieder sind wir mitten im unbekannten Kosmos ausweglos allein geblieben, sind dem „Großen Bruder" überlassen, der uns manipuliert, kontrolliert und uns auf die Ebene der Tiere zurückführt. Jesus aus Nazareth hat als einziger in der Menschheitsgeschichte seine Überlegenheit über den Bösen, über Tyrannen, über die Hölle und über die Ohnmacht des Menschen, der dem apokalyptischen Übel und der Todesangst vergeblich zu entkommen sucht, offenbart. All das sind Themen dieses Buches, welche die modernen grundsätzlichen Probleme von Menschen artikulieren und Wege zur deren Lösung zeigen.

Aufsätze in Sammelbänden und Zeitschriften erscheinen nur einmal vor den Augen der Leser und versinken anschließend in Vergessenheit. Sie sollten jedoch für den laufenden Gebrauch und zum Nachdenken bereit stehen, insbesondere wenn es sich dabei um Werke handelt, die auch heute noch aktuell sind. Dazu eignet sich am besten die Buchform. Das ist der Grund, warum diese Gedanken diesmal als Buch erscheinen. Das Buch stellt eine logische Folge des bereits veröffentlichten Buches „Dramatische Wege des modernen Beters“ dar und weist bereits auf das dritte Buch hin, das sich mit dem Wandel der modernen Mentalität im Menschen und in der Gesellschaft befasst. Aus dieser Trilogie ist dann die Hagiotherapie entstanden, die als pneumatologische therapeutische Hilfe zur Rückbesinnung der Menschen, zur Erneuerung der Gesellschaft und zur Freundschaft mit dem Schöpfer zu verstehen ist. Ich hoffe, dass dieses Buch, wie auch die gesamte Trilogie vielen Menschen die Hoffnung auf eine bessere Zukunft eröffnet und sie in ihrer Überzeugung stärkt, dass Mensch-Sein erhaben klingt (M. Gorki). Eigentlich ist es recht schön, in dieser Zeit zu leben!

Ich danke allen, die sich um die Veröffentlichung dieses Buches bemüht haben.

Zagreb, am Festtag der Taufe des Herrn 2008.

Tomislav Ivančić

I Gott in der heutigen Konsumgesellschaft

Versuch einer religiösen Diagnose des modernen Menschen und der Perspektiven des Christentums innerhalb dieser Diagnose

Einleitung

Die religiöse Frage des heutigen Menschen wird immer komplizierter. In einer solchen Situation scheint die christliche Verkündigung der Frohen Botschaft ihre Sicherheit und Zuverlässigkeit zu verlieren. Dieser Aufsatz möchte zur Klärung des Horizontes bei der Verkündigung beitragen.

Es geht vor allem um die Feststellung, was für einen Gott die heutige Konsumgesellschaft verehrt, welche Idole der Mensch in der Gesellschaft des Überflusses hat. Dazu ist es unerlässlich, neben der Beschreibung von religiösen Impulsen auch die Frage des Atheismus zu behandeln. Gleichzeitig soll gezeigt werden, dass unser heutiges Gottesbild nicht ausreichend biblisch und daher nicht in der Lage ist, den Herausforderungen von Religiosität und Atheismus des modernen Menschen zu begegnen. Es geht schließlich darum, den Rahmen zu erkennen, in dem unsere Verkündigung des Evangeliums heute verständlich und herausfordernd ist, sodass sie von unserer Generation neu angenommen werden kann.

Wie können wir den Begriff „Konsumgesellschaft“ genauer bestimmen? Es handelt sich um eine Gesellschaft von Menschen inmitten einer technischen Revolution. Der Mensch kommt aus einer landwirtschaftlich geprägten Kultur und hat vom ländlichen ins städtische Umfeld gewechselt. Getragen von Ergebnissen technischer Entwicklung in atomaren und kosmischen Maßstäben, ist er zum selbstbewussten, verantwortlichen und kritischen Schöpfer seiner eigenen Existenz geworden. Diese rasante Entwicklung der Zivilisation brachte ihm also nicht nur neue gesellschaftliche Strukturen, sondern auch eine neue Mentalität. Vor diesem Menschen befällt uns bei der Verkündigung Unbehagen. Wir fürchten, dass er auch noch die letzten Reste überlieferter Religiosität zu Staub zermahlen könnte.

Konflikt zwischen Logos und Mythos

In unserem Zeitalter ereignete sich der Übergang vom kosmozentrischen zum anthropozentrischen Denken. Die Entwicklung dieses Übergangs hat ihren Ursprung weit in der Vergangenheit. Schon in der griechischen Antike gab es einen Streit um den Vorrang von Logos oder Mythos. Der Logos gewann seinen Ausdruck in der Philosophie, der Mythos in der mythologischen Literatur. Die Grundlage der Philosophie sowie der Mythologie ist jedoch der gleiche Logos. „Im Anfang war der Logos…" Philosophie ist die höchste im Logos begrifflich ausgedrückte Errungenschaft. Dort, wo der Philosophie das Werkzeug der Begriffsbildung fehlt, springt die Mythologie ein. Sie versucht, mit Bildern, Symbolen und oft fantastischen Beschreibungen das nicht Aussprechbare herbeizuzaubern,[1] so wie ein Gedicht oder Lied versucht, mit Reimen, Rhythmik, Bildern, Musik u. a. die nicht aussprechbare Wirklichkeit auszudrücken, die ein Dichter in seinem Inneren erlebt. Der Mythos hat deshalb tiefere Grundlagen als die Philosophie. Er baut auf intuitiver Erkenntnis auf, die sich bis zur Grenze der geistig-mystischen Erkenntnis entwickelt. Die Dekadenz der mythischen Erkenntnis beginnt dort, wo anstatt des Erkenntnisinhalts die Symbolik des Ausdrucks als Wirklichkeit angenommen wird, wenn der Mythos mit Mythologie verwechselt wird, wenn der Logos, mit mythologischen Mitteln erkannt, durch diese Mittel ersetzt wird. Andererseits entsteht die Dekadenz auch dort, wo sich der philosophische Logos vom mythischen Logos, die Vernunft von der Intuition trennt, wenn also eine bestimmte Art von Erkenntnis als einzig mögliche Art genommen wird, wenn eine Erkenntnis auf Kosten der anderen missbraucht wird und die andere zu ersticken beginnt. Mythos und Logos dürfen sich nie miteinander identifizieren, aber auch nicht ganz trennen. Im Laufe der Geschichte, aber auch heute noch, wurden und werden immer wieder solche Fehler begangen. Die Religion läuft Gefahr, in ihren „Theologien" beide miteinander zu identifizieren, während der Atheismus ständig bemüht ist, die beiden voneinander zu trennen. Sowohl das eine als auch das andere führt zur Entfremdung des Menschen und richtet sich früher oder später gegen den Befürworter dieser Einseitigkeit. So war es im Laufe der Geschichte und so geschieht es auch heute. Die mittelalterliche Theologie absorbierte die Philosophie und machte auf diese Weise eine selbstständige Entwicklung von Philosophie und Wissenschaft unmöglich. Philosophie musste sich mit der Stellung der „ancillae theologiae" (Magd der Theologie) zufrieden geben.

Um Missverständnissen vorzubeugen ist es erforderlich, hier einige Begriffe zu präzisieren. Gott befindet sich sicherlich im mythischen Bereich, und zwar in dem Sinne, dass er mit der menschlichen Sprache nicht aussprechbar bleibt. Die Theologie „stottert" lediglich über ihn. Selbst die Heilige Schrift, Gottes Wort

[1] Vgl. H. Alfvén, *Svjetovi i antisvjetovi* (Welten und Gegenwelten), Zagreb, 1971, S. 9.

in menschlicher Sprache, vermag Gott nicht im Ganzen auszudrücken. Deshalb ist die Heilige Schrift zum größten Teil im dichterischen Stil geschrieben.[2] Sie spricht vom wirklichen Gott und lässt gleichzeitig das Unaussprechbare über ihn vermuten. Der Unterschied zwischen mythologischen und biblischen Aussagen über Gott ist aber riesig. Das nämlich, was die Heilige Schrift, insbesondere das Neue Testament über Gott berichtet, ist kein erfundenes Sinnbild, sondern Wirklichkeit. Christi Menschwerdung, seine Wunder, sein Tod und seine Auferstehung sind keine Symbole, sondern geschichtliche Tatsachen. Diese Tatsachen weisen auf eine noch tiefere Wirklichkeit Gottes hin, welche die menschliche Vernunft zwar ahnen, aber mit eigener Begrifflichkeit nicht entsprechend auszudrücken vermag. Die Theologie muss sowohl die aussprechbare als auch die nicht aussprechbare Wirklichkeit Gottes berücksichtigen. Eine bestimmte Diktatur der mittelalterlichen Theologie besteht darin, dass sie jegliche Forschung der Vernunft ausschließlich ihrer kosmozentrischen Thematik untergeordnet hat, anstatt der Vernunft ihre eigene selbstständige Entwicklung zuzugestehen, damit sich Vernunft und Intuition auf diese Weise vervollständigen. So hat sich die Philosophie, fest an die Theologie gekettet, lediglich mit dem Sein, mit Gott und solchen Themen beschäftigt, die ihr von der Theologie gestattet waren. In jeder selbstständigen Meinung sah man zugleich die Gefahr von „häretischen" Ideen und somit die Gefährdung des theologischen Systems. Eine solche Einschränkung des vernünftigen Denkens bedeutete jedoch gleichzeitig die Schwächung der Grundlagen der Theologie selbst. Die Heilige Schrift lässt sich nämlich durch wissenschaftlichen Fortschritt besser verstehen, und das bedeutet, dass dieser Fortschritt auch die Entwicklung der Theologie begünstigt. Die Theologie kann das bessere Verständnis von Gottes Wort ohne wissenschaftlichen Apparat der Exegese, Archäologie, Philologie nicht erreichen. Ohne Fortschritt der Anthropologie, Physik und Biologie kann die Theologie die Welt nicht verstehen, in der Gottes Wort sich verwirklicht. Die Theologie kann auf diese Wissenschaften nicht verzichten, denn Gott spricht zu seiner Kirche ständig durch das geschriebene Wort und durch die Zeichen der Zeit. Daher ist es unerlässlich, sowohl die Heilige Schrift als auch die Welt zu kennen. Die Theologie kann also nicht ohne wissenschaftliche Ergebnisse auskommen, gleichzeitig fürchtet sie sich aber vor diesen. In diesem Paradoxon, in dem sich die Theologie zurecht finden muss, überwog und überwiegt häufig die Angst, die sie nach drastischen administrativen Mitteln greifen lässt.

Die Unterordnung des anthropozentrischen unter das kosmozentrische Denken konnte nicht ohne Folgen bleiben. Mit natürlicher Notwendigkeit suchte die Vernunft nach eigener Autonomie. Da ihr diese jedoch verweigert wurde, kam

---

2 Vgl. D. Power, *Prospettiva teologica della sopravivenza della religione,* in: Concilium 1 (1973), S. 121.

es zur gewaltsamen Trennung und Feindseligkeit. Der Prozess dieser Trennung führte nicht nur zum Einlenken in Richtung einer anthropozentrischen Denkweise, sondern auch zum radikalen Bruch mit dem kosmozentrischen Denken. Da die Theologie die Vertretung des „amtlichen Gottes" war, wundert es nicht, dass diese Emanzipation der Vernunft von der Theologie den Weg der Emanzipation von Gott genommen hat. So endete dieser Prozess in der Säkularisierung und im Atheismus unserer Zeit.

Die Säkularisierung ist ein Phänomen, das die Lebenswirklichkeit nicht auf sakrale Weise beurteilt, sondern sie unabhängig von religiösen Institutionen betrachtet.[3] Bei diesem Prozess kommt die Entmythisierung besonders zum Zuge, da sie alle religiösen Wirklichkeiten rationalisieren und ganz der Vernunft unterordnen möchte. Unter dem Begriff Säkularisierung versteht man sonst die legale Autonomie geschichtlicher Bedingtheit des Menschen und deren Betätigung auf dem Gebiet des Weltlichen. Der sakrale Raum ist dagegen der Bereich, in dem alle Phänomene ganz auf Gott ausgerichtet sind, sodass bereits der bloße Kontakt mit ihnen eine Verbindung mit Gott bedeutet. Dabei wird Gott als nur in diesen Relationen anwesend verstanden. Die Aufhebung des Sakralen ist daher eine Aufhebung der sakralen Tabuisierung dieser Phänomene. Sie bringt auf gewisse Weise Gott in die gesamte Welt zurück und gleichzeitig gibt sie die Welt zurück an den Menschen. Dem Menschen wird erneut die Stimme Gottes aus den ersten Seiten der Bibel bewusst: „Bevölkert die Erde, unterwerft sie euch." Es wird ihm gleichzeitig bewusst, dass die ganze Welt Gott gehört und dass die wahren Beter Gott nicht hier oder dort, sondern „im Geist und in der Wahrheit" anbeten werden, dass also der Vorhang zwischen dem Tempel und dem Allerheiligsten zerrissen wurde. Gott, der Herrscher der Welt, erwartet vom Menschen, dass dieser zum Herrscher über seine Welt werde. So ermöglichen der Prozess der Säkularisierung und die Aufhebung des Sakralen die Begegnung zwischen Gott und Menschen in der gesamten Wirklichkeit und nicht lediglich innerhalb eines bestimmten sakralen Raumes. Die Säkularisierung und die Aufhebung des Sakralen bedeuten für Christen neben negativen Elementen auch eine Herausforderung und ein Zeichen dieser Zeit, mit dem Gottes Wort in dieser geschichtlichen Wirklichkeit besser verstanden werden kann. Die Säkularisierung und Aufhebung des Sakralen bedeutet eine Befreiung weltlicher Bereiche von der Vormundschaft religiöser Institutionen. Dies schließt nicht unbedingt eine Verneinung Gottes ein. Der Atheismus hingegen ist die ausdrückliche Verneinung oder Ignorierung eines göttlichen Wesens, das sich vom Menschen oder der Welt unterscheidet und der Anbeginn und Ursache aller Wirklichkeit ist.

---

[3] Vgl. Jukić, J. *Sekularizacija podzemne Crkve* (Säkularisierung der Untergrundkirche), in Crkva u svijetu (Kirche in der Welt) 4 (1972), S. 297.

Der Entwicklungsprozess zur Säkularisierung, zur anthropozentrischen Denkweise, begann bereits ungefähr um das 13. Jahrhundert. Die Nominalisten begannen das harmonische Gebäude der Theologie zu zersetzen, indem sie den Glauben vom Wissen trennten. Da nach ihrer Auffassung alles Bestehende lediglich als Einzelwesen existiere, seien die Universalbegriffe nur leere Worthülsen. Demzufolge sei es unmöglich zu wissen, ob es Gott gibt oder nicht gibt. Für Deisten sei die natürliche Religion das Kriterium der wahren Religion. Hugo Grotius definiert das natürliche Recht unabhängig vom Gesetz Gottes. Es habe seine Gültigkeit „*etsi Deus non daretur*". Descartes vertrat die Auffassung, dass der Kosmos mechanisch, ohne Gottes Wirken in Bewegung ist. Kant beginnt mit seiner kritischen Philosophie. Alles müsse sich der Vernunft unterordnen. Die Aufklärung erklärt den Krieg der kritischen Vernunft gegen jede dogmatische oder skeptische Vernunft. Die Vernunft wird unaufhaltsam optimistisch und wird, um ihre Größe gegenüber der bis dahin geltenden Theologie unter Beweis zu stellen, in der französischen Revolution auf den Altar erhoben. Fichte setzte das „empirische ICH" mit der Vernunft und dem allgemeinen Sein gleich. Außerhalb vom Menschen und seiner Vernunft gäbe es sonst nichts. Hegel geht noch weiter und integriert die gesamte Wirklichkeit in ein geschlossenes System der absoluten dialektischen Vernunft. In diesem System ist Gott nicht mehr eine Besonderheit, während ihn andererseits die dialektische Methode vor der vollständigen Identifizierung mit der Wirklichkeit im pantheistischen Sinne bewahrte. In den Naturwissenschaften beginnt die Entwicklung der Autonomie mit Nikolaus von Kues, der meint, die Welt sei in der Tat nicht endlos wie Gott, aber doch konkret endlos, das heißt, die Welt sei eine endlose Menge und Unterschiedlichkeit konkreter vergänglicher Dinge. Keppler sieht in den planetaren Bewegungen noch göttliche Harmonie, aber bereits Newton versucht, metaphysische Prinzipien aus der Wissenschaft zu entfernen. Er leitet alles aus mechanischen Gesetzen ab. Laplace erklärt, die Wissenschaft brauche in ihrem aktuellen Stand die Hypothese „Gott" nicht. Während Keppler noch der Meinung ist, dass die Wissenschaft auf Gott hinweist, vertritt Newton den Standpunkt, dies treffe nur für das Unbekannte in der Wissenschaft zu. Von Weizsäcker ist der Auffassung, die Hypothese Gott sei gänzlich aus der Wissenschaft zu entfernen, da mit dem Wegfall des Unbekannten auch die Möglichkeit eines Nachweises der Existenz Gottes wegfallen würde. Gott befinde sich auf ständigem unehrenhaftem Rückzug.[4] Feuerbach meint, der Inhalt des religiösen Bewusstseins sei lediglich eine Projektion menschlicher Wünsche und Bedürfnisse. Der christliche Gott sei das Wesen des Menschen, wie es sich der Mensch vorstelle. Wenn ein Wissenschaftler nur im Bereich der Wissenschaft bleiben möchte, kann er über Gott nicht reden. Gott lässt sich mit wis-

4 Vgl. C. F. von Weizsäcker, *Zum Weltbild der Physik,* Stuttgart, 1960, S. 136 und folgende.

senschaftlichen Methoden und wissenschaftlichen Mitteln nicht nachweisen. Gott ist nämlich nicht das Ergebnis, sondern die Grundlage aller Naturgesetze. Deshalb ist das Gespräch über Gott ein gewisser Sprung aus der Wissenschaft in die Philosophie. Wir haben uns zu sehr daran gewöhnt, Gott lediglich induktiv ins menschliche Leben zu bringen. Wir bringen ihn aus seiner Transzendenz zu uns herunter, aus seiner Notwendigkeit schließen wir auf seine Existenz. Aus diesem Grund kann Feuerbach von einer Projektion menschlichen Bewusstseins und seiner Wünsche auf Gott sprechen. So bleibt man allerdings lediglich im Bereich von Religionen, nicht aber im Bereich des Christentums. Wenn Gott nicht auch deduktiv in unser Leben gebracht werden kann, dann bleibt dieser Gott ständig mit Zweifel, Unsicherheit und Projektion menschlichen Bewusstseins behaftet. Wenn das Christentum keine andere Möglichkeit hat, Gott den Menschen zu „zeigen“, außer aus Schlussfolgerungen wissenschaftlicher Ergebnisse oder Fehlern dieser Wissenschaften, wie auch aus ungelösten (zumindest jetzt noch!) Fragen von Existenz, Tod und Sünde, wenn es auf der Suche nach Gott auf „Lücken“ in der Wissenschaft und auf Misserfolge verschiedener philosophischer, wirtschaftlicher, politischer und psychologischer Systeme hinweisen muss, dann steht die Verkündigung heute vor ihrer Niederlage. Das Christentum hat aber die Möglichkeit und Notwendigkeit, Gott auch „deduktiv“ den Menschen zu offenbaren.

Der christliche Gott hat nämlich die Mauern der Transzendenz durchbrochen. Er hat sich in unserer Immanenz verkörpert, wurde geschichtlich wahrnehmbar und ist auch heute noch wahrnehmbar in seiner Kirche. Daher muss das Christentum nicht immer aus einer gewissen Notwendigkeit auf seine Existenz schließen, sondern es weist auf diese Existenz als eine positive Tatsache hin. Es bietet sie dem Menschen nicht als eine der möglichen Lösungen seiner Probleme und „Stopfung seiner wissenschaftlichen und moralischen Lücken“ an, sondern als Grundlage seiner eigenen Existenz, als einzige Rettungsmöglichkeit aus den Fängen der Sünde und des Todes, als einzige Alternative für seine Menschwerdung und als einzige Perspektive des Menschen. Dabei ist es jedoch nicht erforderlich, den Menschen zunächst von seiner existenziellen Tragik, seiner Sünde und Schwäche zu überzeugen, um dann triumphierend zu verkünden, dass er ohne Gott und demzufolge ohne uns nicht auskomme. Ein gesunder und kräftiger Mensch braucht Gott genauso wie ein Kranker, ein aufrichtiger Mensch genauso wie ein Sünder, ein Junge genauso wie ein betagter Mensch. Es ist also nicht erforderlich, Gott künstlich in unser Leben zu bringen. Durch die Verkündigung bieten wir dem Menschen die Möglichkeit, die Freude des Menschseins wahrzunehmen, und zwar gerade deshalb, weil Gott Mensch und unser Wegbegleiter geworden ist. Wir neigen dazu, Gott zu wenig zu offenbaren und ihn zu sehr nachzuweisen. Deshalb konnte Nietzsche vom baldigen „Tod Gottes“ reden und in seiner „Fröhlichen Wissenschaft“ eine Zeit vorhersagen, in der diese Tatsache den Menschen bewusst sein werde. Der heutige Mensch neigt immer weniger dazu, Gott als Postulat seiner eigenen Schwäche, Ohnmacht und Unkenntnis anzuerkennen. Nach blutigen Konflikten hat er sich überzeugt, dass in der Welt doch alles von ihm abhängt. Gott löst nicht unsere Probleme. Der Mensch hat erfahren, dass die Riten und die sakralen Zuständigkeitsbereiche keine Auswirkungen in der Welt und im Leben haben. Er hat erlebt, dass in der Welt auch ohne „unseren Gott" alles gut funktioniert. Er hat erfahren, dass die Geschichte der Kirche auch nicht unzweifelhaft ist. Sie habe sich nicht als ausschließlich heilig und moralisch heldenhaft erwiesen. Manchmal scheint es, dass gerade die Kräfte außerhalb der Kirche die Geschichte vorantreiben würden. Der heutige Mensch sucht also nach Gott als einer objektiven Wirklichkeit. Er sucht nach jemandem, der ihm entgegen kommt, und zwar nicht erst zum Zeitpunkt des Todes, sondern gerade im Leben. Gott ist zu erhaben, um nur mit dem Negativen im Menschen in Verbindung gebracht zu werden! Er verweist auf Mut, Hoffnung und Optimismus im Menschen. Ihn weist man nicht nach, mit ihm lebt man. Möglicherweise liegt das Problem unserer heutigen Verkündigung darin, dass wir uns zu sehr von der Wissenschaft verführen ließen und dazu übergegangen sind, Gott nachweisen zu wollen, wobei wir die tiefen, ursprünglichen Kräfte im Menschen, das Mythische in ihm vergessen haben, welches im Menschen genauso real ist wie das Vernünftige. So können Mythos und Logos zusammen dem Menschen helfen, Gott zu erkennen und anzunehmen – Mythos in den ursprünglichen Tiefen menschlicher Existenz und Logos in der Klarheit der Geschichtlichkeit Jesu Christi. Heidegger erklärte, Gott würde ihn nicht interessieren, da die Religion keine wissenschaftlichen Belege seiner Existenz bieten könne. Die Kirche hat aber die Möglichkeit, Jesus Christus vernünftig zu offenbaren. Bense war der Auffassung, Gott sei nicht möglich. Entweder entscheiden wir uns für das grenzenlose Denken, dann verschwindet der hypostatische Gott, oder wir unterbrechen das Denken und folgen dem Glauben, dann ist es Subjektivität. Bense ließ aber außer Acht, dass gerade der hypostatische Gott eine Wirklichkeit ist, mit der das Denken nicht zu Ende kommt. Seine Person ist nämlich immer unaussprechbar. Deshalb kann über ihn auch mythisch gesprochen werden. Bonhoeffer meint, der heutige Mensch könne nicht religiös, aber dafür Christ sein. Die Religion teile die Welt in zwei Sphären auf: eine himmlische und eine irdische. Jesus Christus vereine diese beiden Sphären. Der religöse Gott sei allmächtig, er komme wie ein „*deus ex machina*" der menschlichen Trägheit zu Hilfe. Der biblische Gott sei jedoch schwach, aufs Kreuz verbannt, immer anders, abwesend von der Welt. Er sei genauso stark wie er gekreuzigt und schwach sei. So ist für Bonhoeffer der heutige Atheismus nur ein Kapitel in der Theologie des Kreuzes. Er meint, das wahre Bild des biblischen Gottes werde sich erst dann offenbaren, wenn die Gottlosigkeit der Welt entblößt sei. Erst im Kreuz werde deutlich, wie der geschichtlich verkündete Gott mit menschlicher Begrifflichkeit doch unerreichbar und unaussprechbar sei.

Der heutige Atheismus

Kann man Bonhoeffer wirklich glauben, dass der christliche Gott für die heutige Generation annehmbar ist? Es ist nämlich eine Tatsache, dass es eine ganze Reihe von Emigranten nicht nur aus der Religion, sondern auch aus dem Christentum gibt.[5] So wie die Frage der heutigen Religiosität, ist auch die Frage des heutigen Atheismus ziemlich komplex geworden. Wenn wir eine Übersicht über verschiedene Arten von Atheismus gewinnen möchten, könnten wir ihn in Antitheismus, theoretisch-praktischen Atheismus und spontanen Atheismus unterteilen. Im Antitheismus unterscheiden wir zwei Schichten. Die erste Schicht ist der kämpferische Atheismus auf der Basis der ideologischen Einstellung. Er bekämpft Religion und Christentum nicht durch Beweisführung über die Nichtexistenz Gottes, sondern verlangt den Kampf gegen die Religion als Voraussetzung für die Befreiung des Menschen von seiner Entfremdung und als Mittel zur Erlangung einer eigenen Vision der Welt. Hierzu gehört vor allem der marxistische Atheismus. Er erschöpft sich nicht mit Nachweisen, dass es Gott nicht gibt, da es eine Sisyphusarbeit wäre, sondern mobilisiert seine sämtlichen atheistischen Kräfte für den Kampf gegen die organisierten Religionen. Er ist im Grunde kein Atheismus sondern eher eine Religionsgegnerschaft. Er kämpft nicht gegen Gott als solchen, denn was er theoretisch zu verneinen versucht, bejaht er in der Praxis, solange er den Kampf für eine bessere Welt und den Primat des Gewissens anerkennt. Der zweite kämpferische Atheismus oder Antitheismus existiert auf der Ebene der Elite. Das ist der philosophische Atheismus, der meint, Gott verleugnen zu müssen, damit der Mensch frei werde. So meint A. Camus, es könne Gott nicht geben, weil es Übel in der Welt gibt. Sartre richtet diesen antitheistischen Stachel positiv aus, indem er Gottes Existenz verbieten möchte, damit der Mensch frei werde. Gott sei das Hindernis menschlicher Freiheit. Auch dieser Atheismus stellt keine direkte Verneinung von Gottes Existenz dar, sondern fordert seine Nichtexistenz („Abschaffung"?) im Namen des Übels in der Welt und im Namen der menschlichen Freiheit.

Eine andere Art von Atheismus, der sogenannte theoretisch-praktische Atheismus, ist in sich nicht weniger komplex. Die Vertreter dieses Atheismus versuchen mit logischen Schlussfolgerungen nachzuweisen, dass es Gott nicht gibt. Diese theoretische Verneinung Gottes wird von ihnen als bestimmte Weltanschauung präsentiert. Sie sind dabei, eine Mentalität der Menschen ohne Gott zu schaffen

[5] Vgl. P. Bolkovac, *Atheisten, Christen: Atheismus im Westen,* 1966, S. 5 f.

und leben sich bewusst in eine Wirklichkeit ohne Gott und ohne Zukunft ein. Ihr Atheismus geht aus einer negativen in eine positive Phase über, aus der Absurdität der eigenen Hypothese von der Nichtexistenz Gottes in eine Phase möglicher Dilemmata über Gottes Existenz oder Nichtexistenz. Sie beweisen damit, dass es neben der theistischen auch eine antitheistische Weltanschauung geben kann. Hier ist sicherlich auch der Unterschied zwischen dem theoretischen und dem praktischen Atheismus zu finden. Echte und fundamentale Fragen des Atheismus kommen beim Menschen erst zur vollen Geltung, wenn diese absurde Hypothese der Sinnlosigkeit ohne Gott in die Praxis umgesetzt wird, das heißt, wenn sie ein eigenes Leben ohne Gewissen und moralische Werte zu leben beginnen. Denn solange es im Menschen den Gehorsam gegenüber dem Gewissen, den Einsatz für Gerechtigkeit und Menschlichkeit gibt, solange ist auch Gott im Leben des Atheisten zugegen. Ein solcher Mensch ist vergleichbar mit jenem Sohn aus dem Evangelium, der das Ersuchen des Vaters, in den Weinberg zu gehen, mit „nein" beantwortet, dann aber doch hingeht. Theoretisch verweigert er den Gehorsam, praktisch erfüllt er den Willen seines Vaters. Jesus sagt, dass dieser richtig gehandelt hat, während sein Bruder, der seinem Vater „ja" sagte und doch nicht hingegangen war, nicht gerechtfertigt ist und schlecht handelte. Eine andere Ebene dieses theoretisch-praktischen Atheismus ist ein zunehmend praktischer Atheismus. In ihm versuchen die Menschen, Gott durch eine Reihe von Perspektiven im Rahmen der Weltanschauung zu ersetzen. Es ist eine Tatsache, dass viele Menschen schon dadurch, dass sie Gutes tun, in ihrem Gewissen zufrieden sind. Sie empfinden keinen Bedarf nach irgendeiner Anerkennung Gottes in einer bestimmten organisierten Religion. Das ist auf jeden Fall möglich, wenn wir an den heiligen Johannes denken, der in seiner Epistel sagt, dass jeder, der seinen Bruder liebt und Gutes tut, die Vergebung der Sünden bekommt.[6] Die dritte Ebene dieses Atheismus ist der sogenannte funktionale Atheismus. Das ist ein Atheismus, der aus seiner Begriffsform in eine Form gesellschaftlicher Struktur übergeht. In einer pluralistischen Gesellschaft, in der das religiöse System nicht mehr mit dem kulturellen System identifiziert wird, beteiligt sich dieser Atheismus am Prozess der kulturellen Integration in Konkurrenz mit einer Menge anderer Systeme.

Dieser Atheismus verwandelt sich allmählich in einen soziologischen Atheismus. Die pluralistische Gesellschaft nivelliert von außen die Werte, sodass Gott durch Indifferenz neutralisiert wird. Diese Indifferenz entwickelt sich zum Massenphänomen, sie wird zum gesellschaftlichen Verhalten, das sich durch eine Reihe verschiedener Bedingungen formt.[7] So wird der Atheismus zur äußeren Herrschaft von Massen, ohne innere Zustimmung oder Ablehnung einer aufgezwunge-

---

6 Vgl. 1 Joh 3,8 und 3,10, insbesondere 3,20.

7 Vgl. A. Grumelli, *Doprinos tipologiji ateizma,* (Beitrag zur Typologie des Atheismus), in: Svesci 16 (1969), S. 29-32.

nen Alternative. Er ist ein spontaner Atheismus, der eigentlich kein Antitheismus aber auch kein positiver Atheismus ist, sondern vielmehr eine Ignoranz, eine Abwesenheit Gottes.

In diesen Ausführungen betrachten wir den Atheismus eher von außen, soziologisch, entsprechend seinen Phänomenen. Der innere Atheismus, die persönliche, private Beziehung zu Gott, entzieht sich der Erforschung. Für die Wissenschaft bleibt sie ein Geheimnis, es bleibt ein Drama, das sich zwischen den Einzelnen und Gott abspielt. Es entzieht sich unsrem Urteil, ob Menschen nun dem Atheismus oder dem Theismus angehören. „Urteilt nicht ..." (Mt. 7,1). Das ist insofern besonders wichtig, weil der wahre Atheismus in der Trennung von Gott durch die Sünde besteht. Ein solcher Atheismus ist sowohl im Herzen eines gläubigen als auch eines ungläubigen Menschen möglich. Die Frage des echten Atheismus wird also erst im Herzen beantwortet.

Es steht aber außer Zweifel, dass der äußere Atheismus oder Theismus auch das innere Verhalten des Einzelnen entscheidend beeinflusst. Dabei erschwert der Atheismus die Sendung der Kirche, allen Menschen die Erlösung durch Jesus Christus zu verkünden, oder macht diese Verkündigung sogar unmöglich. Der Atheismus verdrängt die Kirche in die Diaspora und zwingt sie, zur „kleinen Herde" zu werden. Sie muss deshalb zu einer anderen Art der Verkündigung finden. Es scheint, dass sie dadurch gezwungen wird, zu ihren Anfängen zurückzukehren, als sie in die heidnische Gesellschaft der römisch-griechischen Kultur vorzudringen versuchte. Die Theologie hat das erkannt und hat sich deshalb auf die Suche begeben. Das hat allerdings „Lager" unter den Christen geschaffen. Gott ist dadurch vielen auch innerhalb der Kirche unbekannt geblieben. Er ist plötzlich uns allen fremd geworden. Diese Andersartigkeit offenbart sich bereits in den Unterschieden zwischen der scholastischen und der biblischen Theologie. Ohne biblische Theologie ist es aber heute nicht möglich, Jesus Christus zu verkündigen. Die Theologie war bisher zu sehr rationalistisch, jetzt kehrt sie zu jenem Mythischen im Menschen zurück. Sie kommt dem menschlichen Herzen und den Tiefen seiner existenziellen Abgründe näher. Ist der Atheismus nicht eigentlich eine Herausforderung an das Christentum, ein Zeichen der Zeit, das die Kirche vehement zwingt, zu ihrer „ersten Liebe" zurück zu finden? Muss sie dadurch nicht ihre Metanoia erleben, bei der sie von frommen und klugen menschlichen Sprüchen über Gott zum radikalen Gehorsam gegenüber seinem Wort übergeht?

Anscheinend ist der Atheismus dem Christentum gar nicht so fremd. Es steht fest, dass man die ersten Christen Atheisten nannte.[8] Sie hatten weder Tempel noch Kultus wie andere Religionen. Ihr Tempel war die ganze weite Welt und

[8] Vgl. H. Jedin, *Velika povijest Crkve I,* (Handbuch der Kirchengeschichte I), Zagreb, 1972, S. 190 u. 203.

daher jedes Haus. Ihr Kultus war das christliche Leben, wovon uns der heilige Paulus Zeugnis gibt.[9] Christen lehnten alle Götter und Idole ab. Ihr Gott war der Mensch Jesus Christus. Das Christentum schien also eine radikale Religionslosigkeit zu sein, vollkommene Immanenz, Horizontalität. Das Leben der Christen war aber anders. Der heutige Atheismus ähnelt in dieser Hinsicht eher einem Frühstadium des Christentums. Kann das ein Hinweis darauf sein, dass das Christentum in manchen Bereichen zu sehr kultisch und in Tempeln eingeschlossen ist, dass es sich manchmal Idole baute und den Gott der eigenen Theologie für wichtiger hielt als den biblischen Gott? Ist es vielleicht ein Zeichen, dass das Christentum sich zu wenig auf Jesus Christus bezieht und zu sehr auf alle möglichen beweisbaren und nicht beweisbaren Gottheiten? Die Kirche ist das „neue Israel". Es ist bekannt, dass der Gott des alten Israel am meisten gegen den Götzendienst kämpfte. Das war Israels schwerster Atheismus und schwerste Sünde. In dieser Hinsicht könnte man meinen, das Christentum sollte atheistischer werden, um christlicher sein zu können.

Um das zu begreifen, ist es erforderlich, auf den Unterschied zwischen Glauben und Religion hinzuweisen, der heute in der Theologie allgemein akzeptiert ist. Glaube ist die Annahme eines Wertes als eines grundlegenden menschlichen Gutes. Der Glaube schließt eine persönliche Beziehung und Hinwendung zu einer anderen Person ein, deren Einladung wir mit unserem Glauben beantworten. Der Glaube ist vor allem die Antwort des Menschen auf die Stimme seines Gewissens. Er ist noch eindeutiger die Antwort des Menschen auf den Ruf des Wortes Gottes. Dieser Ruf des Gewissens und des Wortes Gottes durch die Verkündigung verlangt eine Antwort der gesamten Existenz. Der Mensch steht und fällt mit dieser Antwort. Hier liegt seine eigentliche Sinngebung, seine Verwirklichung oder Selbstvernichtung. Es ist nicht möglich, auf diesen Ruf lediglich mit einem Teil des eigenen Lebens zu antworten. Der Glaube ist ein Wendepunkt des gesamten Menschen.

Die Religion ist aber die Vermittlerin dieses Glaubens, sein Ausdruck und Helfer in Lehren, Riten, Einrichtungen und Benehmen. Sie ist auf eine spezifische Weise ein Zeugnis des Glaubens, seine Ausgestaltung, sein ständiger Aufruf zum Glauben. Der Glaube ist Ausdruck unerforschter und unaussprechbarer Tiefen der menschlichen Existenz. Er lässt sich nicht völlig in Begriffe fassen. Er befindet sich im Bereich des Mythischen im Menschen. Deshalb wird er, aber immer nur bruchstückhaft, durch Religion ausgedrückt. Die Religion offenbart uns also die Wirklichkeit des Glaubens, sie verhilft diesem Glauben zum Ausdruck und weist zugleich auf das Unaussprechbare des Glaubens hin. Sie braucht dafür Riten, Symbolik, Zeichen, Parabeln. Die Religion verkommt jedoch, sie beginnt

9 Vgl. Röm 12,1.

rationalistisch zu werden, wenn sie ihre Basis verlässt, wenn sie zum Selbstzweck wird und sich in ihren Riten und ihrer Symbolik versteinert. Damit dient sie nicht mehr dem Glauben, sondern verwandelt sich in egoistische Passivität. Ähnliche Fehler entstehen auch dort, wo der Glaube allein in der Religion zum Ausdruck kommt. Der Glaube ist nämlich ein viel breiterer Begriff als Religion. Das Pharisäertum, das Jesus Christus so heftig kritisierte, war ein Ausdruck dieser Versteinerung der Religion und ihrer Identifizierung mit dem Glauben. Die Religion ist ein Teil des Lebens, der Glaube ist das Leben selbst. Deswegen dient das religiöse Leben dem Glauben durch eine unaussprechbare aber vollkommene Hinwendung des Menschen zu Gott und den Dialog mit ihm. Solange die Religion die Antwort des Menschen auf den Ruf seines Gewissens und des Wortes Gottes wiederspiegelt, solange sie ihn zu dieser Antwort mit seiner gesamten Existenz führt, ist und bleibt sie echt und gerechtfertigt.

Aus dieser Ausführung wird klar: Ein wahrer Ungläubiger ist derjenige, der den Ruf des Gewissens und des besonderen Wortes Gottes nicht beantworten will. Das ist der Sünder, der Mensch, der damit seine gesamte Existenz mit Füßen tritt. Ein solcher Unglaube kommt sowohl im Atheismus als auch in der Religion vor. Gleichzeitig sieht es so aus, dass unser Begriff des Atheismus in den meisten Fällen die Religionslosigkeit und nicht den Unglauben bezeichnet. Und gerade hier liegen die Missverständnisse über Atheismus und Religion. Ist der heutige Atheismus nicht ein Ergebnis mangelnder Authentizität der Religion und des Christentums? Die Menschen wären geneigt, Jesus Christus zu akzeptieren, aber nicht jene von Christen vorgegebene Antwort. Sie wären bereit, das Gewissen zu akzeptieren, aber nicht in der von Religionen vorgeschlagenen Art und Weise. Deshalb ist das Christentum heute aufgerufen, zunächst den Glauben zu verwirklichen, ein Leben als Antwort auf Gottes Wort zu leben, dann wird die Religion von sich aus gerechtfertigt. Der Atheismus ist also nicht eindeutig. Er kann ein Protest gegen den Unglauben, aber auch ein Ausdruck des Unglaubens sein. Er kann auf diese Weise zur Religion werden, jedoch einer Religion der „Abwesenheit Gottes", des „Schweigens Gottes in der Welt". Es ist auf jeden Fall sehr schwierig, über Atheismus im absoluten Sinne zu reden.

Die neue Welle der Religiosität

Es scheint, dass der Atheismus heute bereits überwunden oder lediglich eine Phase in der Reinigung der Religionen ist. Die heutige Gesellschaft wird zunehmend religiöser und bekommt ihre eigenen Götter. Wir haben uns schnell daran gewöhnt, die heutige Gesellschaft nur als sakral-los, säkularisiert und atheistisch zu betrachten. Wir hatten schon eine künftige Welt ohne Gott vor Augen, sprachen von einer religionsfreien Gesellschaft. Soziologische Forschungen zeigen jedoch, dass eine solche Schlussfolgerung völlig falsch ist. Nicht nur, dass Religion in allen ihren Formen bestehen blieb, sondern sie bekommt ganz unerwartete Impulse. Es gibt zwei Arten dieser religiösen Impulse: positive und negative.

Positive Religiosität offenbart sich heute in Aktionen, die in sich religiös, also ein Ausdruck des Glaubens, aber in ihrer Darstellung profan geblieben sind. Heute zeigen die Menschen mehr Solidarität gegenüber anderen als es in früheren Zeiten üblich war. Sie sind dadurch bereit, die überlieferten Grenzen ihres sozialen Rahmens zu überschreiten und sich zu Werten hinzuwenden, die sie selbst übertreffen. Sie sind bereit, dafür Opfer zu bringen, auf eigene Interessen zu verzichten und sich mit Obrigkeiten und Autoritäten auseinanderzusetzen. Sie spüren das gemeinsame Schicksal aller Menschen. Eine innere Stimme sagt ihnen, dass es kein individuelles, sondern nur ein gemeinschaftliches Glück gibt, und dass nur in Solidarität mit anderen auch das persönliche Glück erreicht werden kann. Sie haben keinerlei Beweise von Gott, reden nicht über ihn, vielleicht wissen sie auch gar nichts von ihm. In ihnen gibt es aber eine grundlegende Erfahrung Gottes. Diese Erfahrung wurde durch das Gewissen gewonnen, in dem der Mensch spürt, dass er sich entweder vollkommen verwirklicht oder vernichtet. Sie spüren die Unerbittlichkeit der Wahrheit, die Überlegenheit der Liebe, die Faszination der Schönheit, die Ewigkeit der Güte. Andererseits sind sie empört vom Bösen, spüren die Abgründe des Hasses, die Hölle des Egoismus. In der Wahrheit, Güte und Schönheit sehen sie die Offenheit für die Zukunft in nicht einsehbaren und grenzenlosen Perspektiven. Sie sind bereit, dafür ihr eigenes Leben zu opfern in der Überzeugung, dass sie damit nicht etwas verlieren, sondern gewinnen, dass sie eine Perle kaufen, für die es sich lohnt, alles zu verkaufen, um sie kaufen zu können. Im Bösen sehen sie die Barriere aller Perspektiven, auch derer, die rein irdischer und menschlicher Natur sind, und die Vernichtung der Humanität und des Lebens. Hier handelt es sich um eine Erfahrung Gottes, aber nicht mehr in der äußeren Welt und ihrer Ordnung, sondern im Menschen selbst. Gott ist aus der kosmozentrischen in die anthropozentrische Dimension des Menschen gekommen. Man ist von rationalistischen zu mythischen Beweisen übergegangen. Gott offenbart sich in der nicht aussprechbaren menschlichen Existenz, im Schweigen, in der Abwesenheit. Der Mensch erlebt Gott nur in der absoluten Aufforderung, für andere zu leben und da zu sein. Dies ist eine wesentlich religiöse Erfahrung im Menschen. Alle Opfer, Gebete und Riten sind nichtig, wenn das Herz nicht Gott zugewandt ist.

All das zeigt klar, dass eine Aufspaltung in Weltliches und Profanes, in Atheismus und Theismus, in eine säkularisierte und eine sakrale Welt unbegründet ist. Es ist auch falsch zu denken, nur primitive und unterentwickelte Kulturen seien religiös, industrialisierte dagegen nicht religiös und säkularisiert. Religiosität bedeutet nicht gleichzeitig auch Zugehörigkeit zu einer institutionalisierten religiösen Gemeinschaft und Praxis innerhalb dieser Gemeinschaft. Das Heilige wird hier nämlich als eine tiefere Dimension des Profanen erlebt. Der Aufruf an den Menschen, humaner zu sein, hat eine religiöse Bedeutung. Bereits die bloße Solidarität mit anderen ist nicht nur ein moralischer Begriff. Sie verlangt Bewusstseinsänderung. Das Verständnis von einem gemeinschaftlichen Schicksal ist ebenfalls mehr als lediglich ein moralischer Begriff. Das schließt nämlich den Glauben und die Hoffnung ein. Die Menschen glauben, das Leben müsse anders sein und hoffen, das auch zu verwirklichen. Es bedeutet also, die Welt nicht ihrem Schicksal und ihrer Profanität zu überlassen, sondern die Wirklichkeit kräftigeren und sichereren Händen anzuvertrauen. Mancherorts kommt es zu dem Paradox, dass die Religiosität dieses Phänomen bestätigt. Es gibt Menschen, die in Jesus Christus ein Symbol und die Realität der menschlichen Befreiung sehen.[10] Es ist eine Frage der Tat und keine bloße Anerkennung in Worten. Das Heilige und das Profane schließen sich also nicht aus, sondern sie ergänzen sich. Das Heilige gehört nicht ausschließlich den Tempeln. Das gesamte Leben ist heilig, wo immer Gott am Werk ist, wo sein Königreich aufgebaut wird. Jeder Mensch ist heilig. Die Säkularisierung erscheint in diesem Kontext wie eine Befreiung von übertriebener Vormundschaft religiöser Institutionen und nicht als bloße Profanisierung des Lebens. Es ist gleichzeitig eine Befreiung der Kirche zum Dienen, was sie beim Paktieren mit Machthabern leicht vergessen konnte. Die Säkularisierung ist demnach ein Kampf zwischen zwei Begriffen vom Heiligen: einem exklusiven, kirchlich-institutionellen auf der einen, und einem offenen und freien auf der anderen Seite.

Die Heilige Schrift kennt Zeiten, in denen Perioden der Säkularisierung von solchen der Sakralisierung abgelöst werden. Diese Perioden wechselten sich ab oder bestanden sogar gleichzeitig. Jede dieser Perioden schloss aber Gott ein. Es waren zwei Standpunkte der Wirklichkeit, eine theozentrische und eine anthropozentrische Sichtweise.[11] Es reicht, das Buch Ijob mit Esra und Nehemia zu vergleichen. Genauso das Buch Kohelet mit dem Buch Sirach, wo wir tief pessimistische Gedanken über den Menschen und seinen Tod, ja sogar über die Absurdität des Lebens finden. Gleichzeitig werden darin kleinere Lebensfreuden als Hilfe gegen Verzweiflung vorgeschlagen. Der Schreiber zweifelt aber selbst dann nicht an Gott. Er empfiehlt auch den Tempelbesuch. Ijob verwünscht den Tag seiner Geburt, aber er kann auch sagen: „Der Herr hat gegeben, der Herr hat genommen; gelobt sei der Name des Herrn."[12]

---

[10] Vgl. G. Baum, *La sopravivenza del sacro,* in: Concilium I (1973), S. 30ff.

[11] Vgl. B. van Iersel, *Alternanza di tendenze secolarzzanti e sacralizzanti nella Scrittura,* in: Concilium I (1973), S. 105 f.

[12] Ijob 1,12.

Dass der Atheismus nicht die Zukunft der Menschheit ist, zeigt nicht nur die positive Religiosität, sondern auch ein Erwachen negativer Religiosität. Um uns herum meldet sich mystische, okkulte, geheime Religiosität. Einige vom Christentum längst exorzierte Gottheiten sind wieder im Kommen. Viele, insbesondere junge Menschen, werden von kultischen Elementen angezogen, von Riten, Gebeten, Magie, Weihrauch, Drogen. Es gibt sogar einen Kult des Irrationalen, insbesondere in Bewegungen, die verschiedene religiöse Persönlichkeiten anbeten. Kultische Elemente finden wir ebenso in der Astrologie, der Verehrung von Hexen, der Anbetung von Dämonen, Anrufung von Geistern, im Aberglauben. Dies kann uns als harmlose Spielerei von Jugendlichen erscheinen. Tatsache ist aber, dass die Presse uns jahrelang von einer ganzen Reihe von Beispielen fürchterlicher Riten und unbegreiflichen Gewalttaten berichtete, die alle den Stempel außerzeitlichen Schreckens trugen. Es erscheint wie ein apokalyptisches Unheil, das über die Menschheit kommt. Sicher sind da magische und nicht religiöse Merkmale erkennbar. Dennoch ist es ein Zeichen, dass es den Religionen nicht gelungen ist, den Menschen vom Dämon zu erlösen.

Ein zweiter Aspekt dieses Erwachens negativer Religiosität trägt auch positive Merkmale. Unter anderem ist hier die Bewegung von jungen Hippies zu erwähnen, welche in den sechziger Jahren des vergangenen Jahrhunderts entstanden ist. Später wurde daraus eine Bewegung unter dem gemeinsamen Namen „Jesus Welle". Innerhalb dieser Bewegung unterscheidet man „The Jesus People" (Jesus Menschen), bekannt auch unter dem Namen „Street Christians" (Straßenchristen), dann eine weitere Gruppe, die unter dem Namen „The Straight People" (Gerade Menschen) bekannt ist, weiter die Gruppe „Children of God" (Gotteskinder) und „Campus Crusade for Christ" (Kreuzzug für Christus). In diesen Bewegungen findet man Elemente echter Religiosität. Sie zeigen der ganzen Welt, dass es möglich ist, ehrlich und kompromisslos an Jesus Christus zu glauben und zu ihm zu beten. Sie befreien sich von Drogen, was ein besonderes, beinahe wundersames Phänomen ist, und sie erleben ihre eigene Bekehrung. Auf jeden Fall ist es ihr Verdienst, dass Jesus in der ganzen Welt gepredigt wird und auch dorthin gelangt, wo die Amtskirche mit ihren Predigten nie hätte hingelangen können. Diese Bewegung ist anscheinend ein heftiger Protest gegen die Rationalisierung des Menschen und des Lebens. Diese einseitige Rationalisierung des Lebens zwang auch den bekannten baptistischen Theologen H. Cox, nach „The Secular City" auch das Buch „The Feast of Fools" zu schreiben. Aus der „weltlichen Stadt" pilgerte er zum „Fest der Verrückten". Statt weiterhin die nicht religiösen Formen zu vertreten, wechselte er zu jungen Hippies und zelebrierte mit ihnen eine neue Osterliturgie im Stil der Rockmusik. Er meint, das Christentum sei seiner eigenen Tradition untreu geworden, weil es zugelassen hätte, den Sinn für Feiertage und Phantasie aus dem Leben zu verbannen. Jede Einseitigkeit provoziert ihren eigenen Gegensatz.

Als wir eine Welt ohne Phantasie, Kunst und Religion erwarteten, meldete sich all das in übermäßigem Ausdruck bei jungen Menschen. Der Mensch will in Einheit mit seinen gedanklichen und mythischen Tiefen bleiben.

Während man im Christentum einen Rückgang des Mönchtums und einen Auszug aus den Ordensgemeinschaften verzeichnet, während Soziologen ebenfalls von der Atomisierung der Menschen reden, kommt es in der Welt, insbesondere bei jungen Menschen, zu einer neuen Art des Gemeinschaftslebens. Diese Menschen gehen sogar in die Wüste, um nach dem Vorbild der ersten christlichen Eremiten ein strenges Mönchsleben zu führen. Es bilden sich ganze Schulen, in denen junge Menschen zusammen kommen und in Diskussionen nach Entwürfen für eine neue Gesellschaft ohne Gewalt und Ungerechtigkeit suchen. Es entstehen auch Umweltschutzgruppen. Sie verlangen nicht nur eine Reinhaltung der Natur, sondern werben auch für vegetarische Diäten. Es existieren radikale, politisch eingestellte Gruppierungen, die das Eigentum, die Relikte der Geschichte und oft auch Menschenleben zu vernichten suchen, und damit in unterbewusster Absicht eine „liturgische Geste“ vollziehen.[13] Die ganze Welt zitterte seinerzeit vor Studentenunruhen, die durch Marcuses oder Maos Ideen inspiriert wurden. Es war ein fanatischer Zorn auf allen Meridianen gegen etwas, was man nicht wahrhaben wollte. Es begannen Idole im Menschen zu reden, nachdem Gott von seinen Horizonten entfernt wurde, es meldete sich der Rationalismus zu Wort, als die Seele, das Herz und das Gewissen ihren Wert in der Gesellschaft eingebüßt hatten. Es war ein Aufstand des Mythos gegen den Terror der Vernunft. Dieser Aufstand dauert auch heute noch in einer anderen Form an. Unter Jugendlichen gibt es heute einen Aufstand des Schweigens, sowohl organisiert als auch spontan, wie in der Familie, so auch auf der Straße. Als ob sie nichts mehr zu sagen hätten, als ob ihre Zunge stumm wäre, stehen sie da wie die antike Niobe über den toten Idolen, erdrückt von Ideologien, Politiken, Systemen, Theorien, Wettlauf nach Lebensstandards, leerem Gerede und ergebnislosen Sitzungen, gebändigt von den Alten in einer Gesellschaft, die nicht ihre Gesellschaft ist. Wenn sie den Menschen nicht nach außen zum Leben bringen können, ziehen sie sich in ihr Inneres zurück. Wenn ihnen die Hände gebunden werden, suchen sie nach neuen Freiheiten, wenn der Verstand sie bändigt, werden sie vom Mythos entfacht. Diese Jugendlichen suchen nach mystischen Erfahrungen, nach Stunden der Ruhe, des Gebets und der Kontemplation. Es ist kein Wunder, wenn sie dabei ungezügelt sind und oft zwischen Drogen, Sex und frenetischen Aufschreien in der Musik umherirren.

Meditation und Joga hat heutzutage immer mehr Anhänger unter jungen aber auch unter erwachsenen Intellektuellen. Sie wenden sich der kontemplativen Tra-

[13] Ähnlich geschah es im Fall des Priesters der Brüder Berrigan und ihrer Kollegen. Vgl. Concilium 9 (1971), S. 147.

dition des Ostens zu, wenden alte Methoden der gedanklichen und physischen Konzentration an. Sie verwerfen die moderne Welt als eine verhängnisvolle Illusion und versuchen, durch Meditation und einen neuen Lebensstil zur wahren Wirklichkeit zu gelangen.

Innerhalb des Christentums selbst melden sich neue Formen religiösen Erlebens. Es entstehen neue Gemeinschaften, es meldet sich die „Kirche außerhalb der Kirche" und auch die „Untergrundkirche". Es ist kein Zeichen, wie manche vereinfachte theologische Thesen es wissen möchten, dass die Kirche unfähig sei, diese Massen um sich zu versammeln, sondern vielmehr ein Ausdruck unerwarteter Eruption unterdrückter Religiosität. Noch naiver wäre es, von diesem ganzen Gefüge religiösen Auflebens einen Vorteil für die Kirche zu erwarten. Anscheinend erging es dem heiligen Paulus am schlechtesten in Athen unter zahllosen Gottheiten. Die geschichtliche und radikale Wirklichkeit des Christentums vermag viel schwieriger eine Reihe von Götzendienstformen zu durchbrechen, als eine rationale und trotzige Ablehnung aller Gottheiten. Daher dürfen wir sagen, dass der Atheismus bessere Chancen für die Christen bietet als ein Komplex zeitgenössischer Religiosität. Die Kirche ist zu beidem berufen: zur Befreiung der Atheisten von irdischen Idolen, von der einseitigen Ausrichtung auf die Vernunft, von sklavischer Knechtschaft und Abhängigkeit von Ideologien, politischen Systemen, sowie von eigener und religiöser Verzweiflung, von Dämonen, Göttern in der Luft (??) und Idolen. Atheismus und Antitheismus bedeuten keinesfalls eine vollständige Freiheit von Idolen. Es scheint aber, dass Atheisten offener gegenüber der Wirklichkeit und somit der Erkenntnis von Jesus Christus sind, als religiöse Menschen. Sie sind oft sogar eher bereit, in der Sinnlosigkeit und Verzweiflung zu sterben, als sich auf die billigen Vertröstungen und irrationalen Lösungen ihrer Lebensfragen in der Welt einzulassen. Ihre intellektuelle Aufrichtigkeit, ihr verzweifeltes Leiden macht sie fähiger, vor den offenen Armen und dem durchbohrtem Herzen Christi ehrlich auf die Knien zu fallen. Es ist auf jeden Fall Aufgabe der Kirche, sowohl religiöse als auch nicht religiöse Menschen zu erlösen. Dabei sollte sie nicht naiv Bündnisse mit den einen auf Kosten der anderen eingehen. Wie nie zuvor ist sie nun aufgerufen, den ganzen Menschen mit Vernunft und Herz anzunehmen, mit Verantwortung für die Wirklichkeit und durch die „Betrachtung des Unsichtbaren".

Das große Aufleben der Religiosität zeigt laut Darwin erstmals, dass die Religion im Atheismus besser dasteht. Mythische, sakrale und ekstatische Elemente wurden nicht eliminiert. Der Mensch lebt nicht nur vom Brot der Wissenschaft. Eine verminderte Praxis des christlichen Glaubens bedeutet keinesfalls eine Minderung der Religiosität. Im Gegenteil. Wenn die Kirche wegen ihrer versteinerten Strukturen und veralteten und unverständlichen Sprache den Menschen nicht zu erlösen vermag, überlässt er sich atheistischen oder religiösen Idole.

Konsequenzen für Christen

Atheismus und Religiosität, über die wir eben gesprochen haben, entwickeln sich in einem christlichen Ambiente, in einer Kultur, die jahrhundertelang von christlicher Mentalität durchtränkt war. Es fällt daher schwer, dem Eindruck zu widerstehen, das Eine wie auch das Andere seien keine Ausläufer aus der Wurzel des Christentums. Deshalb müssen auch die Gründe ihrer Entstehung im Erleben des heutigen Christentums liegen. Gewiss stimmt etwas mit unserem Glaubensleben nicht. Genau das wollte das letzte Konzil revidieren.

Zu revidieren ist vor allem unser Begriff von Gott. Wir können dies nur im Einklang mit der Bibel tun. Tatsache ist, dass unsere Kirche den Rationalismus in der Theologie zu lange überbetont hat. Die Heilige Schrift diente lediglich als Bestätigung theologischer Ausführungen. Wir haben uns zu sehr mit Gott und zu wenig mit Jesus Christus befasst. Wir erschöpften uns in der Beweisführung, ob es Gott gäbe, und vernachlässigten unsere Lebensgestaltung. Wir gaben uns damit zufrieden, Gott zu beweisen und auf Grund dieser Beweise zu triumphieren. Der biblische Gott wird nicht bewiesen, ihm wird zugehört und mit dem Leben geantwortet. So war dieser Rationalismus einer der Gründe für die Geburt des Protestantismus als Rückkehr zur Bibel, und heute ist er der Grund für eine wahre Eruption der Religiosität, die sich nicht mehr kontrollieren lässt. Auf der anderen Seite ließ dieser Rationalismus die Lebensprobleme außer Acht. Da sie also nicht von Christen gelöst wurden, mussten sich andere dazu bereit erklären, aber diesmal nicht neben, sondern auch gegen die Christen. Der Atheismus ist somit eine Folge der lebensfremden Standpunkte der Christen. Nun sollte es eigentlich möglich sein, Jesus Christus durch das Leben von Christen zu erkennen. „Daran werden alle erkennen, dass ihr meine Jünger seid: wenn ihr einander liebt" (Joh. 13,35). Der Zwiespalt des Christentums bewirkte, dass diese Liebe unsichtbar blieb, ja, es offenbarte sich sogar ein Mangel an Liebe. Gott ist also im Christentum unsichtbar geworden. Das musste den Atheismus zur Folge haben. Ein bestimmter Rationalismus der Kirche war der Grund dafür, dass der Mythos eigene Wege suchte, entweder im Atheismus oder aber in übertriebener Religiosität. Unser Christentum muss sich daher heute unbedingt zum biblischen Gott bekehren und gleichzeitig den Weg zur radikalen Liebe freimachen. Unser heutiger Glaube muss auf die eigene Rechthaberei und auf das Triumphgeschrei verzichten und sich dem Skandal des Evangeliums unterordnen. Er muss eine gewisse Dunkelheit durchschreiten. Er muss erleben, wie er über dem Abgrund menschlicher Argumente hängt, muss gewissermaßen die Stützen der Theodizee und der klugen Sprüche über Gott verlassen. Wir wissen, dass Jesus gesagt hat, wir sollten nicht nach Gott suchen, denn wer ihn, Jesus, sehe, würde auch Gott sehen.[14] Wer also im Dialog mit Gott steht, der wird alle Formen der Sprache verwenden können und ohne Irrungen das Mysterium Gottes verkünden. Der wird immer dem ganzen Menschen dienen, seinem rationalen und mythischen Bereich. Wer nicht im Dialog mit ihm steht, der wird die theologischen Probleme über Jahrtausende vergeblich studieren. Gott soll nicht unter den Toten gesucht werden. Wer im Dialog mit Gott steht, der weiß, dass er keine ausreichenden Beweise für seinen Glauben liefern kann, aber er weiß auch, dass es keine Wissenschaften gibt, die seinen Glauben in Frage stellen können. Er ist in einer qualitativ anderen Dimension angesiedelt, in der der Sinn des Ganzen erkennbar ist. Der Glaube beurteilt alles und niemand urteilt über ihn.

Als neues Volk Gottes erlebt die Kirche die Versuchungen des alten Volkes Gottes. Wie Israel ist auch sie auf dem Weg ins gelobte Land. Daher wundert es nicht, wenn sie auch die Sehnsucht nach den „Fleischtöpfen Ägyptens" verspürt. Es ist schwer, ständig am Wort Gottes zu hängen. Wir fühlen uns sicher in der Uniformiertheit des Christentums und der Theologien. Dorthin möchten wir zurück, und sei es auf Kosten der innerlichen Zustimmung zum Glauben. Und doch: nur wenn der Christ von Gottes Wort durchtränkt ist, hat er die Fähigkeit, Gottes Anwesenheit in der Welt zu erweisen. Als „neues Israel" sind auch wir für die Sünden der Idolatrie verantwortlich, die im „alten Israel" so sehr gewütet haben. Es ist einfacher seinen Gott anzubeten, anstatt sich ständig neu am Wort des lebendigen Gottes, des Vaters von Jesus Christus, orientieren zu müssen. Es ist einfacher, die eigenen Sitten und Religiositäten zu pflegen, als sich ständig verändern zu müssen.

Das Christentum darf die Welt nicht in eine heilige und eine profane Welt aufteilen. Es darf nicht die Erde den Atheisten und den Himmel den Religiösen überlassen, ebenso wenig die Erde den irdischen und den Himmel den himmlischen Götzen. Gott ist einer und deshalb ist auch die Welt eine. Wer Gutes tut, dem gehört die ganze Welt und wer Böses tut, der verliert die ganze Welt. Ähnlich steht es auch mit der theologischen Aufteilung in das Natürliche und das Übernatürliche. Wie sehr diese Aufteilung auch gerechtfertigt ist, sie bringt eine große Verwirrung mit sich. In diesem Sinne erscheint die Offenbarung als etwas, was für den Menschen nicht notwendig wäre, Christi Erlösungstat wie ein nicht erforderliches Anhängsel an das menschliche Leben.[15] Es ist besonders gefährlich, wenn wir behaupten, dass für den Menschen auch ein natürliches Ziel ausreicht. In diesem Kontext erscheint die Tat Christi als menschliche Verzierung, und Christi Tod und Auferstehung als Gottes Wohltätigkeitsspiel mit dem Menschen. Die Kirche

---

14 Vgl. E. Balducci, *Bog je pošao naprijed* (Gott ist nach vorne gegangen), in: Svesci 11 (1968), S. 3.

15 Vgl. H. De Lubac, *Den Menschen verstehen*, in: Svesci 7/8 (1967), S. 21f.

wird dann lediglich eine „Luxusboutique" der Gnade und die Geschichte ein unbedeutendes Ereignis. Christus ist aber doch der einzige Erlöser aller Menschen! Außerhalb von Christus ist doch nur der Tod! In der Geschichte findet doch auch ein Kampf um das natürliche Leben statt, und nicht nur um das übernatürliche. Christus hat den Menschen in seiner Natürlichkeit und Übernatürlichkeit erlöst, also den ganzen Menschen. Die Kirche und ihre Rolle in der Erlösung ist doch für den Menschen sehr ernst und notwendig. Der christliche Glaube ist schicksalhaft für den Menschen, und zwar nicht damit der Mensch etwas mehr erreicht, sondern damit er überhaupt etwas erreichen kann. Aufgrund des Dualismus wurde die Erde anderen überlassen, während der Glaube an Gott lediglich als eine Fahrkarte in eine andere Welt galt. Deshalb fürchten Gläubige auch heute noch oft, dass wissenschaftliche Entdeckungen unseren Glauben zerstören könnten. Es gibt aber nur eine Wahrheit. Unsere Konzeption von Gott kann zerstört werden, nicht aber Gott selbst. So kann die Wissenschaft unserer Metanoia nur helfen. Aber in unserer Angst vor der Wissenschaft haben wir uns um jeden Preis verteidigt, und wenn es sein musste auch gegen Gott selbst und gegen seine Zeichen in der Welt. Wir haben uns gerne im „Übernatürlichen" engagiert, während wir in der Welt auf Wunder gewartet haben. Wo wir in der Welt mit unseren Händen hätten zupacken müssen, haben wir auf Gott gewartet, haben ihn dort jedoch nie gefunden. So haben wir der Welt den Beweis seiner Nichtexistenz geliefert. Gott gehört die ganze Welt. Es gibt keinen dermaßen verwünschten Ort in der Welt, dass es Gott dort nicht gäbe. Entweder ist es ein Ort, der erlöst werden soll, oder einer, an dem sein Lob erklingen soll. Ein Christ muss hier auf Erden für das Reich Gottes tätig werden. Er hat nirgendwo ein Alibi. Den Himmel verdienen wir nur, indem er hier aufgebaut wird. Die heutige Welt hungert nach laizistischen Heiligen, die das Schöpfungsgebot in die Tat umsetzen.[16] Wann immer der Christ in seine „übernatürliche" Welt flieht, überlässt er die Erlösung der Welt verschiedenen Religionen und Religionsirrtümern oder dem Atheismus. Hier auf Erden muss der Christ den Menschen von allen Idolen, atheistischen wie auch religiösen, erlösen. Das Christentum ist dem ganzen Menschen und allen Menschen geschickt worden. Deswegen kann es nicht ausschließlich auf Religiöse, aber auch nicht nur auf Nichtreligiöse beschränkt werden. Es muss im Menschen auf dem Grund des Glaubens ankommen, der allen Menschen, Gläubigen und Atheisten, gemeinsam ist. Und das bedeutet, dass es sich nicht aufhalten lässt. Es muss ständig unterwegs sein, in ständiger Metanoia, in dauernder Hinwendung. Denn der Glaube ist immer eine Antwort auf das Wort Gottes. Das Problem der Verkündigung in der Kirche ist also das Problem der kirchlichen Erneuerung, die das Zweite Vatikanische Konzil neu initiiert hat. Es ist das Problem der Authentizität der Kirche Christi. Nur

---

16 Vgl. E. Schillebeeckx, *Bog u reviziji?* (Gott in der Revision?), in: Svesci 4/5 (1967), S. 55.

die christliche Liebe und Einheit können ein unwiderstehlicher Beweis für Gottes Existenz sein, mit dem die Erlösung eines jeden Menschen beginnt.

So sind Atheismus und Religiosität Zeichen unserer Zeit. Die Kirche hat die Aufgabe, sie zu erkennen und entschiedener ihrem Herrn nachzufolgen.

II Gott kann doch „sterben“

Ekklesiologisch-existenzielle Aspekte der gegenwärtigen Glaubenskrise

Einleitung

In der Kirche herrscht heute eine Krise in der Frage einer modernen und effektiven Verkündigung der Frohen Botschaft. Jeder Schritt und Versuch, die Blicke auf die Kirche und Gott zu lenken, scheint erfolglos zu sein. Es gibt keinen Menschen unter uns, der ein Licht entzünden könnte, das die Augen der Welt zum Glänzen bringt. Es gibt keine Propheten. Die Bemühungen von Theologen und Kirchenforschern bleiben wie gedämpftes Licht, das eher erlischt, als dass es zu leuchten beginnt. Das Konzil und die anschließenden Maßnahmen scheinen niemanden mehr zu berühren. Alles stagniert, während, soziologisch gesehen, die Kirche allmählich schrumpft. Bedrängt von dieser schwieriger Situation greifen viele nur nach administrativen Maßnahmen. Als ob man zeigen möchte, dass jedes Rezept innerhalb der Kirche schon nachweislich nutzlos ist.

Wir möchten hier die Situation nicht dramatisieren. Sicherlich gibt es nämlich keine dramatischere Zeit mit mehr Herausforderungen als jene Zeit, in der man keinen Ausweg sieht. Dieser Beitrag möchte bei der Suche nach Möglichkeiten einer zeitgemäßen Evangelisierung der Welt helfen. Er möchte suchen, anstatt abzuwarten. Er möchte unsere verschlafenen und ausgetretenen Wege verlassen und zuhören, was der Herr in dieser Situation sagen möchte und aus welcher Richtung seine sichere Rückkehr zu erwarten ist, um einen neuen Frühling seiner Kirche einzuläuten. Hier wird der Glaubenskrise innerhalb der Kirche mit der tiefen Überzeugung begegnet, dass diese Krise lediglich ein unwiderstehlicher Ruf des Herrn an seine Kirche ist. Der Herr verlangt von uns offensichtlich einen radikaleren Schritt, den wir noch nicht gewagt haben. Es ist nicht Aufgabe der Kirche, revolutionäre Unternehmungen zu beginnen und große Sprüche zu klopfen! Sie sollte stattdessen ihren Blick ausschließlich auf den Herrn richten und kompromisslos ihre Schritte dorthin lenken, wo Er sie haben möchte.

Kann Gott sterben?

Innerhalb der Kirche herrscht die Überzeugung, es sei sinnlos, vom Tod Gottes zu reden. Es überwiegt nämlich die Meinung, mit der „Theologie des Todes Gottes“ sei endlich auch die Frage nach dem „Tod Gottes“ selbst begraben. Die Rede vom Tod Gottes wird in der Theologie als eine Art Atheismus und theologischer Modernismus betrachtet. Als ob einige Theologen in der Kirche Staub aufwirbeln möchten, der sich schon längst gelegt hätte. Es sei nicht nur sinnlos, vom „Tod Gottes“ zu reden, es sei gar nicht empfehlenswert und könne sogar gefährlich werden. Bei unaufgeklärten Gläubigen könne es zu Unruhe und zu Misstrauen gegenüber der Kirche führen. Schließlich habe sie nur vom lebendigen, nicht aber vom toten Gott zu reden. Man gebe damit nur jenen Menschen außerhalb der Kirche nach, die nur darauf warteten, dass irgendwelche verschlissenen oder oberflächlichen Parolen innerhalb der Kirche auftauchen, damit sie sich und ihre negative Einstellung gegenüber der Kirche rechtfertigen können.

Schließlich, wenn der Mensch die Situation in der Kirche nicht allzu kritisch beurteile, dann stehe es mit ihr auch gar nicht mal so schlecht. Bei einigen Messen seien die Kirchen sogar voll, die Priester hätten alle Hände voll zu tun; offensichtlich glauben die Menschen also noch. Die Kirche stelle in der Welt immer noch eine große geistige und moralische Kraft dar. Nicht wenige Menschen innerhalb der Kirche lösen die Krise der Kirche mit der einfachen Schlussfolgerung, dass die heutige Welt sich im dauernden moralischen Verfall befindet, und dass der zeitgenössische Mensch, eingeschlossen in seinem Egoismus, seine Ohren verschlossen hat, um die Stimme Gottes und die der Kirche nicht mehr zu hören. Die ganze Schuld liege also außerhalb von uns und außerhalb der Kirche. Es reiche, diesem noch hinzuzufügen, dass Gott seine Kirche führt, damit sich das Gerede vom „Tod Gottes“ als radikal unzulässig erweise.

Seit Beginn der siebziger Jahre des vergangenen Jahrhunderts erlebte die Theologie vom Tod Gottes ihren Niedergang. In der Kirche erschienen zahlreiche Bücher, die abwechselnd noch immer vom Tod des Menschen oder vom Tod Gottes in der heutigen Zivilisation sprachen. In dieser Situation schrieb H. Zahrnt sein Buch *Gott kann nicht sterben.*[1] Das Buch hat einen tiefen Eindruck gemacht, hat aber die in ihn gesetzten Erwartungen nicht erfüllt. Einerseits befasste es sich zu sehr mit der Analyse des „Todes Gottes“, andererseits versuchte es mit alten, für heutige Menschen unzureichend glaubhaften Argumenten, Gottes Existenz nachzuweisen. So hat es die Wahrheit mehr verschleiert als offenbart.

Wir müssen schließlich sagen, dass es nicht beliebt ist, vom „Tod Gottes“ zu reden. In uns sträubt sich etwas dagegen, denn, ob wir es möchten oder nicht, es ist

[1] Vgl. H. Zahrnt, *Gott kann nicht sterben. Wider die falschen Alternativen in Theologie und Gesellschaft,* R. Piper & Co. Verlag, München, 1970.

angenehmer mit einem Gott zu sein, dem wir nicht bis in den Tod folgen müssen. Es gefällt uns, einen Gott zu haben, dessen Gedanken wir im Voraus erraten und der uns deswegen nie überraschen kann.

Dennoch möchten wir hier aber über Gottes „Tod" reden, und zwar ausschließlich wegen der Wahrheit des Evangeliums. Das heißt: anstatt einer einigermaßen gängigen Meinung in der Kirche zuzustimmen, müssen wir uns mit Jesus Christus solidarisieren. Die Kirche selbst verlangt es von uns. Anscheinend befinden wir uns in der gleichen Situation, die die Apostel auf ihrem Weg nach Jerusalem mit Jesus erlebt haben. Dreimal kündigte er ihnen seinen Tod an, aber sie wollten und konnten es nicht begreifen. Petrus nahm ihn schließlich beiseite und versuchte ihm vernünftig zu erklären, es sei nicht angebracht und unsinnig, zu sagen, dass er sterben wird: „Das soll Gott verhüten, Herr! Das darf nicht mit dir geschehen!" Jesus erwiderte dem Apostel unerwartet scharf: „Weg mit dir, Satan, geh mir aus den Augen! Du willst mich zu Fall bringen; denn du hast nicht das im Sinn, was Gott will, sondern was die Menschen wollen" (Mt. 16, 22-23).

Dafür, dass Gott sterben kann, und das ist eine wesentliche Tatsache im Christentum, spricht auch der Umstand, dass der christliche Glaubenssinn von Anfang an ausgerechnet das Kreuz und nicht ein anderes Symbol für sich ausgesucht hat. Nackt, gekreuzigt, geschunden und tot hängt unser Jesus bereits seit zwanzig Jahrhunderten an den Wänden unserer Häuser und Kirchen. Es ist notwendig, diesen großen Skandal des Christentums aus dem Staub unserer feinen Reden, erhabenen Predigten und frommen Gedanken zu heben und ihn in aller Wahrhaftigkeit als Frohe Botschaft zu offenbaren. Es scheint, dass es ausgerechnet an diesem Punkt unserer Verkündigung und unseres Lebens hapert.

Worum geht es?

Um jegliches Missverständnis auszuräumen, gilt es gleich am Anfang präzise klarzustellen, was wir darunter verstehen, wenn wir sagen, Gott könne sehr wohl „sterben".

Zunächst einmal ist hier keineswegs die Theologie des „Todes Gottes" oder Theologie des „toten Gottes" gemeint. Diese Theologie war in der Tat eine schockierende Aussage, eine starke Spiegelung der Wirklichkeit des heutigen Menschen vor Gott. Sie war nur ein kurzsichtiger und daher zweifelhafter Beitrag zu einer durchgehenden theologischen Arbeit innerhalb des christlichen Glaubens. Ausgegangen von amerikanischem Boden, aus Wurzeln soziologischer Forschungen und mit pragmatischen Zielen, ermüdete und starb diese Theologie noch ehe sie zu leben begann. Einige ihrer Vertreter machten auf halbem Weg Halt, andere gaben sich mit einigen zweifelhaften Aussagen zufrieden. Wieder andere, enttäuscht von den Ergebnissen ihrer Theologie, verloren sich in maßlosem Enthusiasmus in psychologisierenden Gruppen, welche die Stimme des schweigenden Himmels beleben und die Auferstehung des toten Gottes spüren wollten. Trotz hervorragender Analysen und nützlicher Herausforderungen für die Theologie, bleibt sie doch ein gesondertes, für den amerikanischen Boden spezifisches Phänomen.[2]

Über sie wurde bereits viel geschrieben, und vieles ist auch auf dem kroatischen Büchermarkt erhältlich.[3] Wir wollen hier nicht über den heutigen Atheismus und seine Formen reden.

Es wird hier nicht direkt vom wirklichen und geschichtlichen Tod des Gottmenschen Jesus Christus gesprochen. Es handelt sich also auch nicht um eine geschichtliche oder dogmatische Erklärung des Todes Christi.

Es geht hier auch nicht darum, wie manche Heilige den Tod in ihren mystischen Betrachtungen erleben. Es ist nicht an den Tod gedacht, den Gott dem Menschen durch seine Sünde bringt, indem er ihn aus dem Herzen verbannt, wovon die geistliche Theologie berichtet.

Es handelt sich auch nicht um die Ohnmacht des Menschen, aus eigener Kraft Gott nachzuweisen oder vorzustellen; und auch nicht um ein sprachliches Problem, das die wahre Gestalt Gottes mehr verschleiert als offenbart. Wir reden nicht vom Tod Gottes, wie ihn die Theodizee mit ihren Methoden nachweisen will. Ein solcher Gott kann gar nicht sterben. Der Gedanke an einen Tod Gottes, der die Grundlage des Seins ist, wäre ein Widerspruch in sich selbst, da wir gleichzeitig sagen, dass wir ausgerechnet durch dieses Sein leben. Es geht auch nicht um den Tod des christlichen Gottes, jenes Gottes, der ständig zu uns kommt, uns die Erlösung anbietet und uns zur Bekehrung und zum Glauben aufruft. Das Problem ist hier nicht das jenseitige Wesen Gottes, der Himmel, in dem Gott wohnt, auch nicht Jesus Christus, insoweit er „zu Rechten Gottes" ist.

Wir reden hier nicht über den Tod des Menschen, der Gott verlässt; auch nicht vom Tod der Kirche, also darüber, dass einige Kirchen verschwinden können, wenn sie dem Ruf Christi und der „ersten Liebe" nicht treu sind (Offb. 2,4). Der

---

[2] M. Bulat, *Kršćanstvo bez Boga – iluzija ili stvarnost? (*Christentum ohne Gott – Illusion oder Realität), in: Crkva u svijetu 1 (Kirche in der Welt 1), 1972, S. 50-61: H. Fries, *Abschied von Gott? Eine Herausforderung – Versuch einer Antwort,* München 1976; M. Lohse, *Menschlich sein – mit oder ohne Gott?* 1969; H. Fries, *Gott ist tot?,* 1968.

[3] E. Ćimić, *Drama ateizacije,* (Das Drama der Atheisierung), 1971; *Religija, ateizam – odgoj* (Religion, Atheismus – Erziehung), in: Mi, Crkva i drugi (Wir, Kirche und andere), 1971, S. 265-308; J. Jukić, *Religija u modernom industrijskom društvu* (Religion in moderner Industriegesellschaft), Split, 1973; T. Ivančić, *Bog u potrošačkom društvu. Pokušaj religiozne dijagnoze suvremenog čovjeka i izgled kršćanstva unutar te dijagnoze* (Gott in der Konsumgesellschaft. Versuch einer religiösen Diagnose des modernen Menschen und das Aussehen des Christentums innerhalb dieser Diagnose), in: BS 4, 1973, S. 369-383; T. Šagi-Bunić,*Naši komunisti i građanski humanizam* (Unsere Kommunisten und der bürgerliche Humanismus), in: Glas Koncila 1 (Stimme des Konzils 1), 1974, S. 4; Nr. 2, S. 7; Nr. 3, S. 7; Nr. 5, S. 6.

Mensch kann in mancher Hinsicht auch ohne Gott leben. Manchen Kirchen, in denen Gott stirbt, gelingt es, Dank ihren sozialen Strukturen und Verwaltungsapparate gleichsam künstlich weiter zu existieren. Manche Kirche kann wie das alte Volk Gottes, Israel, nur dem Namen nach überleben (Offb. 3,1).

Worum geht es also? Hier möchten wir insoweit vom Tod Jesu Christi sprechen, als wir fragen, ob er durch seine Kirche für die Welt eigentlich sichtbar ist. Wohnt Gott in unserem Gewissen? Ist er das anwesende Mysterium unserer Liturgien? Ist er in der Wirklichkeit unserer Gemeinschaften inkarniert und dort sichtbar? Ist er als Zeichen in unseren Predigten sichtbar? Lebt sein Geist in unserer strukturierten Kirche? Ist sein Antlitz in unserem Glauben sichtbar? Bei all dem handelt es sich eigentlich um die Grundvoraussetzung für eine erfolgreiche Verkündigung des Evangeliums in der heutigen Kirche.

Ausgangspunkt unserer Frage ist, dass Krisenzeiten die Konzentration aller Kräfte auf das Wesentliche erfordern. Es handelt sich dabei nicht um irgendeine Reduzierung oder Verarmung, sondern um die Suche nach jener Quelle, die alles, was wir besitzen, belebt und bereichert. Es geht nicht um die Suche nach bloßen Informationen, sondern um das Hinterfragen von Informationen. Es ist erforderlich, die Wurzel zu heilen.

Todesbegriff

Der Tod ist ausnahmslos das Schicksal eines jeden Menschen. Er ist eigentlich eine unbarmherzige Vertreibung des Menschen aus seiner irdischen Existenz. Der Tod ist für die Menschen aber nicht das endgültige Ende. Tiere verenden, mit dem Menschen geschieht jedoch etwas anderes.[4] Für Menschen ist der Tod weder das Ende seines Seins, noch ein einfacher Übergang von dem einen in ein anderes Leben, das dem bisherigen im Wesentlichen gleicht. Mit dem Tod beginnt für den Menschen die Ewigkeit. Durch den Tod entledigt sich der Mensch seiner zeitlich-räumlichen Fesseln und geht in seinen endgültigen Zustand über. Die christliche Tradition erklärt den Tod als „Trennung der Seele vom Leib“. Das bedeutet, dass das menschliche Lebensprinzip ein anderes Verhältnis zum Leib einnimmt als bis dahin. Damit ist über den Tod aber noch nicht alles gesagt. Diese Aussage sagt nichts darüber, dass der Tod doch ein wesentliches Ereignis im menschlichen Leben ist. Er bedeutet die Beendigung des freien menschlichen Wirkens. Während wir bei Tieren und Pflanzen vom Ende ihres Lebens reden, sprechen wir nur beim Menschen vom Sterben. Außerdem sagt diese Definition nichts über jenes dunkle Unbegreifliche, das bei der Trennung der Seele von der materiellen Welt geschieht. Diese Trennung der Seele vom Leib ist nämlich eine Trennung von

[4] Vgl. J. Lotz, *Tod*, in PhW, 1965, S. 331ff; K. Rahner – H. Vorgrimler, *Tod*, in KThW, 1964, S. 365ff; G. Sauser – M. Vodopivec, *Tod in der Medizin*, in LThK, 1965, 10, S. 226-227.

allem was diese Welt bedeutet. Damit ist sie aber kein Übergang in eine nicht kosmische Welt, sondern in der Tat eine tiefere und umfassendere Öffnung zum Sein selbst. Die scholastische Lehre besagt weiterhin, dass die substanzielle Handlung der Seele sich nicht von ihr selbst unterscheidet.[5]

Der Tod ist somit ein Ereignis, vor dem der Mensch machtlos bleibt. Alles was lebt, ist dem Tod ausgesetzt. Im Tod kann sich die menschliche Freiheit und Persönlichkeit vollenden. Dennoch ist er nicht einfach eine Beendigung des biologischen Lebens. Dem Menschen wird die Verbindung zu allem Äußeren zerstört. Jegliche menschliche Macht wird ihm radikal entrissen. Im Tod handeln wir nicht, sondern müssen ihn erdulden.[6]

Vom Tod können wir nur bei Lebewesen reden, die in unserer Welt leben. Nur wer einen Leib hat und ein Mensch im wahren Sinne ist, kann sterben. So können wir auch von Jesus Christus als sterblichem Wesen nur sprechen, insoweit er Mensch ist. Da bei ihm die göttliche und menschliche Natur in einer Person untrennbar hypostatisch verbunden sind, sagen wir, dass nicht nur der Mensch Jesus Christus, sondern auch der Gott Jesus Christus stirbt. Der Mensch gewordene Sohn Gottes teilt mit uns unser menschliches Schicksal, da er genauso wie wir vom Tod gewaltsam aus dem Leben herausgerissen wird.[7]

Da Jesus die Gestalt des sündigen Leibes angenommen hat, ist er in das Schicksal unseres Todes eingegangen (Röm. 8,3). Jesus betont die persönliche Seite des Todes, indem er auf die freiwillige Annahme seines eigenen Todes hinweist. Dieser Tod hat aber eine besondere Bedeutung, da sein Leib von bösen Neigungen frei war.[8] Jesus Tod ist aber kein gewöhnlicher menschlicher Tod. Er erlitt einen doppelten Tod, da er *am Kreuz* zu Tode kam. Am Kreuz starb nicht nur sein Leib, auch seine Würde wurde getötet. Jesus starb entrechtet, entehrt und ohne eigenes Heim. Er starb außerhalb der Stadt, außerhalb eines geweihten Ortes, und das bedeutet, dass er außerhalb der Anwesenheit Gottes starb. So starb Jesus in Gottlosigkeit, an einem Ort, den ein frommer Mensch nicht betritt und an dem sich ein Gerechter nicht aufhält. Dort finden wir Gott nicht, nicht weil er abwesend wäre, sondern weil er sich von solchen Orten, an denen er manipuliert werden könnte, zurückgezogen hat.[9] Doch einzig und allein von diesem Ort aus ist ein Impuls zu Gott, eine Umkehr hin zum wahren Gott möglich. Das ist gerade

---

5 Vgl. K. Rahner – H. Vorgrimler, KThW, S. 356.

6 Vgl. L. Boros, *Mysterium mortis,* 1964, S. 30 f u. Anm. 2.

7 Wir reden hier über den Tod mit der philosophischen und religiösen Überzeugung, dass der Tod nicht das Ende des gesamten persönlichen Lebens sei. Der Tod ist für uns nur ein innerweltliches Ereignis. Vgl. G. Mainberger, *Gott lebt und stirbt mit dem Menschen*, 1971, S. 166.

8 Vgl. K. Rahner,*Tod Jesu*, in LThK 10, S. 231 und folgende.

9 Vgl. F. Dingermann, *Tod im Alten Testament*, in LThK 10, S. 219; Worte des Psalms 88,6: *„Ich bin zu den Toten hinweggerafft … denn sie sind deiner Hand entzogen.“* Der Tod ist der Ort, an dem Gott nicht zugegen ist.

der Wahnsinn, dass nämlich ein frommer Mensch an den Ort des Kreuzes geht, an einen Ort der Abwesenheit Gottes. Dorthin kann sich nur ein Mensch begeben, der für die Welt seiner eigenen Wünsche bereits gestorben ist und der in diesem Sinne im Widerspruch mit sich selbst lebt. Gott ist für ihn der einzige Weg und die einzige Erlösung, und so wird der Tod in seiner Verdoppelung zum Weg zur Erlösung.[10]

Es ist demnach erforderlich, dass wir die Welt unserer eigenen Wünsche und Gedankenkombinationen über den eigenen Gott verlassen und zum Ort „außerhalb der Stadt“ gelangen, um dort, wie die Apostel am Karfreitag, zu sehen, wie unser Gott stirbt und wie unser Glaube an den wahren Gott geboren wird. In diesem Paradox, in dem Jesus Christus einmal am Kreuz gestorben ist, vollzieht sich sein Sterben unter uns. Es ist nötig, dieses zu sehen, um ihm glauben zu können.

Im Neuen Testament ist es der Tod, in dessen Kraft am deutlichsten zum Ausdruck kommt, dass Satan Macht über diese Welt hat und dass sie nicht erlöst ist. Durch Jesu Tod kommt aber ein neues Licht dorthin, wo der Schatten des Todes herrscht (vgl. Mt. 4,16; Lk. 1,78). Das ganze Ereignis Christi betrachtet der heilige Paulus in dieser Spannung zwischen Leben und Tod. Die Kraft des Todes liege darin, dass ihm alle ausgesetzt seien (vgl. Röm. 5,12; Eph. 2,15; Kol. 2,13; Röm. 5,14). Der Tod komme und werde durch das Gesetz verkündet (vgl. Röm. 7,10, Gal. 3,12). Die Schwäche des Gesetzes sei aber durch die Schwäche des Leibes bedingt (vgl. Röm. 8,3). Der Leib strebe dem Tod entgegen (vgl. Gal. 6,8). Deswegen befreie uns Jesus Christus vom Gesetz der Sünde und des Todes (vgl. Röm. 8,2 und folgende). Wegen seines Leibes sei der Gläubige weiterhin dem Tod ausgesetzt, aber in der Basis seines Seins habe er mit der Kraft des Geistes, den er vom auferstandenen Christus bekommen habe, den Tod bereits überwunden (vgl. Röm. 6). Allerdings könne auch der Gläubige immer noch sterben, dann nämlich, wenn er nach dem Leib und nicht nach dem Geist lebt (vgl. Röm. 8,13). Das Leben des Christen sei ein ständiges Sterben mit Christus (vgl. Phil. 3,16).

Der heilige Johannes sagt, dass derjenige, der glaubt, bereits aus dem Tod ins Leben hinübergegangen ist (vgl. Joh. 5,24; 8,51). Er müsse aber gleichzeitig seinen Bruder lieben, denn wer nicht liebt, bleibt im Tod (vgl. 1 Joh. 3,14).[11]

Die im Tode geoffenbarte Endgültigkeit beweise, dass menschliches Leben unwiederholbar sei. Daher könne Christus nicht mehr sterben. Nicht weil er nicht mehr leiblich leben würde, sondern weil er den Tod bereits besiegt habe. Er sei auferstanden und lebe in seinem auferstandenen Leib.[12] Mit seinem Tod habe

---

[10] Vgl. G. Mainberger, *Gott lebt und stirbt mit dem Menschen*, 1971, S. 175 f.

[11] Vgl. F. Mussner, *Tod im Neuen Testament*, in LThK 10, S. 219-222; K. Rahner, *Probleme der Christologie von heute*, in *Schriften zur Theologie I*, 1964, S. 217 ff.

[12] Vgl. H. Volk, *Tod (theologisch)*, in HThG II, 1963, S. 678.

Christus den Tod für immer besiegt.[13] Er habe die Schlüssel zum Tod und zur Unterwelt in seine Hände genommen (vgl. Offb. 1,18); er wurde der Erstgeborene der Toten (vgl. Kol. 1,18). Aus den Ketten des Todes befreit, habe der Tod über ihn jegliche Macht verloren (vgl. Apg. 2,14; Röm. 6,9).

Aus all dem können wir schließen, dass der jenseitige Gott unserer philosophischen Beweisführungen nicht stirbt und nicht sterben kann. Genauso kann Jesus Christus nicht mehr sterben. Er ist nämlich im Besitz seines auferstandenen Leibes, der nicht mehr sterben kann. Das gilt auch für den mystischen Leib Christi, die Kirche. Man kann auch in ihrem Fall nicht vom Tod reden, denn der Kirche wurde die „Unsterblichkeit“ bis ans Ende der Welt garantiert (vgl. Mt. 16,18).

Hier reden wir von der Unsterblichkeit Jesu Christi in seinem mystischen Leib: nicht insoweit Gott diese Unsterblichkeit gibt und garantiert, sondern inwieweit diese Unsterblichkeit von den Menschen abhängt. Die Kirche ist der mystische Leib Christi. Dieser mystische Leib Christi ist in der Welt sichtbar, wenn er in den Menschen durch den Glauben inkorporiert ist. Nur wenn die Kirche als Gemeinschaft existiert, kann von der Sichtbarkeit dieses Leibes gesprochen werden. Deshalb ist Christi Leib nicht dieser oder jener Gläubige, sondern eine Gemeinschaft von Menschen, vereint in Christi Liebe und so strukturiert, wie Christus es haben wollte. Die Kirche ist in ihrem Wesen eine Gemeinschaft. Ein Mensch kann sich nicht auf der religiösen Basis bekehren und dann allein bleiben. Er kann kein Christ sein ohne einer Gemeinschaft beizutreten, die nach dem Willen und Werk Jesu Christi konstituiert ist.

Neben der Eucharistie, die Leib und Blut Christi ist, hat Christus einen mystischen Leib: seine Kirche.

Die Kirche als mystischer Leib Christi

Wir müssen uns näher mit der Kirche befassen, um zu begreifen, was wir unter dem Tod Gottes zu verstehen haben.

Wir haben bereits gesehen, dass man vom Tod nur bei jemandem sprechen kann, der sichtbar in einem Leib lebt. Jesus Christus ist jedoch hier in der Welt nur durch seinen mystischen Leib sichtbar, in seiner Kirche. Wir haben schon gesagt, die Kirche als Gesamtheit sei unsterblich. Diese Unsterblichkeit ist aber nicht einzelnen Teilkirchen garantiert.[14] Die Teilkirchen besitzen alles, was auch die Gesamtkirche ausmacht. Obwohl man nicht sagen kann, dass jede dieser Teilkirchen der mystische Leib Christi ist, so wäre es auch falsch, zu sagen, die Teilkirchen

---

[13] Vgl. *Smrt* (Der Tod) in BRT, 1969, S. 1214.

[14] Vgl. LG 23: *Die Ortsbischöfe werden an die Spitze der Teilkirchen gesetzt.* Offb 3,1: *„Dem Namen nach lebst du, aber du bist tot.“* Offb 2,5: *„ich werde zu dir kommen und deinen Leuchter von seiner Stelle wegrücken.“* Offb. 1,20: *„Die sieben Leuchter sind die sieben Gemeinden.“*

seien lediglich Glieder des mystischen Leibes Christi.[15] Die Teilkirche spiegelt die Gesamtkirche wieder. Das *Dekret über die Missionstätigkeit der Kirche* besagt, dass sie mit dem Lebenszeugnis der einzelnen Gläubigen und der gesamten Gemeinschaft ein Zeichen sein muss, das den Menschen Christus offenbart (20). Gleichzeitig vermehrt sie das Leben des mystischen Leibes (19). Die Teilkirchen sind eigentlich Bestandteile des mystischen Leibes. Der mystische Leib der Kirche ist zugleich der Leib der Teilkirchen.[16] Die Gesamtkirche verwirklicht sich in den Teilkirchen.

Der gesamte mystische Leib Christi wird also sichtbar, wenn er in die Ortskirchen inkorporiert ist. Diese Sichtbarkeit spiegelt sich im Leben der Gläubigen wieder, und zwar vor allem in ihrem Zusammenleben in der Gemeinschaft der Kirche. Dieses Zusammenleben besteht nicht bloß in einer äußeren Zugehörigkeit zur Kirche oder lediglich im Empfang von Sakramenten. Diese äußere Zugehörigkeit bewirkt nicht im Mindesten die Sichtbarkeit der Kirche, wenn sie innerlich nicht vom Geist Gottes belebt ist.[17] Die Kirche wird erst sichtbar, wenn die Gläubigen mit Gedanken, Worten und Taten auf die Gnade Christi antworten (LG 14).

Die Kirche ist als mystischer Leib Christi sichtbare Versammlung und geistliche Gemeinschaft, die irdische Kirche und zugleich die Kirche, die bereits über himmlische Güter verfügt. Es handelt sich nicht um zwei verschiedene Kirchen, sondern um eine, die aus menschlichem und göttlichem Element zusammenwächst.[18] Sie wird mit dem Mysterium des inkarnierten Wortes verglichen. Die Kirche ist im bestimmten Sinn Christi Inkarnierung in die Geschichte. So wie die menschliche Natur dem göttlichen Wort als lebendiges Organ zur Erlösung diente, dient auf eine ähnliche Weise der gesellschaftliche Organismus der Kirche dem Geist Christi, der die Kirche belebt.[19]

Christus hat die Kirche als einen spezifischen sichtbaren Organismus gegründet, als eine Gemeinschaft des Glaubens, der Hoffnung und der Liebe (LG 8). Gerade der Glaube, die Hoffnung und die Liebe sind jene Tugenden der Kirche, welche die Menschen in ihr erlösen. Ohne die Tugend der Liebe gibt es keine Erlösung und keine Gemeinschaft Christi.[20] Das Wesen der Erbsünde ist der Egoismus. Adam verachtete die Liebe Gottes, das Vertrauen in ihn. Deshalb entfernte er sich von Gott. Darum wurde er aus dem Paradies vertrieben. Deswegen musste

---

15 Vgl. UR 14, 15 und 19, wo die getrennten und östlichen Kirchen von den kirchlichen Gemeinschaften im Westen unterschieden werden; genauso AG 19.

16 Vgl. LG 23 und hl. Hylarius Pict., in Ps 14,3, in PL 9, 206, CSEL 22,86; hl. Gregor V. in PL 75, 643, C. Ps; hl. Basilius in PG 30,637 C.

17 *Es reicht nicht, der Kirche lediglich „dem Leibe nach" anzugehören, sondern „dem Herzen nach"*. Vgl. LG 14 und 4: *„Er ist der Geist des Lebens, …* " Auch Joel 2,12-18.

18 Vgl. LG 8; Pius XII, *Myst. Corp.*, Kapitel 1; *Hum. Gen.*, in AAS 42, 1950, S. 571.

19 Vgl. LG 8; Eph 4,16; Leo XIII, *Statis cogn.*, Kapitel I.

20 Vgl. 1. Joh 3,14: *„Wer nicht liebt, bleibt im Tod."* Jes 58, 1-12.

er sich vor Gott verbergen (vgl. Gen. 3,8). Er konnte Gott nicht mehr sehen; wegen seines Egoismus wurde Gott für ihn unsichtbar. Aus demselben Grund zerstreuten sich alle Menschen beim Bau des Turms von Babel (vgl. Gen.11, 1.9).

All‘ das zeigt uns, dass die Erlösung in der Liebe geschieht. Jesus Christus gibt uns neue Augen, damit wir sehen. Er öffnet unsere Ohren, setzt uns ein neues Herz ein. Wer liebt, der erkennt Gott (1. Joh. 4,7). Deshalb gründet Christus zunächst die Gemeinschaft der Apostel und durch sie seine Kirche. Er sagt klar und deutlich, dass die Welt seine Kirche dadurch erkennen werde, dass die Mitglieder dieser Kirche einander lieben (vgl. Joh. 17,35). Die Gläubigen müssen eins sein, so wie Vater und Sohn eins sind in Gott (vgl. Joh. 17,21). Der Mensch kann ins Paradies nur über die Bekehrung und die Liebe zurückkehren, denn am Eingang steht der Engel Gottes mit dem Flammenschwert. Am Turm von Babel verstehen die Menschen die Sprachen nicht, an Pfingsten dagegen verstehen alle einander (vgl. Apg. 2,4 ff). Beim Turm von Babel zerstreute sich die Menschheit in alle Himmelsrichtungen. Jesus Christus sammelt die gesamte Menschheit aus allen Himmelsrichtungen. Christi Gesetz ist eins und einzig, und das ist die Liebe.

Fehlt in einer Gemeinschaft die Liebe Christi, dann ist Gott in ihr unsichtbar. Ein Teil des Leibes Christi, in dem es keine Liebe gäbe, könnte die Funktion des Leibes nicht mehr erfüllen. Wie der heilige Paulus sagt, gibt es tote und kranke Glieder, demnach gibt es auch einen toten Teil des mystischen Leibes Christi. Mit anderen Worten: Gäbe es in einer Ortskirche keine Umkehr der menschlichen Existenzen in Jesus Christus mehr, und gäbe es in dieser Umkehr keine Liebe, die die Menschen in einer Gemeinschaft neu verbinden würde, dann wäre eine solche Ortskirche tot. Da in dieser Ortskirche die Gesamtkirche Gottes als mystischer Leib Christi inkarniert wird, bedeutet es, dass in diesem Teil der Kirche der Leib Christi gestorben ist. In der Tat wäre demnach nicht Christus und auch nicht die Gesamtkirche gestorben, aber für die Menschen dieser Ortskirche ist der mystische Leib Christi wirklich gestorben und in ihr unsichtbar geworden. Das ist nicht nur Symbolik, für sie ist das die harte Wirklichkeit. Gott ist für sie wirklich gestorben. Dieses wirkliche Ereignis des Todes Gottes in Bezug auf den Menschen, nicht in Bezug auf Gott in sich, wird uns noch deutlicher werden, wenn wir die Situation des heutigen Menschen vor Gott und in der Kirche betrachten.

Zwar ist die Liebe von entscheidender Bedeutung für die Sichtbarkeit der Kirche und den Aufbau des mystischen Leibes Christi. Es gibt sie allerdings nicht ohne den Glauben und die Hoffnung. Der Glaube ist die Grundlage der Rechtfertigung und die Grundlage der Erkenntnis Gottes. Er ist deshalb der erste Schritt zur Liebe. Nur wer glaubt, kann zur Liebe gelangen. Deshalb ist der Mensch, der Christi Worte angenommen hat, schon rein (vgl. Joh. 15,3). So ist auch Christi Botschaft klar zu verstehen, das ewige Leben bestehe darin, dass die Menschen Gott und Jesus Christus erkennen (vgl. Joh. 17,3). Wer glaubt, habt bereits das ewige Leben. Wenn vom Glauben die Rede ist, dann denkt das Neue Testament immer an den sogenannten *fidem formatam*. Etwas lediglich intellektuell für die Wahrheit zu halten sei noch kein Glaube. So glaube auch der Teufel und zittere vor dieser Wahrheit (Jak. 2,19). Außerdem nütze der Glaube ohne Taten gar nichts (Jak. 2,17). Es sei erforderlich, den Glauben immer durch Taten zu zeigen (Jak. 2,18). Abraham glaubte Gott und brach aus seinem Land und seiner Heimat auf (Gen. 12,4). Die Israeliten glaubten ebenfalls und begaben sich deshalb aus Ägypten ins gelobte Land (Ex. 12,37). Die Apostel glaubten Jesus, Judas aber nicht. An Jesus kann man auch nicht nur durch rationale Annahme glauben, weil er die Wahrheit in Person ist. Demzufolge ist er jene Wahrheit, die mit ganzem Wesen angenommen oder abgelehnt wird. Derjenige gelangt nicht in den Himmel, der nur spricht: mein Herr, mein Herr, aber den Willen des Herrn nicht ausführt. So stehen Glaube und Liebe sehr nahe beieinander und bedingen sich gegenseitig. Der Glaube muss immer voller Hoffnung sein. Wenn er keine Hoffnung hat, ist er auch kein Glaube mehr. Wer glaubt, der muss zutiefst hoffen. So sind in der Liebe Glaube und Hoffnung enthalten. Deshalb sagt der heilige Paulus, dass Glaube, Hoffnung und Liebe eins sind. Was für uns aber am wichtigsten sei, so betont er selbst, dass die Liebe unter ihnen am größten ist (1. Kor. 13,13). Eigentlich glaube die Liebe alles und hoffe alles (1. Kor. 13,7). Wenn die Liebe aufhört zu glauben, kann sie nicht weiter bestehen. Hört die Liebe zu hoffen auf, liebt sie nicht mehr.

Der Mensch gelangt in den mystischen Leib Christi durch die Wiedergeburt aus Wasser und Heiligem Geist (Joh. 3,5). Wer sich nicht taufen lässt, kann nicht erlöst werden. Durch die Taufe wird Gott in der Seele des Menschen geboren. Der heilige Paulus sagt, dass Christus durch den Glauben in unseren Herzen wohnt (Eph. 3,17). So wird Gott in der Seele des Menschen wieder geboren. Diese Wiedergeburt bedeutet gleichzeitig die Eingliederung in die Gemeinschaft der Gläubigen, die Kirche ist.[21] So wird nach den Worten des lebendigen Gottes ein neues Volk Gottes geboren, nicht aus vergänglichem, sondern aus unvergänglichem Samen (1. Petr. 1,23), nicht aus dem Fleisch, sondern aus dem Wasser und dem Heiligen Geist (Joh. 3,5-6). So hat Jesus Christus durch die Sendung seines Geistes alle seine Brüder aus allen Völkern auf mystische Weise als seinen eigenen Leib zusammengeführt (LG 27).

Nur ein Gläubiger, der an Jesus Christus glaubt, kann getauft werden. Durch diesen Glauben wird Christus in unseren Herzen wieder geboren. Dieser Glaube ist nicht nur ein Geschenk Gottes, es bedarf auch unserer Zustimmung. Also hängt es auch vom Menschen ab, ob Christus in seinem Herzen wohnen wird und ob er demzufolge zum lebendigen Glied der Kirche wird. Wenn Christus aber im Herzen geboren wird, dann kann er im Herzen auch sterben. Der Mensch kann

[21] Vgl. LG 11: *Gläubige sind „durch die Taufe der Kirche eingegliedert."*

ihn aus seinem Herzen vertreiben, das heißt ihn in seinem Leben unsichtbar machen. Wenn es geschieht, dass ein großer Teil von Mitgliedern einer Kirche dem lebendigen Jesus Christus nicht glaubt, dann ist er in ihnen tot. Gibt es in der Kirche keine Liebe, wird er zwangsläufig unsichtbar. So kann also der Mensch Gott „töten", wie er auch bewirken kann, dass Gott in seinem Herzen geboren wird. Der Glaube und die Geburt Christi im Herzen des Gläubigen verwirklichen sich nicht, ohne dass er in eine Beziehung der Liebe zu den anderen Gläubigen eintritt, mit denen gemeinsam er den mystischen Leib Christi bildet. Wo es lediglich nackte Strukturen einer Kirche ohne wirkliche Verbundenheit in echter Liebe gibt, ist Christus, unser Gott, demnach tot. In diesem spezifischen Sinn können und müssen wir sagen, dass Gott auch heute stirbt. Die Schuld an diesem Sterben tragen, wie wir sehen, immer Menschen, nicht Gott. Gott hört nie auf, zu rufen und seine Gnade anzubieten. Das erwählte Volk, in diesem Fall das neue Volk Gottes, ist jedoch fast immer in der ständigen Versuchung, den Sohn Gottes zu töten. So können wir sehen, dass das Evangelium in seiner Gesamtheit immer aktuell ist. Das gilt nicht nur für jene Teile, die wir positiv nennen, sondern auch für jene, in denen Christus die Untreue seiner Zuhörer, sowohl der Obrigkeit als auch des Volkes, kritisiert. Daraus folgt, dass wir das Evangelium in seiner Gesamtheit akzeptieren müssen, wenn wir uns heute Gottes Tod nicht zu Schulden kommen lassen möchten. In diesem Kontext ist es verständlich, warum das Zweite Vatikanische Konzil, der Ermahnung Christi und des heiligen Petrus folgend betont, die Kirche sei gleichzeitig heilig und sündig, und daher *semper reformanda* (LG 8).

Gottes Verifikation in der Welt

Wir behandeln hier keinesfalls einen abstrakten theologischen Gedanken. Es geht vielmehr um ein echtes Ereignis bei uns. Um das zu begreifen, gehen wir dieses Thema nicht nur von der Seite des Evangeliums an, sondern auch von den Zeichen der Zeit her, in der wir leben.[22] Diese Zeichen sind durch den Atheismus außerhalb der Kirche und durch die Lauheit von Gläubigen in der Kirche gegeben. D. Bonhoeffer diagnostizierte diese Zeichen der Zeit bereits 1931, als er schrieb: „(...) es scheint das große Sterben des Christentums da zu sein. Ob unsere Zeit vorüber ist und das Evangelium einem anderen Volk gegeben ist, vielleicht gepredigt mit ganz anderen Worten und Taten? (...) Ich bin jetzt Studentenpfarrer an der T. H. (= Technische Hochschule in Berlin, Anm. des Verfassers); wie soll man diesen Menschen solche Dinge predigen? Wer glaubt denn das noch? Die Unsichtbarkeit macht uns kaputt.Wenn wir's nicht in unserem persönlichen Leben sehen können, daß Christus da war, dann wollen wir's wenigstens in Indien

[22] Vgl. Lk 12, 54-57: *„Ihr Heuchler! Das Aussehen der Erde und des Himmels könnt ihr deuten. Warum könnt ihr dann die Zeichen dieser Zeit nicht deuten?"*; GS 4, 11; PO 9; UR 4.

sehen, aber dies wahnwitzige, dauernde Zurückgeworfenwerden auf den unsichtbaren Gott selbst – das kann doch kein Mensch mehr aushalten. "[23]

Zwei Fragen liegen uns heute innerhalb der Kirche psychologisch sehr fern: Existiert Gott wirklich, und, falls er existiert, welche Bedeutung hat das für den heutigen Menschen? Was wir heute in der Welt spüren, ist nicht nur die fehlende Erfahrung, dass Gott existiert, sondern die positive Erfahrung, dass es ihn nicht gibt.[24] Menschen um uns herum belastet nicht nur die Tatsache, dass Gott vor ihnen irgendwo hin geflohen ist, sondern noch mehr die Tatsache, dass sie ihn weder nachweisen noch vorzeigen können. Lange Zeit hielten unumstößliche Beweise der Theodizee das Selbstbewusstsein von Gläubigen in der Überzeugung, nur ein Verrückter könnte sagen, dass es Gott nicht gäbe. Nun scheinen sie ihre Überzeugungskraft eingebüßt zu haben. Mit der Zeit meldeten sich auch solche, die behaupteten, es gäbe keinen Gott.[25] Die einen wie auch die anderen blieben aber auf dem Gebiet der Metaphysik und der Abstraktionen. Eine metaphysische Beweisführung der Existenz Gottes, so sehr sie überzeugend, nützlich und wahrhaftig ist, hilft wenig in der zeitgenössischen Glaubenskrise. Die Welt ist davon nicht zu überzeugen, da genauso mit dem Nachweis über die Nichtexistenz Gottes manipuliert werden kann. Wenn die Welt heute positive Erfahrung über Gottes Nichtexistenz hat, dann kann ihr nur *die Erfahrung* der Existenz Gottes entgegengesetzt werden.

Ein anderes Problem ist, dass auch diejenigen, die an Gott glauben, keinen Nutzen in diesem Glauben mehr sehen. Es scheint, dass Gott früher eine Hypothese bei der Lösung von menschlichen Problemen war, insbesondere bei Problemen der Sünde, des Todes und der Erlösung. Diese Hypothese scheint heute nicht mehr nötig zu sein. Diese Ansicht ist inzwischen nicht mehr nur in Literatur und Philosophie zu finden – sie ist bereits in breiten Kreisen der Massenmedien beheimatet. In der Wochenzeitschrift *Tina*, in der von Psychologen gestalteten Rubrik unter der Überschrift „Müssen wir uns vor dem Tod fürchten?" erscheint die Frage eines vierzehnjährigen Mädchens, das schreibt, von Todesgedanken verfolgt zu werden. Darauf antwortet der Psychologe, die einzige Rettung vor solchen Gedanken und Ängsten seien gesellschaftliche Aktivitäten.[26] In einem Beitrag über Erziehung berichtet die Zagreber Tageszeitung *Vjesnik*, dass, obwohl die Bibel in Amerika das meist gelesene Buch sei, die Kriminalität von Jugendlichen aggressiver geworden sei, und dass junge Leute zwar schneller physisch heranreifen, aber

---

23 D. Bonhoeffer in einem Brief an Helmut Rössler, DBW Bd. 11, S. 33.

24 Vgl. H. Zahrnt, *Gott kann nicht sterben*, S. 72ff.

25 Vgl. *Nauka i teologija u XX. veku. Kritika teoloških koncepcija nauke* (Wissenschaft und Theologie im XX. Jahrhundert. Eine Kritik theologischer Konzeptionen der Wissenschaft). Übersetzung aus dem Russischen, Gradina 1973.

26 Vgl. *Tina*, Nr. 81, Wochenzeitschrift für Mädchen und Teenager 1974, S. 19.

psychisch unreife Personen wären.[27] Die Zagreber Wochenzeitschrift *Oko* berichtete in mehreren Folgen über eine große Bewegung im Westen, die außerhalb von Kirche und Gott nach Rettung sucht.[28]

Von ihren Ideologen geleitet stürzen sich junge Menschen in Genüsse, um für einen Moment ein hoffnungslos verlorenes Paradies zu erleben. In totaler Sexualrevolution möchten die Menschen die Grenzen der Welt, moralische Imperative, Geschlechtsunterschiede, Unterschiede zwischen Leib und Geist, zwischen Gut und Böse, zwischen Menschen und Gott, zwischen Menschen und Tieren aufheben und ausradieren.

Wir tauchen immer tiefer in eine Welt ein, in der Gott und Kirche arbeitslos bleiben. Diese Mentalität äußerte A. Camus in seinem *Fremden:* Ein zum Tode Verurteilter antwortet dem Priester auf seine Frage nach Gott, er sei sicher, dass es keinen Gott gäbe. Dies sei aber ohnehin nicht wichtig, da er die kurze ihm verbleibende Zeit nicht mit Gott verschwenden möchte. Manche betrachten J. Paul, F. Nietzsche und H. Heine als Propheten unserer Zeit. Sicherlich ist ihre Angst, dass Gott sterben könnte – sei es in der Kirche oder in der Zivilisation, in der wir leben – nicht ohne Grund. Sie alle haben die Kirche wegen der entstandenen Situation mehr beschuldigt als die Welt, die dafür jedoch genauso verantwortlich ist. Kierkegaard deutete den Anteil der Kirche so: „Ein anderer (= Gott) ist gekreuzigt worden – und er (= der Theologieprofessor) hält darüber Predigten und Kollegien."[29] Deshalb kann diese Frage vom Tod Gottes in der Kirche nicht mit dem geistreichen Satz von H. Cox abgetan werden: „Gott kann nicht sterben! Ein Gott, der sterben kann, hat keine Tränen verdient."[30] Auch nicht mit der Ergänzung, die H. Zahrnt diesem Satz beigefügt hat: „und wir fahren fort: denn er hat nie existiert."[31] Tatsache ist nämlich, dass unser Gott am Kreuz gestorben ist, und wahr ist, dass wir ihn durch unser ungläubiges Leben aus der Welt vertreiben können.

Dafür, dass diese zweite Art des Todes Gottes unter uns auf viele Weise geschieht, spricht auch der Umstand, dass das letzte Konzil von allen Christen eine Erneuerung ihrer Gedanken, Mentalitäten und Herzen verlangte. Schon damals spürte man in der ganzen Welt einen neuen Frühling der Kirche, als ob Christus erneut in seiner geschichtlichen Mission auf dieser Erde wäre. Heute durchleben wir eine Zeit, in der die Welt spürt, dass alle diese Hoffnungen in Vergessenheit geraten sind. Die Menschen scheinen heute mit Bedauern und Mitleid einzugestehen, dass die Kirche beim Konzil eine zu schwere Last auf sich genommen

---

27 Vgl. *Vjesnik* vom 17. Und 18. Februar 1974.

28 Vgl. *Oko* vom 14.XI. 1973, 13; 21.XI. 1973, 13; 28.XI.1973, 13; 12.XII.1973, 13; nach dem Autor J. Davidov.

29 Vgl. H. Zahrnt, *Gott kann nicht sterben*, S. 155.

30 H. Cox, *Stirb nicht im Warteraum der Zukunft,* Stuttgart-Berlin, 1968, S. 31.

31 H. Zahrnt, *Gott kann nicht sterben,* S. 55.

hat. Sie habe versucht, das Evangelium auf ihren eigenen Schultern in die Welt zu tragen, und inzwischen sei klar, dass sie dies nicht vermochte. Die Kirche hat übrigens auf dem Konzil selbst zugegeben, dass die Gläubigen zu einem großen Teil für die Welle des Atheismus Verantwortung tragen. So sagt die Konstitution über die *Kirche in der Welt von heute*, dass „an dieser Entstehung des Atheismus die Gläubigen einen erheblichen Anteil haben, insofern man sagen muß, daß sie durch Vernachlässigung der Glaubenserziehung, durch mißverständliche Darstellung der Lehre oder auch durch die Mängel ihres religiösen, sittlichen und gesellschaftlichen Lebens das wahre Antlitz Gottes und der Religion eher verhüllen als offenbaren“ (GS 19). Die gleiche Konstitution sagt, „Das Heilmittel gegen den Atheismus kann nur von einer situationsgerechten Darlegung der Lehre und vom integren Leben der Kirche und ihrer Glieder erwartet werden. Denn es ist Aufgabe der Kirche, Gott den Vater und seinen menschgewordenen Sohn präsent und sozusagen sichtbar zu machen, indem sie sich selbst unter der Führung des Heiligen Geistes unaufhörlich erneuert und läutert. Das wird vor allem erreicht durch das Zeugnis eines lebendigen und gereiften Glaubens, der so weit herangebildet ist, daß er die Schwierigkeiten klar zu durchschauen und sie zu überwinden vermag .... Dieser Glaube muß seine Fruchtbarkeit bekunden, indem er das gesamte Leben der Gläubigen, auch das profane, durchdringt und sie zu Gerechtigkeit und Liebe, vor allem gegenüber den Armen, bewegt. Dazu, daß Gott in seiner Gegenwärtigkeit offenbar werde, trägt schließlich besonders die Bruderliebe der Gläubigen bei, wenn sie in einmütiger Gesinnung zusammenarbeiten für den Glauben an das Evangelium und sich als Zeichen der Einheit erweisen“ (GS 21). Das Konzil sagt also klar, dass Christen in ihrem Leben Christus sichtbar machen.

Christus wird in der Welt nicht anders als in der Liebe und in der Einheit unter Christen sichtbar gemacht. Es gibt verschiedene Formen der Anwesenheit Gottes in der Kirche. Über sie spricht das Konzil ebenfalls. Doch Anwesenheit ist nicht mit Sichtbarkeit gleichzusetzen. Selbst wenn wir über gewisse Sichtbarkeiten Christi in den Sakramenten, insbesondere in der Eucharistie reden möchten, müssen wir sagen, dass diese Sichtbarkeit nur christlichen Gläubigen zugänglich ist. Wenn also die Sichtbarkeit durch die Lebensführung der Christen in der Kirche aufhört, dann wird Gott gewissermaßen unsichtbar. Dann können wir im vorhin genannten Sinn vom Tod Gottes reden. Wenn es nur noch Strukturen und Äußerlichkeiten in der Kirche gibt, die innere Einheit und Liebe unter den Christen aber fehlt, dann können wir sagen, dass diese Strukturen darauf hinweisen, dass es Gott nicht gibt. Diese äußeren Strukturen laden nämlich jeden Menschen ein, in der Kirche Gott zu sehen. Wenn er sich also auf den Weg macht und Gott nicht sieht, weil es in der Kirche keine Einheit, keine Liebe und kein authentisches Leben gibt – worüber das Konzil spricht – dann erlebt dieser Mensch, dass es Gott nicht gibt. Mit anderen Worten, dort, wo wir Menschen Gott zeigen sollten, zeigen wir, dass es ihn nicht gibt.

Ich wiederhole noch einmal: es handelt sich nicht darum, dass es ihn tatsächlich nicht gibt, sondern lediglich darum, dass er unsichtbar, und zwar durch Verschulden der Gläubigen unsichtbar ist. In diesem Sinne ist Gott immer der menschlichen Freiheit und damit auch der Möglichkeit unterworfen, vom Menschen „getötet“ zu werden, und zwar nicht nur in seiner Seele, sondern auch in der Welt.

Von uns Christen wird heute also eine doppelte Verifikation verlangt: die Verifikation Gottes in der Welt und seine Verifikation gegenüber konkreten Problemen des Menschen. Das fundamentale Problem heutiger Theologie ist gerade das ständige Ausbleiben dieser Verifikation. Der christliche Glaube stellt sich dar als seltsame Hypothese: reich an Beziehungen und Forderungen, faktisch aber nur als eine Hypothese ohne Leben und Streben nach Wahrheit. Gottes Unsichtbarkeit ist in Theorie und Praxis erschreckend präsent. Wie nie zuvor wird für Christen Lenins Ausspruch aktuell: „Abstrakte Wahrheit gibt es nicht, die Wahrheit ist immer konkret“.[32] Wir können nichts über Gott außerhalb von der Welt aussagen. Wir können nämlich nicht sagen, wer und was Gott in sich ist, sondern nur, was Gott mit uns tut. Dieses Konkrete drückt die Bibel mit dem Ausdruck „sieh!“ aus. Damit weist sie auf eine konkrete Person hin die spricht, sowie auf den konkreten Inhalt, den die Person vorträgt. Obgleich unsichtbar, muss Gott sich im Konkreten der Welt als Wahrhaftiger zeigen. Christlicher Glaube darf nicht dem Abschuss einer Rakete ähneln, von der man nicht weiß, ob sie überhaupt existiert. Diesem Konkreten im Glauben dient daher die historisch-kritische Erforschung der Offenbarung. Da es sich aber um eine historische Bestätigung handelt, gehört sie ebenfalls in den Bereich des Glaubens. Erst wenn sich eine konkrete Existenz der Wahrheit des Evangeliums überlässt, wird durch diese praktische Erfahrung eine vollständige Sicherheit im Glauben gewonnen. So ist das Problem des Todes Gottes kein Problem der Fragestellung, sondern ein Problem der Antwort. Es ist nicht so, dass Gott sich nicht meldet und sich uns nicht anbietet, sondern dass wir diese Sprache und dieses Angebot nicht wahrnehmen. Gott „stirbt“ also im Moment seines Übergangs zu uns. Er „stirbt“ in unseren Händen. So wird die Situation Jesu von Bethlehem bis Jerusalem immer aufs Neue wiederholt. Immer steht das Kreuz da als Mahnung an die Kirche. Gott „stirbt“ unter uns, wenn wir ihn nicht annehmen, wenn wir ihn in unserem Leben in unbestimmten Verallgemeinerungen und in abstrakten Lebensprinzipien belassen. In diesem Sinne fragt D. Bonhoeffer, was es bedeute, wenn ein Proletarier in seiner Welt des Misstrauens sagt: Jesus war ein guter Mensch? Es bedeute, dass man ihm nicht misstrauen

32 Ebd. S. 118.

solle. Ein Proletarier sage nicht: Jesus ist Gott. Aber: „Der Proletarier meint mit dem Wort, Jesus ist ein guter Mensch, mehr, als wenn der Bürger sagt: Jesus ist Gott."[33] Unser Leben zeigt am besten, was dieses Wort „Gott" für uns bedeutet. Nur aus einer neuen Weise, von Gott zu sprechen, kann die erneuerte Kirche geboren werden, wie es das Vatikanische Konzil verlangt. Nur aus jener „Sprache", die aus dem Radikalismus der konkreten Antwort auf Gottes Wort geboren wurde, kann eine ganz neue Verkündigung in der heutigen Kirche entstehen, die zum Staunen führt.

[33] D. Bonhoeffer, *Christologievorlesung,* DBW Bd. 12, S. 287

III Atheistisches Christentum? – Theologie des „toten Gottes“

Einleitung

Der Ausdruck „atheistisches Christentum“ ruft zu Recht Unruhe hervor und wirft zahlreiche Fragen auf. Kann es ein Christentum ohne Gott geben? Kann jemand Christ sein und sich gleichzeitig zum Atheismus bekennen? Die Theologen des „toten Gottes“ beantworten diese Frage positiv. Sie sind sogar der Auffassung, heute müsse man Atheist sein, wenn man das Christentum retten möchte. „Wenn Christus heute käme, wäre er Atheist“ – sagen sie.[1] Der Ausdruck „Theologie des toten Gottes“ scheint eine *contradictio in adiectio* zu sein. Ist nämlich eine Theologie – und das bedeutet das Sprechen über Gott – nicht sinnlos, wenn sie Gott verneint? Ist eine solche Theologie nicht eine Negation ihrer selbst?

Auf jeden Fall ist diese Theologie ein Beweis dafür, dass Gott wieder das zentrale Problem der Theologie geworden ist. Und nicht nur das. Anscheinend gibt es keine Wirklichkeit mehr, weder eine reale noch eine fiktive, die noch nicht in Frage gestellt worden wäre. Karl Barth sagte einmal: „Es gibt heute Menschen, die die Worte des Herrn ‚Geht hin und verkündet mein Wort in der Welt‘ so deuten, als ob Jesus gesagt hätte: ‚Geht hin ... und macht jedes meiner Worte zum Problem‘.“[2]

Die nachfolgenden Seiten informieren über die Anlässe zu dieser Idee und über das Schicksal der sogenannten Theologie des „toten Gottes“. Diese Informationen schließen aber jene kritischen Fragen nicht aus, die sich von sich aus aufdrängen, und suchen zumindest gelegentlich nach Antworten oder weisen auf Wege hin, auf welchen Antworten zu finden sein könnten.

Die Theologie des „toten Gottes“ ist unter verschiedenen Namen bekannt, wie beispielweise „radikale Theologie“, „christlicher Atheismus“, „atheistisches Christentum“, „Theologie vom Tod Gottes“ und „Theologie des toten Gottes“.[3]

---

[1] D. Sölle, *Gibt es ein atheistisches Christentum*? in: *Merkur* 23 (1969), S. 41.

[2] Zitat in Kard. J. L. Suenens, *Cristianesimo senza Dio?* In: *Cristianesimo senza Cristo?,* Assisi 1968, S. 33.

[3] Vgl. B. Mondin, *I teologi della morte di Dio. Storia dell'ateismo cristiano e diagnosi delle sue*

Diese theologische Bewegung entstand und erlebte ihren Höhepunkt auf dem amerikanischen Kontinent. Ihr Hauptanlass ist einerseits das Phänomen des Atheismus in der Welt und andererseits eine neue philosophisch-theologische Mentalität. Das Phänomen des Atheismus hat sowohl spekulative als auch praktische Ursachen. Um die Theologie des „toten Gottes“ zu verstehen ist es unerlässlich, zumindest in aller Kürze über beide etwas zu sagen.

Theoretischer und praktischer Atheismus

In gedanklicher Hinsicht ist der Atheismus das Ergebnis philosophischer Strömungen der letzten Jahrhunderte. Subjektivismus und Immanenzphilosophie brachten die Philosophen Hume und Kant zur Negation der Möglichkeit der Gotteserkenntnis. Der Materialismus setzte sich fort bis zur Negation von Gottes Existenz selbst. Aus der Philosophie ging der Atheismus in die Wissenschaft über, danach in die Literatur und die Kunst und wirkte so suggestiv auf die Mentalität der Menschen. Durch neue wissenschaftliche Erkenntnisse ist die Welt dem Menschen näher gerückt, Wissenslücken und Unerklärliches sind seltener geworden. Gott als Prinzip der Erklärung der Welt und der Ereignisse wurde überflüssig. So antwortete der französische Astronom Laplace (1741-1827) auf Napoleons Frage, wo denn in seinem System noch Platz für Gott übrig sei: „Ich brauche diese Hypothesen nicht.“ Der englische Biologe Julian Huxley übernahm diese Aussage und schrieb: „Die Hypothese Gott hat für die Erklärung oder das Verständnis der Natur keine praktische Bedeutung mehr. Die Hypothese Gott wird Zentimeter für Zentimeter getötet und stirbt den Tod der Tausend Einschränkungen.“[4]

Die Literatur registrierte eindrucksvoll diese neue Mentalität. Da sich die Theologen des „toten Gottes“ direkt oder indirekt auf diese literarischen „Quellen“ berufen, bringen wir hier ausführlicher einige Beispiele.

Zwar nicht den Ausdruck, aber den Gedanken vom Tod Gottes finden wir bereits bei Jean Paul. Er schreibt in seiner „Rede des toten Christus vom Weltgebäude“, dass es Gott nicht gibt: „An einem sommerlichen Vorabend lag ich in der Sonne auf einem Berg und schlief ein. Ich träumte dann, dass ich auf einem Friedhof aufgewacht war (...) Alle Gräber standen offen... Dann kam eine er-

---

dottrine, Torino 1968, S. 9. Mondin nennt diese Theologie auch Säkularismus. Theologen des „toten Gottes“ benutzen diese Bezeichnung nicht. Während Säkularisierung ein geschichtlicher Prozess ist, bei dem eine Gesellschaft oder eine Kultur von der Vormundschaft der Religion und in sich geschlossenen metaphysischen Begriffen befreit wird, ist der Säkularismus eine neue Ideologie, eine in sich geschlossene Auffassung, die in der Weise einer Religion funktioniert. „Atheistisches Christentum“ ist in diesem Sinne auch Säkularismus. So nennt ihn J. Daniélou. *Religiöse Krise: Das Problem des Säkularismus, in:* Rahner, Metz u. a., *Die Antwort der Theologen*, Düsseldorf 1969[2], S. 78.

4 Zitat in H. Fries. R. Stählin, *Gott ist tot?*, München 1968, S. 53.

habene, edle Gestalt mit dem Ausdruck unbeschreiblicher Qual von der Höhe auf den Altar nieder und alle Toten riefen auf: ‚Christus, gibt es denn keinen Gott?' Er antwortete: ‚Es gibt ihn nicht' und fuhr dann fort: ‚Ich bin durch Welten gegangen, habe die Sonne bestiegen und bin durch kosmische Wüsten über Milchstraßen gewandert, aber einen Gott gab es nicht. Ich ging hinunter in die Tiefe, wohin das Sein seinen Schatten wirft, schaute in den Abgrund und rief: ‚Vater, wo bist du?' Aber ich hörte nur den ewigen Sturm, den niemand führte... Schreit heraus, Dissonanzen, verkündet ihr Schatten, denn ihn gibt es nicht! ' Dann kamen sie in den Tempel", – setzt der Schriftsteller fort – „es ist schrecklich für das Herz, tote Kinder, die am Friedhof erwacht waren, warfen sich vor der erhabenen Gestalt auf dem Altar nieder und sagten: ‚Jesus, haben wir denn keinen Vater?' Er erwiderte in Tränen aufgelöst: ‚Wir sind alle Waisen, ihr und ich, ohne Vater... ' Dann erhob er seinen Blick zur Nichtigkeit und zur leeren Unendlichkeit und sagte: ‚Versteiftes, stummes Nichts! Kalte ewige Notwendigkeit! Verrückter Zufall! Erkennt ihr das unter euch? Wann werdet ihr das Gebäude und mich zerstören?... Wie sehr jeder in der breiten Gruft des Weltalls allein ist! Ich bin bei mir allein... Ach, wenn jeder sein eigener Schöpfer und Vater ist, warum kann er nicht auch sein eigener Todesengel sein?... ' Und alles wurde eng, dunkel, erschrocken – und ein unendlich langer Schwengel sollte die letzte Stunde der Zeit schlagen und das Weltgebäude zerschlagen ... dann wachte ich auf. Meine Seele weinte vor Freude, weil sie sich wieder vor Gott verneigen konnte; die Freude, das Weinen und der Glaube an ihn waren mein Gebet..."[5]

Jean Paul betrachtet die Vision des Atheismus als einen Gedanken voller Entsetzen, vor dem das gesamte Weltall in ein fürchterliches Chaos hinabstürzt. Er ist deshalb froh, dass alles nur ein Traum war. Der Atheismus ist hier in Klammern und nicht öffentlich proklamiert, sondern lediglich als eine gefährliche Hypothese vorgestellt. Und wie in der Theologie des „toten Gottes" bleibt hier Christus auch dann erhalten, wenn Gott tot ist. Aber er tritt nicht an Gottes Stelle. Das Leben Christi ist für Jean Paul kein Trost für den Tod Gottes.

Mit seiner Vision beeinflusste Jean Paul sehr stark den romantischen Nihilismus neuerer Zeit, beispielsweise bei Stifter, Schlegel, Dostojewski, Nietzsche und Heine. Sie werden die „Klammern ausradieren" und den Atheismus unter dem gemeinsamen Standpunkt der Selbstbefreiung des Menschen radikalisieren und absolut setzen. Nietzsche wird diesen Nihilismus in einer sprachlichen Kraft vorbringen, die auch durch ihren gedanklichen Radikalismus fasziniert.

In seinem Werk *„Die fröhliche Wissenschaft"* spricht Nietzsche von einem Verrückten, der an einem sonnigen Vormittag mit angezündeter Laterne auf den Markt lief und dabei schrie, er suche Gott. Die Menschen lachten ihn aus und

---

[5] Vgl. ebd, S. 13.

fragten ihn, warum er Gott suchen würde, ob er Gott denn verloren hätte, oder er verreist sei. Der Verrückte antwortete: „Wohin ist Gott?... Ich will es euch sagen! Wir haben ihn getötet – ihr und ich. Wir alle sind seine Mörder! Aber wie haben wir dies gemacht? Wie vermochten wir das Meer auszutrinken? Wer gab uns den Schwamm, um den ganzen Horizont wegzuwischen? Was taten wir, als wir diese Erde von ihrer Sonne losketteten? Wohin bewegt sie sich nun? Wohin bewegen wir uns? ... Gibt es noch ein Oben und ein Unten? ... Kommt nicht immerfort die Nacht und mehr Nacht? Müssen nicht Laternen am Vormittage angezündet werden? Hören wir noch nichts von dem Lärm der Totengräber, welche Gott begraben?... Gott ist tot! Gott bleibt tot! Und wir haben ihn getötet! Wie können wir uns trösten, die Mörder aller Mörder?... Wer wischt dieses Blut von uns ab?... Ist nicht die Größe dieser Tat zu groß für uns? Müssen wir nicht selber zu Göttern werden, um nur ihrer würdig zu erscheinen?“ ... Hier schwieg der tolle Mensch und ... warf seine Laterne auf den Boden, dass sie in Stücke sprang und erlosch. „Ich komme zu früh“, sagte er dann, „ich bin noch nicht an der Zeit. Dieses ungeheure Ereignis ist noch unterwegs und wandert – es ist noch nicht bis zu den Ohren der Menschen gedrungen...“[6]

Mit dem Aufschrei: Gott ist tot, wir haben ihn getötet, stellt Nietzsche die geistige Diagnose seiner Zeit. Aber diese Worte sind weder für ihn noch für Jean Paul triumphaler Gesang, sondern Angst und Schrecken über diese Tatsache. Gottes Tod bedeutet für Nietzsche, dass der christliche Glaube unglaubwürdig geworden sei. Für ihn habe Gott nie gelebt, und so konnte er auch nicht sterben, aber der Glaube an Gott sei gestorben, so dass die Tötung dieses Glaubens gleichzeitig die Tötung von Gott selbst bedeute. Durch den Tod Gottes ist für Nietzsche aber der Weg zum Übermenschen geöffnet. Er ist der Auffassung, wie später auch J. P. Sartre, Gott stehe der menschlichen Selbstverwirklichung im Wege. Der Tod Gottes ist für ihn die Folge einer bewussten Befreiung des Menschen, der Gott verneint, um selber Gott zu sein.

Unter dem praktischen Atheismus versteht man gewöhnlich ein Leben, in dem sich der Mensch bei seiner Arbeit und seinem Benehmen um Gott nicht kümmert. Diese Haltung scheint mit einem theoretischen Theismus vereinbar zu sein. Auch dort wird Gott nicht verneint, hat aber keinen Einfluss auf die Taten. Der praktische Atheismus hat aber einen anderen Sinn: er ist eine Haltung, für die der Glaube an Gott mit der persönlichen Redlichkeit unvereinbar ist. Die Alternative ist: entweder Gott anzunehmen, so dass er zwangsläufig das gesamte Wirken beeinflusst, auch wenn man damit in Konflikt mit Wissenschaft und Politik kommt, oder die Forderungen der Wissenschaft anzunehmen und folglich das Leben oh-

---

6 Nietzsche, *Die fröhliche Wissenschaft 125*, zitiert aus der Ausgabe Frankfurt 1982, S. 138f

ne den Einfluss Gottes zu belassen.[7] Tatsache ist, dass wir im wissenschaftlichen Bereich ohne Gott vorwärts kommen können, im ethischen Bereich so etwas aber nicht zulässig oder sogar unmöglich ist.[8] Das heißt, dass der Mensch in diesem Bereich nicht wirken und sich nicht endgültig entscheiden könne, ohne dass er, wenn auch anonym, sich als Theist sehe. Ob eine praktisch-technische Handlung und wissenschaftliche Forschung nicht nur in der Welt wirksam wird, sondern auch dem Menschen zur Erlösung diene, hänge davon ab, ob sich der Mensch ernsthaft engagierte.

Die Ursachen des praktischen Atheismus sind vielfältig. Mondin sieht eine der Ursachen im Fortschritt der Zivilisation, der den Menschen disponiert, ohne Gott zu leben.[9] D. Bonhoeffer vertritt die Auffassung, dass der praktische Atheismus die normale Folge einer Entwicklung ist, die bereits im XIII. Jahrhundert begonnen hat. Der Mensch sei nämlich erwachsen und deshalb unfähig zur Religion geworden. Deswegen lebe er „*etsi deus non daretur*".[10]

Heute wird der Kampf gegen Gott im Westen nicht unter wehenden Fahnen und mit lauten Parolen geführt. In einen ruhigen Prozess läuft die Entwicklung auf die Abwesenheit Gottes in der Welt zu. Die Welt fasziniert einerseits den Menschen immer weniger als Schöpfung Gottes und immer mehr als sein eigenes Werk, andererseits hat die Kirche immer weniger Einfluss auf die Menschen. Innerweltliche und zwischenmenschliche Beziehungen beschäftigen den Menschen so, dass er sich in der Immanenz ganz wohl fühlt. Es ist nicht mehr eine Immanenz gegen die Transzendenz, sondern eine Immanenz ohne Transzendenz.[11] Oft ist die Ursache des praktischen Atheismus auch die Unfähigkeit des heutigen Menschen, mit traditionellen Nachweisen über Gottes Existenz zu Gott zu gelangen. Die Terminologie traditioneller Theologie ist nämlich moderner Denkweise kaum begreiflich.[12] Auch die ständige Feindschaft zwischen Kirche und Wissenschaft in heutiger Zeit ist keineswegs eine geringe Ursache für den praktischen Atheismus.[13]

---

7 Vgl. H. J. Schultz, *Ma qui é questo Dio?,* Rom, 1970, S. 6.

8 Vgl. K. Rahner, *Schriften zur Theologie,* Bd. III, 1964, S. 470 f.

9 Vgl. B. Mondin, *I teologi della morte di dio*, S. 18.

10 Vgl. D. Bonhoeffer, *Widerstand und Ergebung,* DBW Bd. 8, S. 533f.

11 Vgl. P. Bolkovac, *Atheisten, Christen: Atheismus im Westen,* 1966, S. 12.

12 Vgl. T. Sartory, *Atheistische Christen?* in: *Der moderne Atheismus,* 1970, S. 85ff, auch V. Miano, *Religione e ateismo nel mondo contemporaneo,* in: *Dio é morto?* IDOC 1, S. 85ff.

13 O. Loretz, *Die wissenschaftlich-technische Welt und der Gottesglaube,* in L. Klein, *Der moderne Atheismus,* S 111.

Unmittelbare theoretische Ursachen des „atheistischen Christentums"

„Atheistisches Christentum" ist eigentlich eine Unterart des allgemeinen Atheismus. Deshalb sind die allgemeinen Ursachen bei beiden auch annähernd gleich. Darüber hinaus hat dieser „Atheismus" seine spezifischen Ursachen.

Eine der spezifischen Ursachen ist der logische Positivismus oder Neopositivismus, dessen bekanntester Vertreter Ludwig Wittgenstein ist. In seinem Werk „*Tractatus logico-philosophicus*" bringt er Prinzipien zum Ausdruck, die er bereits im Vorwort kundgetan hat: „Der ganze Sinn des Buches könnte mit den Worten beschrieben werden: was zu sagen ist, soll klar gesagt werden; worüber nicht gesprochen werden kann, darüber soll geschwiegen werden ... die Grenze lässt sich nur sprachlich ziehen und alles, was außerhalb dieser Grenze liegt, ist einfach Unsinn."[14] An einer anderen Stelle im gleichen Buch bringt der Autor zwei Thesen vor: nur wissenschaftliche und experimentale Aussagen hätten Sinn; zur Lösung philosophischer Probleme reiche es, nur die Sprache zu analysieren. Demnach könne nur die Sprache experimentaler Wissenschaften theoretischen Sinn haben. Metaphysische, ethische und religiöse Sprache habe lediglich emotiven Sinn. Ein anderer Vertreter des Neopositivismus, Alfred J. Ayer, schließt daraus, dass die Sprache über Gottes Existenz metaphysisch sei und daher weder wahr noch falsch sein könnte. Alle Ausdrücke, die Gottes Natur beschreiben, hätten keinen Sinn.[15] So führt eine auf neopositivistischen Prämissen gegründete linguistische Analyse zum Tod nicht nur der Metaphysik, sondern auch der Theologie.

Die zweite Ursache der Theologie des „toten Gottes" stellt die dialektische Theologie von Karl Barth dar. Im Gegensatz zur liberalen Theologie, die christliche Offenbarung für eine harmonische Entwicklung von Natur und Vernunft hielt, betont diese Theologie die absolute Transzendenz Gottes. Gott sei qualitativ anders, von Menschen unerreichbar und mit natürlicher Erkenntnis unbegreiflich. Jede Erkenntnis, die nicht von Gott käme, sei religiös und bliebe diesseits der Grenze, die Gott vom Menschen trenne.[16] Jede natürliche Erkenntnis Gottes sei schädlich und falsch. Sie sei ein Hindernis zur richtigen Erkenntnis Gottes aus der Offenbarung. Deswegen schaffe die Offenbarung die Religion ab.[17] Der Glaube sei auf Gottes Offenbarung gegründet und habe daher keinerlei menschliche Elemente, sondern komme vollständig von Gott.

Von diesen Thesen Barths ist es nicht weit zum „Tod Gottes". Wenn wir jeden natürlichen Erkenntnisweg zu Gott verwerfen, dann bleibt uns Gott nur

[14] Zitat in L. Klein (Herausgeber), *Der moderne Atheismus,* 1970, S. 28.
[15] Vgl. in A. J. Ayer, *Language, Truth and Logic,* Oxford, 1946, S. 115.
[16] Vgl. K, Barth, *Der Römerbrief,* 1919.
[17] Barth spricht eigentlich nicht von einer Abschaffung der Religion, sondern von ihrer Aufhebung und Assimilierung in das Christentum (Aufhebung!), vgl. Barth, *Kirchliche Dogmatik 1/2.*

über Christus zugänglich. Und dann fehlt nur noch ein kleiner Schritt, um in der Weltimmanenz eingeschlossen zu werden.

Noch deutlicher wurde die Theologie des „toten Gottes“ durch die sogenannte Entmythologisierung Rudolf Bultmanns beeinflusst.[18] Der Mythos ist für Bultmann die Beschreibung des Transzendentalen in menschlicher Sprache, die Beschreibung der göttlichen Dinge, als ob es sich um menschliche handeln würde. Bultmann ist der Auffassung, dass die Christen im 1. Jahrhundert eine mythisch-metaphysische Mentalität hatten und diese auch auf die Evangelien von Christus übertrugen. Eine metaphysische Mentalität sei bestrebt, durch Anerkennung einer Objektivität außerhalb von uns, unser geistiges Erkennen zu objektivieren. In den Evangelien unterscheidet Bultmann die metaphysische Form und den erlösenden Inhalt. Die Aufgabe der Entmythologisierung sei, den erlösenden Inhalt vom mythisch-metaphysischen Element zu reinigen. Bultmann will das mythisch-metaphysische Element durch eine existenzielle Interpretation ersetzen, die nach seiner Auffassung als einzige für den heutigen Menschen annehmbar sei. Diese Prämissen Bultmanns haben viel stärkere Auswirkungen. Sie führen unweigerlich zu der Frage, ob Gott selbst nicht letztlich eine Objektivierung innerer menschlicher Erfahrungen sei. Einige Schüler von R. Bultmann geben darauf eine positive Antwort und kommen so zur atheistischen Interpretation der Bibel und des Evangeliums.[19] So übte die Entmythologisierung einen entscheidenden Einfluss auf die Theologie des „toten Gottes“ aus.

Bei der Proklamierung der Theologie vom „toten Gott“ berufen sich fast alle Autoren auf Dietrich Bonhoeffer, den jungen deutschen protestantischen Theologen, der in Hitlers Konzentrationslager 1945 ermordet wurde.[20] Als Schüler von Barth übernahm Bonhoeffer dessen Kritik der Religion. Für Bonhoeffer liegt das Wesen der Religion in einer Zerteilung der Wirklichkeit in das Natürliche und das Übernatürliche, in eine himmlische und eine irdische Wirklichkeit, in Gottes Reich und das menschliche Herrschaftsgebiet. Er ist der Auffassung, dass außerhalb der Wirklichkeit Christi keine andere Wirklichkeit existiert. Himmel und Erde sind durch die Menschwerdung Jesu „eine Einheit in Unterschiedlichkeit“ geworden, so wie es die menschliche und die göttliche Natur in Christus sei. Deswegen gäbe es keine Erkenntnis Gottes außerhalb der Wirklichkeit Christi, und damit auch keine Wirklichkeit außerhalb der Bibel. Der heutige Mensch, sei erwachsen geworden und habe das Schicksal der Welt in die eigenen Hände

---

18 Vgl. R. Bultmann, *Neues Testament und Mythologie,* 1941.

19 Vgl. H. Braun, *Gesammelte Studien zum Neuen Testament und seiner Umwelt,* Tübingen 1962, S. 243-309.

20 Vgl. D. Bonhoeffer, *Widerstand und Ergebung*. Vgl. V. Merčep, *„Nereligiozno“ kršćanstvo Dietricha Bonhoeffera* („Nichtreligiöses“ Christentum von Dietrich Bonhoeffer) in: Crkva u svijetu (Kirche in der Welt) 4, 1969, S. 22-35 und 113-117.

zu nehmen. Er könne daher nicht religiös sein. Er müsse aber Christus akzeptieren, da er sonst außerhalb der Wirklichkeit leben und sich den Autonomien der Zivilisation unterordnen müsse. Um ihm das zu ermöglichen, sei es erforderlich, biblische Begriffe nichtreligiös zu interpretieren. Deshalb meint Bonhoeffer, dass Barth in seiner Kritik der Religion auf halbem Wege stehengeblieben sei. Er habe zwar die Notwendigkeit der Befreiung des Christentums von der Religion aufgezeigt, er habe jedoch nicht den Weg zu einer nichtreligiösen Interpretation des Christentums gewiesen. Bultmann dagegen sei nach Bonhoeffers Meinung zu weit gegangen, als er die Ereignisse des Evangeliums zum Mythos erklärt habe. Für Bonhoeffer berichten die Evangelien historische Wirklichkeiten. Sie sind Glaubenswirklichkeit, kein Mythos. In anderer Hinsicht sei Bultmann mit seiner Entmythologisierung nicht weit genug gegangen, denn nicht nur mythische Begriffe, sondern gerade die religiösen seien problematisch. Die Bibel müsse im nichtreligiösen Sinn interpretiert werden. Religion begreife nämlich Gott als ein mächtiges Wesen, das dem Menschen wie ein „*deus ex machina*“ vorkomme. Die Welt sei aber in der Lage, auch „*etsi deus non daretur*“ zu leben. Der Gott der Heiligen Schrift sei machtlos und leide. Nur durch seine Schwäche könne er in der Welt mächtig werden. Die gottlose Welt öffne den Christen deshalb die richtige Sicht auf das Kreuz Christi. Bonhoeffer meint, es sei Zeit für die nichtreligiöse Interpretation des Christentums. Christentum ohne Religion bedeute die Teilnahme des Menschen an Christi Existenz. Das wiederum bedeutet, ein „Mensch für andere“ zu sein. Es muss betont werden, dass Bonhoeffer dies keineswegs im Sinne einer Horizontalität versteht. Manche kompetente und nicht kompetente Autoren möchten ihn so falsch interpretieren. Bonhoeffer definiert Christus im Sinne des Konzils von Chalzedon.[21] Ein Christ, der seine Reife erreicht habe, begegne dem lebendigen Gott durch seine Teilnahme am Leiden Gottes im Leben der Welt.

Die Öffentlichkeit wurde auf Bonhoeffer durch den anglikanischen Bischof John A. T. Robinson in seinem Werk „Honest to God“ aufmerksam gemacht. Indem er Bonhoeffer auf immanente Weise interpretierte, gab er von solchen Positionen ausgehend Grundprämissen für eine Theologie des „toten Gottes“ und wurde somit zum unmittelbaren Vordenker dieser Theologie.[22]

Sollte das Evangelium noch irgendetwas für die Menschen bedeuten, dann müsse es, nach Robinson, für mindestens eine Generation auf den Gebrauch

---

[21] Über jene, die Bonhoeffer nur horizontal interpretieren möchten, sagt Benkterich Benktson in *Christus und die Religion,* München 1967, S. 81: „Jene, die nach Bonhoeffers Tod seine „volljährige Welt“ mit selbstlobender „Eigengesetzlichkeit“ versehen haben, tun ihm größere Gewalt an als jene, die sein Leben ausgelöscht haben.“*Vgl. auch R. Marlé:* Coreth-Lotz,*Atheismus kritisch betrachtet,* München 1971, S. 132.

[22] Vgl. R. Mayer, *Christuswirklichkeit,* Stuttgart, 1969, S. 291. Mayer denkt auch, dass Robinson Bonhoeffer falsch, das heißt monistisch verstanden habe.

des Namens „Gott“ verzichten, da dieser Name von ideologischen Auffassungen durchdrungen sei. Es sei erforderlich, die archaischen Strukturen des Christentums und den traditionellen Supranaturalismus zu verlassen. Die literarische Interpretation des biblischen Begriffs Gott als „Wesen außerhalb der Welt“ mache dem zeitgenössischen Menschen den Glauben an Gott unmöglich. Doch der „Tod“ eines solchen metaphysischen Gottes bedeute nicht zugleich Gottes Tod allgemein. Um mit dem Tod des metaphysischen Gottes nicht zugleich die gesamte Religion zum Einsturz zu bringen, sei es nach Robinson erforderlich, diesen Begriff Gott durch den Begriff „die Tiefe des Seins“ zu ersetzen, denn P. Tillich ausgearbeitet habe. Robinson behauptet, man müsse das Christentum vom supranaturalistischen Theismus unterscheiden. In Tillichs Verständnis vom Gott als „Grundlage und Tiefe unseres Seins“ sieht Robinson Bonhoeffers Begriff von Gott als jemandem, der gerade im Mittelpunkt unseres Lebens jenseitig sei. An Gott zu glauben bedeute nicht, die Existenz seines Wesens zu akzeptieren, sondern gegenüber allem Heiligen in der Tiefe menschlicher Beziehungen „offen“ zu sein. Theologische Aussagen über Gott sind für Robinson eigentlich auf das menschliche Leben zu beziehen.[23] Jesus sei nicht Gott gewesen, sondern ein Mensch, durch den Gott gewirkt und gesprochen habe. Eine Begegnung mit ihm bedeute Begegnung mit Gott.[24] Für Robinson hat Jesus nichts eigenes, er sei vollkommene bedingungslose Liebe zu Gott. Dieser Gedanke, die sogenannte „Kenosis“ bewahrt Robinson vor einem vollständigen Abgleiten in den Atheismus. Das Wesen des christlichen Lebens besteht für Robinson darin, dass der Mensch in Jesus Christus neu geschaffen wird, um ein „Mensch für andere“ zu sein. Soweit Robinson auf den Begriff „Gott“ als Wesen der Subsistenz verzichtet, soweit er Christi Göttlichkeit mit seiner Vernichtung, mit „Kenosis“ identifiziert und christliches Leben lediglich auf ein Leben „für andere“ reduziert, vertritt er die Positionen der Theologie des „toten Gottes“. Gott existiert für ihn noch. Deswegen können wir ihn nicht den Vertretern des atheistischen Christentums zuordnen. Er hält die Theologie des „Todes Gottes“ sogar für eine „traurige Parole“.[25]

Einen ähnlichen Standpunkt gegenüber der Theologie des „toten Gottes“ vertritt auch Harvey Cox.[26] Er meint, dass der Säkularisierungsprozess nicht aufgehalten werden könne. Wenn wir über Gott reden wollten, müssten wir dies auf weltliche Art tun, wie Bonhoeffer es gesagt habe. Dabei müssten wir zu einer nichtreligiösen und nichtmetaphysischen Interpretation der Bibel und des Chris-

---

[23] Vgl. J. A. T. Robinson, *Dio no é cosi,* Florenz 1966, S. 76. Italienische Übersetzung des Originals: *Honest to God.*

[24] Vgl. Robinson, ebd, S. 98.

[25] Vgl. R. Marlé, *Die sogenannte „Gott-ist-tot“ Theologie,* in: Coreth-Lotz, a.a.O. S. 133. Vgl. auch J. A. T. Robinson, *Investigation into God,* London, 1967.

[26] H. Cox, *The Secular City,* New York, 1965.

tentums finden. Nach Cox könne der Mensch nicht zeitgemäß sein, wenn er religiös ist. Cox vertrat aber gleichzeitig die These, dass ein Mensch nicht ganz zeitgemäß sein könne, wenn er nicht Christ sei. Das Christentum verleihe ihm nämlich Wahrheit, Freiheit, Autonomie und Macht über sich selbst und Offenheit gegenüber anderen. Folgerichtig meint Cox, dass die Kirche das Volk sei, dessen Einrichtungen zur verantwortungsvollen Mitarbeit des Menschen in der Freiheit helfen würden.[27] Die kerygmatische Funktion der Kirche bestehe darin, die Befreiung des Menschen von der „Knechtschaft der Politik, Kultur und Wirtschaft“ zu verkündigen. [28] Für ihn sei Jesus nur ein „Mensch für andere“ und nicht einer, der uns von unseren Sünden befreie und uns erlöse. Eine solche metaphysische Redensart solle durch eine politische ersetzt werden, meint Cox, da sie dem menschlichen Leben Einheit und Sinn und gute Gedanken für die säkularisierte Gesellschaft gäbe.[29] Cox regt an, den Namen „Gott“ zu ändern. Er hat aber keinen konkreten Vorschlag, welchen neuen Namen Gott tragen sollte. Man müsse abwarten, bis die Spannung zwischen der Geschichte und der Zukunft einen neuen Namen für Gott formulieren und aufdrängen werde.[30]

Trotz oft schockierender Erklärungen gehört Cox nicht zu den Theologen des „toten Gottes“. Er glaubt weiterhin an den Gott der Heiligen Schrift, der die Welt gestaltet, die Geschichte leitet und die Menschheit erlöst. Einen exklusiven Humanismus lehnt er ab. Auf jeden Fall hütet er sich davor, in Resignation oder Enthusiasmus Gott für tot zu erklären.[31]

Die bekanntesten Vertreter der Theologie des „toten Gottes“

Die Theologie, also die Lehre von Gott, will hier paradoxerweise eine Theologie ohne Gott, eine Theologie nach dem Tode Gottes sein. Sie geht von der irdischen Welt aus, von der Lebenserfahrung des zeitgenössischen Menschen, von der „Stadt ohne Gott“, die auf die Frage nach dem Tod Gottes affirmativ antwortet. Die Vertreter der Theologie des „toten Gottes“ meinen, dass weder ein Theist, für den Gott existiere, noch ein Atheist, für den Gott nicht existiere, Gottes Tod erführen. Diese Erfahrung mache nur ein Mensch, für den Gott gestorben und der von diesem Tod betroffen sei. Die Theologen des „toten Gottes“ versuchen auf verschiedene Weise eine Antwort auf diese Situation zu geben.

G. Vahanian hat als erster den Ausdruck „Tod Gottes“ mit seinem Buch „Der Tod Gottes: die Kultur unseres nachchristlichen Zeitalters“ in die breite Öffent-

---

[27] Ebd, S. 125.
[28] Ebd, S. 132.
[29] Ebd, S. 254.
[30] Vgl. ähnlich bei Bonhoeffer, *Widerstand und Ergebung*, DBW Bd. 8, S. 435.
[31] Vgl. H. Cox. A.a.O. S. 265.

lichkeit gebracht.[32] Doch Vahanian zählt lediglich durch den Titel seines Buches zu den Theologen des „toten Gottes". Er war sogar ein scharfer Gegner dieser Theologie. In seinem zweiten Buch, „Kein anderer Gott", das fünf Jahre nach dem ersten erschien, brachte er dies deutlich zum Ausdruck.[33] Vahanian bekennt sich in seinem ersten Werk nicht zum Atheismus, er bezeichnet ihn nur als eine bedeutende Tatsache unserer Zeit. Der Ausdruck „Tod Gottes" bezeichne für ihn den Verlust der transzendenten Sphäre in einer bestimmten Vision über die Welt. Der Mensch löse all seine Probleme auf immanente Art, ohne einen Gottesbezug. Die in der amerikanischen Gesellschaft vorhandene Form der Religiosität sei sogar ein sicherer Beweis dafür, dass Gott in der Kultur tot sei. Der Glaube habe aufgehört, das Leben der Amerikaner zu gestalten und ihre Kultur hervorzubringen. Vahanian sieht in dieser Wirklichkeit den Tod Gottes und schließt daraus, dass die moderne Zivilisation in ein nachchristliches Zeitalter eintritt. Er meint jedoch, dass der „Tod Gottes" als kulturelles Ereignis nicht die Vernichtung der Wirklichkeit Gottes selbst implizieren würde. Der wahre Gott bleibe „ganz anders" im Bezug auf irgendwelche Kulturphänomene. Vahanian wirft den Theologen des „Todes Gottes" vor, ein kulturelles Ereignis zu einer theologischen Frage gemacht zu haben. Diese Vorgehensweise sei für ihn eine listige Kapitulation vor der Mentalität der Immanenzphilosophie unserer Zeit.[34]

Im gleichen Jahr, in dem Vahanians Buch „Der Tod Gottes" erschienen war, veröffentlichte auch W. Hamilton das erste literarische Zeugnis der Theologie des „toten Gottes", das Buch „Das neue Wesen des Christentums".[35] In diesem Buch kommt Hamiltons radikaler Atheismus noch nicht zum Ausdruck. Er wurde erst in seinen Artikeln, gesammelt im dem Werk „Radikale Theologie und der Tod Gottes", offensichtlich.[36]

Hamilton analysierte zunächst die zeitgenössische Literatur. In ihr finde sich eine Welt, in der Gott keinerlei Bedeutung mehr hätte. Seiner Ansicht nach sei nicht die subjektive Gotteserfahrung tot. Vielmehr handle es sich um die „Erfahrung der Abwesenheit Gottes". Hamilton beschreibt diese Erfahrung als Gefühl der Besitzlosigkeit und des Verlustes nicht nur von Idolen oder Gottheiten der Religionen, sondern von Gott selbst. Für Hamilton ist dies ein öffentliches Ereignis unserer Geschichte, der Tod des Religionsgottes, würde Barth sagen. Der Tod von

---

[32] G. Vahanian, *The Death of God: The Culture of Our Post-Christian Era.* Vahanian war Professor an der Universität in Syracusa in USA. Bultmann beurteilte sein Buch als das aufregendste Werk, das er in den letzten Jahren gelesen hatte. Vgl. S. Daecke, genanntes Werk, S. 27.

[33] G. Vahanian,*No Other God*, ist eine Sammlung seiner Artikel und Vorträge, die er in der Zeit von 1964 bis 1966 gehalten hat.

[34] Vgl. G. Vahanian, *Swallowed up by Godlessness* in: *Christian Century*, 1965, S. 1505-1507.

[35] W. Hamilton, *The New Essence of Christianity,* New York 1961. Hamilton war Theologieprofessor im Priesterseminar in Colgate-Rochester in USA.

[36] W. Hamilton, *Radical Theology and the Death of God,* New York, 1965.

Göttern, würde Vahanian sagen. Der Tod des theistischen Gottes, würden Tillich, Bultmann, Teilhard und viele andere sagen. Hamilton ist am radikalsten: Der Tod des echten Gottes. Paradoxerweise betont Hamilton erneut, dass dieser Tod nicht ein Ereignis, sondern vielmehr eine Metapher für den Verlust Gottes sei, den die Menschen um uns erleben. Andererseits besteht er darauf, hierbei handle es sich nicht um eine symbolische Sprechweise.[37] Der Tod Gottes sei für ihn ein Unvermögen des heutigen Menschen, an den transzendenten Gott zu glauben.

Nachdem er Gott für tot erklärt hat, befasst Hamilton sich mit Christus in der Welt. Jesus finden wir, nach Hamilton, in der Begegnung mit unserem Nächsten. Dabei gelte es nicht, hinzugehen und unseren Nächsten zu suchen, sondern für andere Jesus zu sein. So beschreitet Hamilton den Weg von der Theologie zur Christologie und von der Christologie zur Anthropologie. Der Nächste ist für ihn jedoch nicht identisch mit Jesus. Vielmehr könnten wir Jesus nur im Nächsten finden, er sei der Ort, wo Jesus uns begegnen wird.

Hamilton wird inkonsequent, indem er trotz der Verkündigung des „Todes Gottes“ sagt, dass man sich auf Gott freuen solle (nicht auf den Tod Gottes, wie das Altizer sagt, der noch weiter als Nietzsche ging). Nachdem wir lange Gott gebraucht hätten um die Welt zu genießen, werde es Zeit, meint Hamilton, dass wir die Welt gebrauchen, um uns an Gott zu erfreuen. Hamilton spricht auch vom Warten auf Gott. Trotz des „toten Gottes“ glaube er immer noch an eine Zukunft Gottes, er bete, dass der verlorene Gott zurückkehren möge. Hier finden wir Bonhoeffers Gedanken, heute gelte es, auf „Gottes Zeit im Gebet und Wirken des Gerechten“ zu warten.

In all dem zeigte Hamilton eigentlich das Drama des Menschen angesichts der Unbeschreiblichkeit Gottes. Seine widersprüchlichen und paradoxen Gedanken hindern den Leser oft, sich ein klares Bild über das Denken dieses Theologen des „toten Gottes“ zu verschaffen. Er selbst meint, dass alles noch nicht zu Ende gedacht sei und einer kritischen Betrachtung unterzogen werden müsse.

Im Unterschied zu Hamilton gebraucht Paul M. van Buren nicht den Ausdruck „Gottes Tod“. Sein Werk „Säkulare Bedeutung des Evangeliums“ ist aber doch zum „Evangelium“ des „atheistischen Christentums“ geworden.[38]

Van Buren verwendet die empirisch-linguistische Methode von L. Wittgenstein, insbesondere das sogenannte „modifizierte Verifikationsprinzip“. Es besagt, dass das Empirische in der Glaubenssprache durch das Verhältnis des Gesagten zur gläubigen Person bestimmt sei, und nicht durch das Verhältnis des Gesagten zum Bereich der Tatsachen. Nach van Buren haben die Erkenntnisse der analytischen Philosophie gezeigt, dass wir heute nicht mehr von Gott sprechen können.

---

[37] Vgl. ebd, S. 46.

[38] P. M. van Buren, *The Secular Meaning oft he Gospel. Based on an Analysis of its Language,* New York, 1963. Van Buren war Professor an der Universität Temple, USA.

Das Wort „Gott“ sei für uns tot. In der menschlichen Sprache sei dieses Wort nämlich ein Ausdruck für etwas, was nicht empirisch, sondern jenseitig und deshalb für uns Diesseitige sinnlos sei. Theologische Aussagen könnten nur dann empirisch verifiziert werden, wenn sie Verhältnisse und Perspektiven bezeichnen würden, die aus der Beziehung des Menschen zu Jesus hervorgingen. Van Buren meint, dass in allen Wissensbereichen der metaphysische und der kosmologische Aspekt fehlten, weil unsere Sprache lediglich auf die menschliche, geschichtliche und empirische Wirklichkeit beschränkt sei. Er hält es für folgerichtig, die Glaubensinterpretation auf eine geschichtliche und ethische Dimension zu reduzieren. Eine solche Betrachtung der Welt, meint van Buren, würden wir im Evangelium finden, insoweit es Ausdruck einer neuen Betrachtung der Welt und der Person Jesus sei. Van Buren möchte damit Bonhoeffers nichtreligiöse und weltliche Interpretation des Evangeliums durchsetzen. Er hält es für erforderlich, das Wort „Gott“ wegzulassen und den christlichen Glauben ganz auf die Ethik zu reduzieren. Van Buren lässt sich nicht auf die Mystik ein, wie es Altizer tun wird, da er ein treuer Schüler von Barth bleiben möchte. Nach dem Ende des Theismus bliebe nach seiner Ansicht vom Christentum nur noch eine private oder öffentliche Ethik übrig. Mit einer solchen nichtreligiösen Interpretation des Evangeliums kann van Buren sich jedenfalls nicht auf Bonhoeffer berufen, der die vertikale Linie nie verlässt. Für Bonhoeffer liegt das Wesen nichtreligiöser Interpretation im „Gebet und Wirken des Gerechten vor Gott“. Er sieht darin zwar auch einen hermeneutischen Prozess. Im Wesentlichen ist es für ihn aber ein Prozess des Lebens, ja ein neues Leben: eine Neuschöpfung Gottes.

Nach van Buren offenbart sich dem Christen durch die Erinnerung an Jesus ein Gewinn an Freiheit. Jesus vermittelt ihm ein neues Verständnis von Freiheit für sein Leben. Der Glaube ist für ihn eine Freiheit, in der jemand bereit ist, für einen anderen sogar zu sterben.[39]

Der dritte amerikanische Vertreter der Theologie des „toten Gottes“ ist T. Altizer.[40] Er sucht einen Weg zwischen Hamilton und van Buren zu beschreiten, zwischen den Kategorien der Christologie und der Ethik – die Mystik. Altizer sieht den „Tod Gottes“ im Verschwinden der traditionellen Auffassung von Transzendenz in der Welt begründet. Er identifiziert Gottes Existenz mit dem Jenseits und den Tod Gottes mit dem Irdischen und mit der Säkularisierung der Welt. Für ihn sei Gott ganz tot. Der Tod Gottes sei ein kosmisches Ereignis. Bei der Menschwerdung des Sohnes Gottes habe Gott aufgehört, Gott zu sein und wurde Mensch. Beim Tod Jesu am Kreuz sei in der Tat auch Gott gestorben. Das sei ein endgül-

---

[39] Vgl. ebd, S. 123 f

[40] T. Altizer war Professor der Heiligen Schrift und Religion an der amerikanischen Universität Emory. Seine Gedanken veröffentlichte er in mehreren Werken, doch mehr unsystematisch und intuitiv als argumentativ.

tiges und unumkehrbares Ereignis. Dieser Tod Gottes in Christus sei für die Welt jedoch ein befreiendes Ereignis gewesen.[41] Der Mensch sei von seiner Unterwerfung unter eine fremde jenseitige Macht befreit worden und könne sein Leben nun vollständig den anderen Menschen und der Welt widmen. Das sei nach Altizer die frohe Botschaft. Durch den Tod Gottes in Christus sei der Mensch von der Angst vor dem Transzendenten und von seinen Schuldgefühlen gegenüber moralischen Gesetzen und Ansichten befreit worden. Gottes Tod sei also jene Befreiung von Gott, nach der Nietzsche, Sartre und Camus gesucht hätten. Seine mystische Theologie baut Altizer sogar auf Visionen des Dichters Blake und auf Hegels und Nietzsches Philosophie auf und nicht auf dem Neuen Testament.[42] An Stelle des „Mythos“ von Gott bringt er einen neuen Mythos vom „Tod Gottes“, an Stelle von Bultmanns Entmythologisierung verlangt er eine erneute Mythologisierung. Dieser neue Mythos besage, dass Gott in unserer Geschichte, in unserer Zeit, in unserer Existenz gestorben sei. In seinen konfusen Ideen und paradoxen Äußerungen sagt Altizer, dass Gott einmal doch triumphieren werde, dass er nämlich nach seinem Tod im künftigen Zeitalter des Geistes wiedererweckt werde. Hier wird offensichtlich, dass er den Ideen des mittelalterlichen Theologen Joachim von Fiore folgt, der gelehrt hat, dass nach der christlichen Ordnung eine Ordnung des Heiligen Geistes folgen werde.

Was die spezifische Bestimmung des Lebens der Christen in der Welt betrifft, betont Altizer, dass Christus weiterhin als die Erfüllung der Zeit in der Welt lebe. Dieses erfüllte Leben Christi bedeute die Zustimmung Christi zur derzeitigen Welt. So unterscheidet er den gekreuzigten Jesus vom auferstandenen Jesus. Christus ist dabei jedoch lediglich auf eine ethische, anthropologische Figur und Symbolik reduziert.

Die Theologie des „toten Gottes“ fand auch in Europa eine Resonanz. Dorothee Sölle aus Deutschland äußert zunächst im Artikel „Theologie nach dem Tode Gottes“ und später in einer Reihe anderer Artikel Gedanken dieser Theologie.[43] Sie verlässt noch nicht die metaphysische Art der Sprache. Der Ausdruck „Tod Gottes“ bedeutet für sie Gottes Abwesenheit. Deswegen müsse Jesus Gott bei uns vertreten und uns bei Gott. Er würde Gott nicht ersetzen, sondern nur seinen Platz hüten. Der Tod Gottes sei lediglich der Tod seiner Unmittelbarkeit, während Jesus „lebe“. Gott sei, so meint sie, im theistischen und geschichtlich-biblischen Sinne tot. An seine Stelle trete das christliche Wirken durch die Liebe. Doch in Folge ihrer paradoxen und unklaren Aussagen fällt es schwer, sich ein klares Bild von

---

[41] Vgl. T. Altizer, *Theology and the Death of God,* in: *Radical Theology and the Death of God,* New York 1966, S. 11.

[42] Vgl. ebd S. 95.

[43] D. Sölle, *Theologie nach dem Tode Gottes,* 1964; und *Stellvertretung – Ein Kapitel Theologie nach dem „Tode Gottes“,* 1965.

der Theologie des „toten Gottes“ dieser deutschen protestantischen Theologin zu machen.

Die Theologie des „Toten Gottes“ blieb auch nicht ohne Einfluss auf die katholische Theologie. Der kanadische Theologe Leslie Dewart versuchte in seinem Werk „Die Zukunft des Glaubens“[44] einige Thesen des „atheistischen Christentums“ zu assimilieren. Nach ihm habe der Versuch des zeitgenössischen Atheismus mit der Hellenisierung des christlichen philosophischen Gedankenguts begonnen. Die Christlichen Philosophen hätten das Postulat der Äquivalenz zwischen „esse“ und „intelligere“, zwischen realer Existenz und Verstehbarkeit angenommen. Nur das sei verstehbar, was auch tatsächlich existiere. Um Geschöpf und Schöpfer zu unterscheiden, hätten die Scholastiker die griechische Metaphysik modifiziert, indem sie gesagt hätten, dass es beim Geschöpf einen realen Unterschied zwischen Existenz und Essenz, Dasein und Wesen gäbe, während bei Gott Essenz und Existenz dasselbe sei.[45] Wegen der Unterscheidung von Essenz und Existenz, meint Dewart weiter, hätten die zeitgenössischen Philosophen angenommen, es sei möglich, die Essenz von etwas zu begreifen, ohne zu wissen, ob es überhaupt existiere. So wäre der Weg vom Skeptizismus zum Agnostizismus und Atheismus frei geworden.[46] Deswegen sei es erforderlich, meint Dewart, das Christentum von der Hellenisierung zu befreien. Er möchte die aristotelisch-scholastische Philosophie durch die Lehre über die Entwicklung der Wissenschaft und der Kohärenz des Subjektes mit sich selbst ersetzen. Dewart verwirft den traditionellen Atheismus, um einen neuen auszuarbeiten, den der heutige Mensch akzeptieren könne. Gott sei, nach Dewart, kein Super-Wesen, sondern die Wirklichkeit oberhalb der Existenz. Wir erführen ihn als offenen Hintergrund des Bewusstseins und des Seins. Für ihn gäbe es Gott nicht, aber er toleriere, in der paradoxen Art der Sprache, seine Anwesenheit.[47] Eine bestimmte Wirklichkeit außerhalb der Gesamtheit des Seins würden wir aber durch seine Anwesenheit doch entdecken, meint Dewart.

Dewart ist also nicht so radikal wie seine protestantischen Kollegen, aber seine Rede von der Nichtexistenz Gottes und die Ablehnung des Theismus verbindet ihn zwangsläufig mit der Theologie des „toten Gottes“.

Ein kurzer kritischer Rückblick

Die Ideen der Theologie des „toten Gottes“ möchte ich hier nicht weiter vertiefen; ich beschränke mich auf die wichtigste Ideen und Aspekte, die diese theologische

---

[44] L. Dewart, *The Future of Belief*, New York, 1966.
[45] Ebd, S. 154.
[46] Ebd, S. 161.
[47] Ebd, S. 177.

Bewegung im rechten Licht erscheinen lassen. Deswegen kann auch der kritische Rückblick lediglich ein Hinweis auf die Wege sein, die eine Kritik dieses theologischen Phänomens beschreiten sollte.[48]

Daecke sagt, dass nicht mehr Gott, sondern die Theologie des „toten Gottes“ tot sei.[49] Thielike sieht in dieser Theologie, wenn man sie wortwörtlich nimmt, Absurdität und Widerspruch. Entweder sei der Gott, der gestorben sei, kein Gott. Dann wäre unsere Illusion von ihm gestorben, nicht aber er selber. Oder unsere Erfahrung von Gott sei gestorben, dann sei aber nicht Gott, sondern eine bestimmte Form unseres Glaubens gestorben.[50] Für Altizer ist Gott aber tatsächlich lebendig und ist nicht gestorben. Somit würde die Kritik von Thielike mit seinem Entweder-Oder die Theologie des „toten Gottes“ nicht vollständig erfassen.

Die Theologie des „toten Gottes“ hat unleugbar eine ganze Reihe positiver Ideen hervorgebracht. Sie hat unter anderem auf die Notwendigkeit hingewiesen, die Botschaft des Evangeliums in eine zeitgemäße Sprache zu übersetzen. Das Christentum darf nicht an eine bestimmte Geschichte, Zivilisation und Mentalität gebunden bleiben. Sie hat ebenfalls darauf aufmerksam gemacht, dass der irdischen Wirklichkeit die richtige Geltung zurückgegeben werden muss. Sie zeigt weiterhin auf, dass die Kirche ihren Platz in der Lebensmitte und nicht an der Peripherie hat. Die Kirche befinde sich mitten in der Welt, das Heilige im Profanen, Gott im Menschen, weil der christliche Gott ein Mensch gewordener Gott ist. Ein besonderes Verdienst dieser Theologie ist, dass sie auf die Unerklärbarkeit Gottes aufmerksam gemacht hat. Die Rede vom „Tod Gottes“ trifft sich paradoxerweise mit dem, was die negative Theologie aussagt, dass Gott nämlich unseren Begriffen unerreichbar sei. Nur das Schweigen von Gott spreche in angemessener Weise von ihm. Wer über Gott rede, sage mehr darüber, was er nicht sei, als was er sei.[51]

Wertvoll ist die Theologie des „toten Gottes“ auch wegen ihrer Christozentrik. Genau hier muss sogleich vor einem extremen Standpunkt gewarnt werden, der diese Christozentrik in einen Christomonismus leiten könnte. Der Glaube, von Gott getrennt, wurde ausschließlich ein Glaube an Christus, die Theologie wurde auf die Christologie reduziert. Ein solcher Christomonismus bleibt zwangsläufig in der Weltimmanenz eingeschlossen. Für Barth galt noch der Gedanke: „Ohne Jesus wäre ich Atheist“, weil er jeden anderen Weg zu Gott ablehnte.[52] Die Theologen des „toten Gottes“ bleiben selbst angesichts der Person Jesu Atheisten. Gott

---

48 Allgemeine Kritik dieser Theologie kann gesehen werden im Buch vom T. W. Ogletree,*Is God Dead? The „Death of God“ Controversy,* London, 1966. Auch: Mondin, a.a.O. S. 145-179.

49 Vgl. S. Daecke, a.a.O. S. 8.

50 Vgl. ebd, S. 26 u. 40.

51 Vgl. St. Thomas, *Div. Nominibus,* lect. 4, cap. 7, n. 73: *„Hoc ipsum est Deus cognoscere quod nos scimus ignorare de Deo quid sit.“*

52 Zitat in G. Ebeling, *Wort und Glaube,* Tübingen, 1960, S. 99.

für tot zu erklären bedeutet, auch Jesus von seiner Göttlichkeit zu trennen und seine Rede über Gott oder seine Sendung von Gott für sinnlos zu erklären. In diesem Sinne ist nur Altizer konsequent, denn während Hamilton, van Buren und D. Sölle die Theologie durch Christologie ersetzen, verlässt er auch die Christologie und hält sich nur noch an eine allgemeine religiöse Mystik. Christomonismus führt zwangsläufig zu folgender Alternative: Entweder bekennt man sich offen zum Atheismus und Humanismus und lehnt sowohl Gott als auch Christus ab, oder man behält neben dem Glauben an Jesus auch einen Glauben an Gott bei. So denkt auch G. Vahanian, wenn er schreibt: „Im Neuen Testament musste man an Christus glauben, wenn man an Gott glauben wollte. Das Problem, vor dem wir heute stehen, ist, dass wir ohne Gott keinen Zugang zu Jesus haben.“[53]

Cox hat Recht, wenn er sagt, dass die Theologen des „toten Gottes“ in ihrer Absicht, die Religion zu eliminieren, eine andere Religion gebracht haben. Während die einen, so meint er, den theistischen Gott wiedererwecken möchten, verkündeten die anderen angesichts seines Todes eine neue Botschaft. Beide Seiten hätten einen statischen, unbiblischen Begriff von Gott.[54] Sie blieben eingezwängt zwischen Transzendenz und Immanenz, zwischen einer gottlosen Welt und einem weltlosen Gott. Obwohl sie den Tod Gottes verkündeten, werde aus ihren Erklärungen deutlich, dass lediglich der „falsche Gott“ tot ist, der sich durch die Transzendenz der Immanenz widersetze.

Die Theologie des „toten Gottes“ ist nicht akzeptabel. Wer das Christentum derart radikalen Operationen aussetzt, richtet es zugrunde. Das Christentum kann nicht entmythologisiert, säkularisiert und dehellenisiert werden, ohne dass es dabei aus dem Leben herausgerissen wird. Es ist unzulässig, Formen auszutauschen um das Christentum unseren Wünschen anzupassen. Stattdessen ist eine viel tiefere, allumfassende Operation erforderlich, die im Herzen eines jeden Menschen ausgeführt werden muss. Hier muss die Revolution stattfinden, weil jeder Mensch für immer ein Rätsel bleibt.

Es ist überdies fraglich, ob diese Theologen die richtige Diagnose des Atheismus in der heutigen Welt stellen. Anscheinend handelt es sich nicht so sehr um Atheismus, sondern um eine Entchristlichung der westlichen Welt.[55] Denn – explizit oder implizit – alle Menschen glauben.[56] Es ist wahr, dass eine Entchristlichung meistens im Atheismus endet. Dabei handelt es sich aber nicht um Atheismus im eigentlichen Sinne, eher um eine Flucht vor der Kontrolle organisierter Religionen. Die Religiosität zieht sich ins Privatleben zurück. In der Öffentlichkeit sprie-

---

53 G. Vahanian, *No Other God,* New York, 1966, S. 32.

54 Vgl. H. Cox, *On not Leaving it to the Snake,* 1967.

55 Vgl. in diesem Sinne: *Cristianesimo senza Cristo?,* Assisi 1968. Auch G. Thils, *Cristianesimo senza religione,* 1969, S. 97ff.

56 Vgl. K. Rahner, *Meditazione sulla parola „Dio“,* in: *Ma chi é questo Dio?,* S. 18 f.

ßen derweil parasitäre Religionsformen. Der Mensch wird in seiner existenziellen Verengung durch neue Antinomien gefährdet und vom Aberglauben gefangen genommen. Nur eine authentische Verkündigung von Christus und Gott vermag den Menschen dann zu befreien. Sie ist unerlässlich für die Zukunft des Christentums und der Menschheit.[57]

Zum Schluss bleibt noch die Frage, was bleibt nach dem „Tod Gottes“? Wird nach dem Tod des „Gottes der Vergangenheit“ ein „Gott der Zukunft“ auferstehen? Diese Erwartung scheint richtig zu sein!

[57] Vgl. J. B. Metz, *L'uomo del futuro e il Dio che ha da venire,* in: *Ma chi é questo Dio?,* S. 303-320. Vgl. Auch: J. Moltmann, *Gott die Macht der Zukunft,* in: S.Daecke, a.a.O., S. 101 f. Vgl. Auch J. Ratzinger, *Glaube und Zukunft,* 1970, S. 109 f. Auch E. Schillebeeckx, *Dio é „colui che verrà",* in: *Processo alla religione,* IDOC 9, S. 139f.

IV Die Transzendenz des modernen Menschen

Einleitung

In diesem Abschnitt geht es nicht um die Frage, ob der moderne Mensch Transzendenz braucht oder nicht. Da er einfach Mensch ist, brauche er sie sicherlich. Wir möchten herausfinden, wo der moderne Mensch seinen Hunger nach Transzendenz stillt, wo seine Spannung gegenüber dem Transzendenten zur Ruhe kommt. Weil uns die Notwendigkeit der Transzendenz für den modernen Menschen bewusst ist, suchen wir nach Möglichkeiten, ihm zu einer echten Überschreitung seiner selbst zu verhelfen. Dabei möchten wir die Transzendenz des modernen Menschen keinesfalls geringschätzen, insbesondere jene nicht, die im menschlichen Sinne echt ist, auch wenn sie nicht religiös ist. Noch weniger möchten wir behaupten, dass die Kirche, so wie sie ist, fähig und bereit wäre, jede falsche Transzendenz des Menschen zu ersetzen. Im Gegenteil, wir möchten hier den Gründen nachgehen, aus denen der moderne Mensch diese Transzendenz kaum oder überhaupt nicht in der Kirche sucht oder findet. Das soll uns helfen, ihm auf angemessene Art und mit wahrer Transzendenz zu begegnen.

Unter „modernen Menschen“ verstehen wir unsere Zeitgenossen und zwar in erster Linie Atheisten oder religiös mehr oder weniger indifferente Menschen.

Begriff und Unterscheidung der Transzendenz

Das Wort Transzendenz kommt vom lateinischen Wort *transcendere*, was hinübergehen, überschreiten, erheben, bedeutet. Diese Grundbedeutung ändert sich je nach dem, für welche Bereiche dieses Wort verwendet wird.

Erkenntnistheoretisch bedeutet Transzendenz die Unabhängigkeit des Erkenntnisobjektes von der Erkenntnis selbst und von den Erkenntnissubjekten. Das Objekt überschreitet den Bereich des Bewusstseins und ist von ihm unabhängig. Die *Metaphysische* Transzendenz übersteigt jede Erkenntniserfahrung, denn sie existiert außerhalb der sichtbaren Welt. Sie ist übersinnlich und absolut. Sie wird nur durch Abstraktion, Intuition und logische Schlussfolgerung erkannt. Die Transzendenz im *anthropologischen Sinne* ist die Erfahrung, dass der Mensch in seinem faktischen Zustand nicht das erreichen kann, was sein Sein in Potenz ist:

seine unermessliche Möglichkeit, obwohl er ständig von dieser Möglichkeit getragen wird. Die *theologische* Transzendenz ist jene, in der wir Gott als absolut außerhalb der existierenden Welt und absolut frei gegenüber dieser Welt sehen.

Außer dieser schulmäßigen Unterscheidung gibt es noch andere weitere Bedeutungen. In unserer Zeit wird vom Transzendenten besonders in Bezug auf die Wissenschaft gesprochen. Transzendent ist das, was die Möglichkeit der wissenschaftlichen Feststellung übersteigt und auf eine Wirklichkeit hinweist, die man mit den Methoden dieser Wissenschaft nicht erreichen kann. In diesem Sinne ist jede Transzendenz unwissenschaftlich – sie lässt sich wissenschaftlich nicht nachweisen. Der Mensch ist ein Wesen, das von sich aus auf andere schauen kann – sagt Max Scheler. Transzendieren bedeutet nach Heidegger, sich von der Welt der Objekte im eigenen Sein zu distanzieren, um die Welt in ihrer Ganzheit zu erleben. Für Jaspers ist das Transzendieren das, was theoretischer Erkenntnis entgeht. Es kann nur durch konkreten Entschluss entdeckt und in vergleichender Weise ausgedrückt werden. In Barths dialektischer Theologie ist Transzendenz die Offenbarung. Sie übersteigt jede menschliche Erkenntnis und Erfahrung. E. Bloch spricht vom Transzendieren ohne Transzendenz und ohne Transzendenten. Damit meint er die Offenheit des Menschen gegenüber den Welthorizonten, sein Streben nach Selbstverwirklichung, nach Fortschritt, nach utopischer Zukunft; ein Überschreiten seiner selbst im aktiven Prozess der Geschichte. „Das ist die eigene Offenheit gegenüber den Zukunftsmöglichkeiten; gegenüber der noch nicht entschiedenen Wirklichkeit im leeren Raum“, sagt E. Bloch.[1] Das wäre ein Suchen und Vermuten, aber ohne Hinübergehen; ein Zugehen auf das Transzendente, ein ständiger Weggang ohne Ankunft.

Psychologisch gesehen ist all das transzendent, was außerhalb vom Menschen selbst ist. In besonderer Weise ist dem Menschen der andere Mensch transzendent. So wie Gott in seinem Wesen unerkennbar ist (er ist „*Deus absconditus*“), so ist auch der Mensch ein Unbekannter – ein „*homo absconditus*“. Ein anderer Mensch ist mir zugänglich, wenn und insoweit er sich mir öffnet. Auch kann ein Mensch sich selbst nicht erkennen, wenn er den anderen nicht entdeckt. Erst im Aufeinandertreffen und in der Begegnung mit dem anderen kann ich „Ich“ sein. Deswegen ist das Du dem Menschen transzendent. Es übersteigt seine Erkenntnismöglichkeit. Wenn der andere sich freiwillig meinem Ich öffnet, dann weiß ich, wer er ist, und dann erkenne ich auch mich selbst. Nur das Verhältnis Ich-Du erschließt in uns die Transzendenz – sagt Martin Buber.[2] Das Verhältnis Ich-Es erschließt uns die Transzendenz nicht. Wenn Gott im Verhältnis Ich-Du stehe, dann sei der Mensch in Transzendenz zu ihm und komme durch die Offenbarung zur

1 Zitat in K. Lehmann, *Transzendenz* in: LThK 10, S. 318.

2 Vgl. Martin Buber, *Ja i Ti* (Ich und Du), Belgrad 1977, S. 27 f.

Begegnung mit ihm und zur eigenen Selbstverwirklichung. Sei Gott dagegen im Verhältnis Ich-Es, dann könne er sich nicht mit seiner ganzen Existenz mitteilen und es komme nicht zur Begegnung und zur Erfahrung der Transzendenz. Das Ich könne sich nur im Verhältnis zum Du übersteigen. Nur dann sei Gott dem Gläubigen transzendent, wenn er nicht ein Gegenstand sei, über den man rede, wenn er nicht ein Objekt sei, das man ausnutze, wenn er keine namenlose Angst und kein Unbekanntes sei, wenn er nicht das Objekt menschlicher Gedanken, theologischer Überlegungen oder Verehrungen sei, sondern zu ihm im Du-Verhältnis stehe, als eine wahrhaftige und lebendige Person.

Der Mensch kann aus sich selbst nicht zur Vollkommenheit gelangen. In seiner Erkenntnis, seinem Gewissen und Handeln spürt er aber ein absolutes, unveränderliches Streben nach etwas, das er als unerreichbar und unerfüllbar erlebt. Der Mensch spürt den Aufruf, sich dieser anonymen Anwesenheit zu öffnen, die in der Gnade zu ihm kommt, jenes „Mehr", das ihm seine Selbstverwirklichung ermöglicht. In dieser Hinsicht erlebt jeder Mensch Transzendenz.

Indem der Mensch sich transzendiert, sprengt er die Ketten jener Triebe, mit denen die Tiere gefesselt sind. Der Mensch ist unzureichend mit Instinkten ausgestattet. Das beschert ihm eine gewisse Unsicherheit gegenüber der natürlichen Welt. Anders als die Tiere hat er die Vernunft. Mit ihr übersteigt er diese Welt und bleibt in ihr irgendwie heimatlos. Er ist zerrissen zwischen Erde und Himmel, zwischen Begrenztheit und Grenzenlosigkeit, zwischen Geist und Leib, zwischen Gebundensein und Freiheit. Der Mensch hat das irdische Leben als das größte Gut, als das Einzige, was ihn in der Welt hält. Er ist aber bereit, dieses Leben für die Freiheit, für Gerechtigkeit und Liebe, also für etwas, was sich nicht hier, sondern irgendwo außerhalb von Welt und Menschen befindet, zu geben. Der Mensch überbietet sich selbst unermesslich. Er ist ein Wesen in Erwartung, im Projekt. Nie ist er nur das, was er ist, sondern immer schon steckt in ihm das, was er sein sollte. Er ist *animal rationale*. Als *animal* lebt er auf der Erde, als *rationale* lebt er auch außerhalb von ihr. Der Mensch ist weder reiner Geist, noch reine Materie. Nur als ungeteiltes Ganzes ist er sinnvoll. Der heilige Paulus spricht von Geist, Seele und Leib im Menschen (beispielsweise in 1. Thess. 5,23). Er unterscheidet *psychè* und *pneuma*. Die Seele ist das Bindeglied zwischen Geist und Leib. Sie wohnt sowohl im Leib als auch im Geist. Das Dokument der *Kongregation für die Glaubenslehre* spricht von der Seele als einem „bestimmten, geistigen Bestandteil, ausgestattet mit Bewusstsein und Willen, sodass das menschliche Ich weiterhin bestehen bleibt." In dieser Seele sind Leib und Geist gegenwärtig (vgl. Nr. 4).

Als materielles Wesen lebt der Mensch in der Welt. Aber als geistiges Wesen übersteigt er diese Welt. Er braucht einen Raum der Freiheit von anderen Menschen, von Gepflogenheiten, von Rücksichten, von materiellen Bedürfnissen, um sich als er selbst, als selbstbewusstes Wesen, als Prototyp, als Original im Weltall verwirklichen zu können. Er strebt danach, sich zu transzendieren. Es kann ihm aber geschehen, dass sich ihm ein Idol wie Geld, Menschen, Nation, Religion u. a. als Transzendenz oder als Transzendenzmöglichkeit aufdrängt. Begrenzte Ziele fesseln die Freiheit, absolute Ziele entfesseln sie. Um zur Freiheit zu gelangen, muss der Mensch seine Fesselung begreifen. Er muss seine Idole erkennen und sie auf ihre relativen Plätze verweisen.

Die Frage der Transzendenz ist eigentlich eine Frage des Sinns. Der Mensch erfährt sich und seine Umgebung als begrenzt. Das provoziert in ihm die Frage nach dem Sinn und der Begründung seiner Existenz. Um den Sinn zu finden, muss er seine Begrenztheit überschreiten. Die Frage nach dem Sinn ist jedoch keine Frage der Jenseitigkeit. Sie ist nicht einfach vom Jenseits her zu beantworten. Es ist die Frage einer allumfassenden Transzendenz. Gott ist transzendent, aber nicht einfach jenseitig, nicht ganz „außerhalb". Er ist allumfassend transzendent, indem er zugleich diesseitig, also allem und den Menschen gegenüber immanent ist. So ist auch der Sinn etwas Transzendentes, wenn er zugleich immanent – Im Diesseitigen erfahrbar- und das bedeutet wieder allumfassend ist. Der Sinn des Menschen muss seinen Leib, seinen Geist und seine Seele umfassen. Fehlt etwas davon, stellt das Leben erneut die Sinnfrage. Die Frage nach dem Sinn des Menschen ist also weder eine rein ontologische, noch eine rein axiologische oder theologische Frage.[3] Sie ist gleichzeitig sowohl ontologisch, als auch axiologisch, als auch theologisch. Sie umfasst gleichermaßen die Erde, die Seele und Gott. Der Sinn kann also nicht gefunden werden, wenn der Mensch nur in seine Seele eintritt, oder wenn er nur die Welt aufsucht, ebenso wenig, wenn er nur in Gott hineingeht. Er muss alles zugleich umschließen. Sinnverlust entsteht dort, wo in dieser Zuordnung etwas nicht stimmig ist, nicht passt, sodass keine Ganzheit entsteht. Das bedeutet, dass der Sinn gleichermaßen dem menschlichen Leib, seiner Psyche, seinem Geist, seinen Gefühlen, seinen Gedanken und seinen physischen Funktionen entsprechen muss. Der ganze Mensch und die gesamte Wirklichkeit sind die Antwort auf den Sinn. Er liegt nicht in einer anteiligen, sondern in einer allumfassenden Transzendenz. Für den Menschen ist es die Frage seiner Identität. Der Mensch hat sich nicht, wenn er keinen Sinn findet.

Religiöse und wissenschaftliche Transzendenzversuche scheiden die Welt gewöhnlich in gute und schlechte, sakrale und profane, diesseitige und jenseitige, irdische und himmlische, menschliche und göttliche, natürliche und übernatürliche, materialistische und idealistische Bereiche. Aber es gibt keine Welt, in der Gott nicht wäre, keine, die nicht von Gott geschaffen wäre. Gott ist in allem tran-

---

3 Vgl. Max Müller, *Weisen der Sinnerfahrung des Menschen von heute,* in: Suche nach Sinn – Suche nach Gott, Styria, 1978, S. 17-18.

szendent und so allem immanent. Er ist überall. Deshalb ist es möglich, in allem Gott zu finden. Es gibt keinen derart verdammten Ort, dass es Gott an ihm nicht gäbe – sagt Bonhoeffer. Daher sagt Wittgenstein: „An einen Gott zu glauben bedeutet die Sinnfrage zu verstehen und zu sehen, dass die Tatsachen der Welt nicht verworfen sind. An Gott zu glauben bedeutet zu sehen, dass das Leben einen Sinn hat."[4]

Wenn wir hier von Transzendenz sprechen, meinen wir Gott, da wir überzeugt sind, dass nur Gott des Menschen Transzendenz, sein Sinn sein kann. Dabei denken wir weder an den „Schmalspur-Gott" einer Religion, noch an einen deistischen Gott, noch an irdische Götter, noch an irgendwelche innerlichen Gotteserlebnisse. Wir denken an Gott, der alle Bestrebungen des menschlichen Leibes, seines Geistes und seiner Seele erfüllt, an Gott, der die wahre Transzendenz und Transzendierung des Menschen und sein allumfassender Sinn ist. Das ist in der Tat nur der Vater Jesu Christi, jener Gott, der die Menschen liebt und ihnen die Freiheit für Leib, Seele und Geist gewährt, für Himmel und Erde. Wenn wir erforschen, zu welchen Transzendenzen der zeitgenössische Mensch gefunden hat, leitet uns die Frage, ob diese ausreichend sind, und ob wir fähig sind, das zu geben, wonach unsere Zeitgenossen in positiver oder negativer Weise streben.

Transzendierungen des modernen Menschen

Der Mensch sei mündig geworden, er sei gereift und habe sein Schicksal ohne eine Vormundschaft von Religionen in die eigenen Hände zu nehmen, schrieb D. Bonhoeffer während des Zweiten Weltkrieges, in einer Zeit, als dies am wenigsten überzeugend klingen konnte.[5] Er lebe völlig weltlich und man solle ihm keine apologetischen Gründe aufzwingen, um ihn zu überzeugen, dass er nicht ohne Gott auskommt. Es bestehe aber die Gefahr, meint Bonhoeffer, dass der Mensch beginnt, in falscher, das heißt lasziver, eindimensionaler Weltlichkeit zu leben. Echte Weltlichkeit sei jene, in der Leben, Tod und Auferstehung Jesu Christi zugegen seien. Eine Wirklichkeit ohne Christus sei eine Abstraktion. Die Aufgabe der Kirche sei es nun, dem gereiften Menschen diese echte Weltlichkeit zu zeigen. Wie steht es aber um die Weltlichkeit des modernen Menschen, der zunächst den Tod Gottes und dann auch seinen eigenen Tod erlebt?

Ende des neunzehnten Jahrhunderts verkündete Nietzsche: „Es gibt keinen Gott. Gott ist tot." In der *Fröhlichen Wissenschaft* ruft er wörtlich durch den Irren: „Wohin ist Gott? Ich will es euch sagen: Wir haben ihn getötet. Wir alle sind seine Mörder ... Wie trösten wir uns, die Mörder aller Mörder? Das Heiligste und Mächtigste, das die Welt bisher besaß, es ist unter unseren Messern verblutet;

[4] Zitat in: *Suche nach Sinn – Suche nach Gott,* S. 33.

[5] Vgl. D. Bonhoeffer, *Widerstand und Ergebung*, DBW Bd. 8, S. 403f

Wer wischt dieses Blut von uns ab? Ist nicht die Größe dieser Tat zu groß für uns?" Er fährt fort: „‚Mensch, wer wird dir die Kraft dazu geben? Noch niemand hatte diese Kraft!' – eine Welt, ein Leben ohne Gott zu bestehen... ‚Wer liebt mich noch?'" Wie sollen wir nun wissen, was links oder rechts, was oben und was unten ist? Als ob Nietzsche einen Schrei ausstoßen möchte: ‚Oh, komm zurück, mein unbekannter Gott, mein Schmerz! Mein letztes Glück!' Aber Gott kommt nicht. Er ist tot." [6] Der Mensch muss ohne ihn sein Leben meistern, wenn er ehrlich sein möchte. Nietzsche stellte dann fest, er habe zu früh behauptet, dass Gott tot ist. Es werde aber bald die Zeit bald kommen, zu der die Menschen es begreifen würden.

A. Camus sagt in seinem Werk *Der Fremde* durch seine Hauptfigur am Vorabend der Vollstreckung des Todesurteils zum Gefängnisgeistlichen: „Ich glaube nicht an Gott." Auf die Frage des Priesters, ob er sich sicher sei, antwortet er: „Ich brauche mich das nicht zu fragen, ich finde das ganz unwichtig. Ich habe nur noch wenig Zeit. Und die will ich nicht mit Gott vertrödeln."[7] Selbst im Angesicht des Todes sucht der Mensch nicht mehr nach Gott.

Vor einiger Zeit bestand der anglikanische Bischof Robinson in seinem Bestseller *Honest to God* schonungslos darauf, die Welt sei völlig weltlich geworden und es sei vergeblich, in ihr nach religiösen Dimensionen zu suchen.[8]

Teilhard de Chardin wies auf die Gründe der Entchristlichung der Welt hin. „Unzweifelhaft", sagt er „klappt aus einem dunklen Grunde in unserer Zeit irgend etwas zwischen den Menschen und Gott nicht mehr, so wie man Gott heute dem Menschen darstellt. Gegenwärtig sieht alles so aus, als habe der Mensch vor sich nicht genau die Gestalt des Gottes, den er anbeten will. Daraus ergibt sich überall um uns herum dieser quälende und nicht zu verscheuchende Eindruck eines unwiderstehlich aufsteigenden Atheismus."[9]

Diese Entchristlichung beschreiben eindrucksvoll auch kroatische Schriftsteller seit dem II. Weltkrieg bis heute. Es ist symptomatisch, dass es eine Menge Romane und anderer Werke gibt, die die christliche Thematik sehr realistisch und kritisch beschreiben. Sie beschreiben jenes Christentum, das sie geerbt haben. Es ist nicht fähig, dem modernen Menschen in seinen Alternativen behilflich zu sein. Sie verlassen jedoch trotzdem nicht das Thema des Christentums, sie verurteilen es nicht global, sondern klopfen anscheinend beharrlich an die Kirchentüren. Diese Romane und Werke legitimieren sich bereits durch ihre Titel, wie zum Beispiel: Slobodan Novak, *Myrrhe, Gold, Weihrauch*, Ivan Raos, *Trauriger Madonnen Garten*, oder *Pfarrer im Karst*, Saša Mešnjak, *Beichtvater*, Petar Še-

6 Nietzsche, *Die fröhliche Wissenschaft 125*, zitiert nach H. J. Türk, *Welt ohne Gott oder Welt in Gott*, in: N. Kutschki, *Gott heute*, Mainz (2) 1968, S. 31.

7 Zitat in *Gott heute*, S. 32.

8 Vgl. ebd. S. 34.

9 Zitat ebd, S. 38.

gedin, *Kinder Gottes*, Anđelko Vuletić, *Das Holz vom Höllentor*, Stjepan Tomaš, *Wer klopft, dem wird geöffnet*, Mirjana Matić Halle, *Lukas, aber kein Apostel*, Ranko Marinković, *Gloria*, Slavko Mihalić, *Das heilige Abendmahl*. In fast allen Werken spürt man Sympathien für Jesus und eine Kritik an der Kirche. Manche sagen es auch ausdrücklich, wie D. Dragojević in seinen Essays *Lügengeschichten*. Einige von ihnen möchten sogar Christen oder religiös werden, aber es gelingt ihnen nicht. Das hat V. Kuzmanović in einer wahren Kurzgeschichte *Notizen über das eigene Sterben* dramatisch ausgedrückt: „Ich dachte, dass ich in meiner Todesstunde", schreibt er kurz vor seinem Tod, „nach einem Priester fragen werde, nicht weil ich gläubig bin, sondern einfach um nicht allein zu sein, um jemanden bei mir zu haben, der meine Hand hält und mir irgendetwas sagt. Jeder Atheismus, jeder Rationalismus verliert die Schlacht, da er einem, der stirbt und bis zuletzt konsequent logisch bleibt, nichts zum Ersatz bieten kann. Dieses Verhältnis zur Religion ist gar nicht einfach. Ich war und bin immer noch überzeugter Atheist. Wenn der Mensch jedoch krank wird, dann fängt er an, über all' das anders zu denken. Dann beginnt der Mensch nach irgendeinem winzigen Grund zu suchen, der ihm nach seiner Logik ermöglichen könnte, zu glauben. Diese Suche dauert oft Monate lang, ganze Nächte. Glaubt mir, diese Suche ist schrecklich intensiv. Mir ist es aber trotzdem nicht gelungen. Ich weiß, dass ich bisher keinen Grund gefunden habe, an irgendetwas zu glauben."[10] Der Autor schreibt weiter, dass er sich das Leben nehmen wollte, es aber nur deswegen nicht getan hat, damit seine Tochter nicht unter dem unbehaglichem Eindruck leben müsste, dass ihr Vater ein Selbstmörder gewesen sei.[11] Die Transzendenz, die er in der Religion nicht gefunden habe, habe er in der Liebe gefunden. Daher leide er an den schlimmen Schmerzen des Zerfalls seines Leibes durch die Krebserkrankung, und zwar bei vollem Bewusstsein der Krankheit und der Todesnähe.

Nicht nur Kuzmanović, eine ganze Reihe seiner Kollegen aus dem Kreis der Intellektuellen verließ die Kirche und fand keinen Weg mehr zurück. Umfragen zeigen allerdings, dass nicht allein die Kirche, sondern auch Vereinigungen verschiedener Ideologien keine neuen Mitglieder verzeichnen. Menschen, die die Kirche verlassen, gehen nicht zu einer organisierten marxistischen Ideologie über.[12] Anscheinend sind weder Atheismus noch Religion Alternativen für den modernen Menschen. Unsere Zeitgenossen suchen den Sinn außerhalb von or-

[10] Vojislav Kuzmanović, *Zapisi o vlastitom umiranju* (Notizen über das eigene Sterben), Zagreb, 1979, S. 194-195.

[11] Vgl. ebd, S. 209.

[12] Vgl. *Radovi Instituta za društvena istraživanja sveučilišta u Zagrebu* (Arbeiten des Instituts für gesellschaftliche Forschungen der Universität in Zagreb),insbesondere: Branko Bošnjak – Štefica Bahtijarević, *Porodica, Crkva i religija, izvještaji i studije* (Familie, Kirche und Religion, Berichte und Studien), Zagreb, 1970.

ganisierten Formen, außerhalb von Organisationen und Institutionen, die Sinnangebote machen. Der Mensch will sich in der Sinnfrage, mit diesem tiefsten und intimsten Zentrum seines Wesens, durch niemanden manipulieren lassen.

Unmittelbar oder mittelbar suchen unsere Zeitgenossen Transzendenz auch in Theateraufführungen. In der Stille des Theaters hallen die Worte des Darstellers wie in einer Kirche wieder und vermitteln dem Anwesenden den Eindruck des Jenseitigen und Ewigen. Neben allgemein ethisch wertvollen Stücken gibt es auch eine ganze Reihe religiöser und christlicher Darbietungen. So zum Beispiel *Der Tod des Priesters* oder *Gewissensprüfung* in Zagreb, oder *Jesus Christus Superstar* weltweit.

Anscheinend finden auch die alten Menschen keine Transzendenz in der Kirche. Der Sinn des Menschen ist, sein „warum" ausfindig zu machen. Die Logotherapie sagt: „Derjenige, der weiß, wofür er lebt, wird fast jedes „wie" ertragen."[13] Eine alte Frau in Deutschland gab ihren Altersgenossinnen folgenden Rat: „Überlasst euch den Phantasien über eure Vergangenheit. Pflückt jedes Lebensereignis wie eine Blume, die euch den ganzen Tag erfreut." Es ist allgemein bekannt, dass die Einsamkeit für die alten Menschen tödlich ist. Sie fürchten sich vor Altenheimen und vor der Trennung von ihren Kindern und Enkelkindern. Die Selbstmordrate unter Alten steigt (etwa 60 auf 100000). Veselko Tenžera schrieb vor einiger Zeit in *Vjesnik*: „Alt und gebrechlich zu sein ... wurde zum Spott in einer Kultur, die sich schon immer mehr um die Jugend als um alte Menschen bemühte, um sie leichter abzustoßen, wenn sie in die Jahre kommen. Die Mütter wurden zu Schwiegermüttern, immer öfter in Reservaten von Altenheimen, oder noch schlimmer, sie wurden zum Störfaktor im Idyll, zum Eheschreck ihrer Kinder."[14] Ohne jemanden, dem sie das Du nicht nur sagen, sondern auch sein können, können die alten Menschen weder ihr Heim noch die Kirche ertragen.

Die Jungen verhalten sich scheinbar ungewöhnlich ruhig. Nach 1968, als sie auf allen Meridianen rebellierten und Revolutionen anzettelten, haben sie anscheinend ihren Platz und ihren Lebenssinn in der Arbeit gefunden, haben sich Idolen zugewandt und sind in Resignation verfallen. Ein kleiner Teil von Jugendlichen widmet sich dem künstlerischen Schaffen. Andere sind mit wissenschaftlicher Arbeit beschäftigt und sind von neuen Erkenntnissen begeistert. Eine wachsende Zahl von Jugendlichen ist den Drogen und dem Alkohol verfallen. Die Betäubungsmittelkommission der UNO hat bereits vor längerer Zeit einen energischen Appell an alle Regierungen gerichtet, sich für strenge Kontrollmaßnahmen von Drogenkonsum und -Schmuggel zu solidarisieren. Das Kroatische Rote Kreuz organisierte Beratungen, Vorlesungen und Seminare über die Sucht bei Jugend-

13 Vgl. A. Deeken, *Lijepo je biti star* (Es ist schön, alt zu sein), Ausgabe des FTI Zagreb, 1977, S. 76.

14 *Vjesnik* (Zagreber Tageszeitung) vom 8. 1. 1980.

lichen. Statistiken weisen auf eine immer größere Zahl von Drogenabhängigen hin. Während wir im Jahr 1970 250 Drogenabhängige in Evidenz hatten, lag diese Zahl im Jahr 1978 bereits bei 5678. Die Jugendliche behaupten, mit Drogen ihre Identität und das Recht auf eine eigene Meinung zu verteidigen. Die Drogen dienten ihnen als chemische Prothese, als Schutzraum, um in der harten Wirklichkeit zu bestehen. Sie werden oft als Glückspillen verstanden, als Schlüssel zum Paradies, obgleich sie eher das Höllentor öffnen. Aber nicht nur Jugendliche, auch viele Künstler nehmen Drogen. Mit ihrer Hilfe suchen sie übernatürliche Erkenntnisse zu erlangen und zu einer Erweiterung ihres Bewusstseins zu kommen. Sie erhoffen sich die Konfrontation mit einer anderen Welt jenseits der Vernunft, benutzen sie als Hilfsmittel zur Begegnung mit übernatürlichen Mächten und für das Erleben religiöser Visionen.

Unter Jugendlichen ist auch die sogenannte sexuelle Revolution zu beobachten. Ihre Befürworter sprechen von der Befreiung junger Menschen aus den Ketten der Vergangenheit, der Tradition und der Tabuisierungen im Bereich der Geschlechtlichkeit. Faktisch gerät der junge Mensch aber in eine Sucht, aus der er kaum einen Ausweg findet. Die Anzahl derer, die nicht bereits in frühester Jugend sexuelle Erfahrungen gemacht haben, ist sehr gering. *Polet*, eine Jugendzeitschrift aus den siebziger Jahren des vergangenen Jahrhunderts, schrieb, dass Jugendliche sich entweder für Sex oder Drogen entscheiden, je nach dem, was ihnen mehr Befriedigung biete.[15] Es reicht, einige der seinerzeit gedruckten Exemplare dieser Zeitschrift durchzublättern um einen Schrecken zu bekommen, wie sehr Jugendliche vom Sex beherrscht werden. Alle anderen Themen werden davon zurückgedrängt oder müssen sich dem unterordnen.[16]

Eine große Zahl von Jugendlichen sucht die eigene Identifikation in der Musik und in aggressiven Rhythmen. Man kann den Eindruck gewinnen, die Jugendlichen hätten sich nie so gut unterhalten und amüsiert wie heute. Manche meinen, dass sie sich damit einen Freiraum für ihre eigenen Moral- und Lebensvorstellungen geschaffen hätten. Auf einem Festival in Belgrad eröffnete die Gruppe „Mama-Rock" aus Niš ihren Auftritt vor Hunderttausend Jugendlichen mit den Worten: „Brüder und Schwester, habt keine Angst ... ihr seid nicht allein, wir sind bei euch gegen Schmutz und Lügen."[17] Das klingt wie der Anfang einer Predigt in der Kirche. In einem Interview sagt ein fünfundzwanzigjähriger Student, ein Anhänger der Rockmusik, unter anderem: „Wir brauchen es als eine Insel, um dem Schmutz und den Lügen der Welt zu entrinnen. Die Alten bieten uns ständig die Welt ihrer Erfahrungen, ihrer Vorstellungen, ihrer Erkenntnisse an. Und

---

[15] Vgl. *Polet,* Nr. 114/1979, S. 21.

[16] Seinerzeit sagte die Sprecherin des Fernsehsenders Zagreb Ksenija Urličić in einem Interview in *Polet*, dass sie früher mal für *Polet* schrieb, als diese Zeitschrift noch anständig war.

[17] *Vjesnik,* Zagreb, Nr. 81/1979, S. 24.

wir haben doch ein Recht auf unsere Wirklichkeit, auf neue Regeln." Der Autor des Artikels fragt sich: „Wie weit sind wir vorangekommen in der Annahme des jungen Menschen als einer ganzheitlichen Person? Kaum! Was haben wir dem jungen Menschen angeboten? Welchen Lebensraum, welche persönliche Identifikation und Selbstbestätigung?"[18]

Ein sehr großer Prozentsatz Jugendlicher, aber auch Erwachsener, lässt sich in verschiedene Meditationsarten einweisen. Fernöstliche Weisheiten stürzen über uns herein, um das transzendentale Vakuum unter uns mit ihren Erfahrungen aufzufüllen. Bei uns ist besonders die transzendentale Meditation bekannt. Ihre Protagonisten erklären, sie habe keinerlei Bezug zur Religion. Sie sei ein natürlicher Weg zur Entspannung, Ruhe und Kreativität. In der Welt gibt es bereits über sechshundert Schulen der transzendentalen Meditation. Aus vielen Elementen ist jedoch klar ersichtlich, dass es sich hier um eine fernöstliche Religion handelt. Der Gründer der TM wird „seine Heiligkeit" und „Großer Weise" genannt. Es wird ein mystisches Einführungsritual vollzogen. Ein Mantra soll den Meditierenden mit den höheren Mächten und Göttern verbinden. Der Begründer der TM, Maha Rishi Mahesh Yogi hält das für den „einzigen Weg, um Gott zu finden." Fachleute sind sich einig, dass die TM zur Kategorie der Religion und Mystik gehört und als Sekte mit messianischer Sendung bezeichnet werden sollte.[19] Ähnlich verhält es sich mit Yoga-Meditation und Zen-Buddhismus. Es sind alles mehr oder weniger verschleierte Sekten, deren Angebote bei den Menschen, die im Westen nach Ruhe und Sinn suchen, auf fruchtbaren Boden fallen.

Andere Sekten kommen unverschleiert, sowohl vom Westen als auch vom Osten. Im Westen sind sie gewöhnlich mit Jesus und der Bibel verbunden, im Osten mit verschiedenen Meditationen und Personen zweifelhaften Charakters. Innerhalb der katholischen und der protestantischen Kirchen finden die suchenden jungen Menschen seriöse Gruppierungen wie *das Konzil der Jugend* in Taizé und verschiedene charismatische und pentekostale Bewegungen. Daneben gibt es auch andere, die den großen Institutionen eher fernstehen, wie beispielsweise die Revolution Jesu, die Kinder Gottes und ähnliche Gruppen. Andere stehen irgendwo zwischen der christlichen und anderen Religionen, wie die Zeugen Jehovas, die Mormonen, die Christliche Wissenschaft, die vereinigte Moon-Kirche, die Lebendige Spiritualität Sundani, des Weiteren die Vertreter der Anthroposophie und der Theosophie. Bei uns macht sich bei Jugendlichen und Intellektuellen der Einfluss der Anthroposophie besonders bemerkbar. Aus dem Osten kommen auch Sekten wie die *Mission göttlichen Lichtes* (*Guru Mahari Ji*), die *Internationale Gesellschaft für Krishna-Bewusstsein (Hare Krishna)* und andere.

---

[18] *Vjesnik,* Zagreb, Nr. 81/1979, S. 24-25.

[19] Vgl. V. Šestan, *„Istočnjačke mudrosti" i nauka,* („Fernöstliche Weisheiten" und Wissenschaft), in: Oko von 23.8. bis 26.9.1979, S. 20.

Das Interesse für Irrationales und Okkultes ist gewachsen. Verschiedene Praktiken aus dem Gebiet von Parapsychologie, ferner Kabbala, Spiritismus, Astrologie und Dämonologie, schwarzer Magie und Satanismus werden vermischt. Eine beachtliche Zahl von Büchern wird dazu gedruckt. In Belgrad gibt es ein Psycho-Zentrum, bei dem alle möglichen Bücher aus diesem Gebiet bezogen werden können. Die *Universale Weiße Brüderschaft* veranstaltet Initiationen in alle diese okkulten Praktiken in der Welt. Eine große Anzahl Jugendlicher ist zumindest in einige dieser Praktiken eingeweiht.

Bei Erwachsenen fällt es schwer, klare Merkmale einer Suche nach Transzendenz zu erkennen. Die einen finden ihren Sinn im Kampf um das tägliche Brot, in der Sorge um ihre Familien, in ihrer Arbeit. Die anderen finden Sinn im Kampf für eine bessere Welt, sei es im Rahmen einer marxistischen, oder einer anderen Vision menschlicher Zukunft. Einige sind formal Atheisten oder formal religiös, andere wiederum privat Atheisten oder privat religiös. Die einen suchen ihren Sinn im Erfolg, die anderen in Besitztümern. Die große Zahl der gescheiterten Ehen zeigt, dass die Transzendenz nicht gefunden wurde, und dass die Menschen das relative Du zum eigenen Ich nicht zu finden vermochten. Bei einigen ist das Gewissen der Ort der Transzendenz, bei anderen sind es der Lebensstandard und die Karriere.

Einer Untersuchung des Instituts für gesellschaftliche Forschungen der Universität in Zagreb ergab vor einigen Jahren, dass es den Gläubigen erst an vierte Stelle wichtig sei, „im Einklang mit der Glaubenslehre zu leben." Etwa 50 % der Gläubigen entschied sich für diesen Wert. Wichtiger sei „ein ruhiges und zurückgezogenes Leben zu führen" (83 %), „gute Wohnmöglichkeiten zu haben" (70 %) und eine „gute materielle Ausstattung" (65 %). Nichtgläubige nannten an erste Stelle „ein ruhiges und zurückgezogenes Leben zu führen" (84 %), Unentschiedene ebenfalls (88 %), während Atheisten „gute Wohnmöglichkeiten" an die erste Stelle setzen. Bei allen anderen, außer bei Gläubigen, ist von 12 angebotenen Wahlmöglichkeiten die Wahl „im Einklang mit der Glaubenslehre zu leben" auf der letzte Stelle der Werteskala gelandet.

Philosophische und religiöse Fragen über den Sinn des Menschen sind bereits seit Jahren brennend aktuell. Der ehemalige Philosophieprofessor an der Fakultät in Sarajevo, Dr. Ivan Focht, sagt, dass für ihn die allererste Schlüsselfrage sei, wieso existiere etwas und nicht nichts. „Für mich hat es eine sehr praktische Wichtigkeit, das ist doch der Schlüssel von allem!"[20] Der Künstler, Maler Milić von Mačva, ist tief religiös und meint, dass es „unabhängig vom technologischen Fortschritt der Menschheit zur Renaissance der Religiosität kommen werde. Meine Devise ist", sagt der Künstler, „Ich schreite auf Erden, werde jedoch vom Him-

[20] *Vjesnik*, Zagreb von 8. 12. 1979, S. 24.

mel gehalten."[21] Hier sollte man fast alle Dichter einordnen, denn man kann kein Dichter sein, ohne sich und die Welt zu transzendieren.

Die Frage nach dem Sinn ist sowohl für Atheisten als auch für Religiöse von vitalem Interesse. Dr. Bogdan Šešić, Professor an der Belgrader Universität, versuchte diese Frage in seinem Buch „Mensch, Sinn und Sinnlosigkeit" vom marxistischen Standpunkt aus systematisch durchzuarbeiten. Er hält es für erforderlich, neben Fragen der Ontologie und Axiologie auch die Sinnfrage zu stellen. Diese Frage dürfe aber nicht auf ein religiös-theologisches oder ein idealistisches Konzept beschränkt bleiben. Seiner Meinung nach ließe sich diese Frage in einem solchen Rahmen weder adäquat stellen noch wirklich lösen. Sie ließe sich jedoch, so meint er, adäquater stellen und realistischer lösen, und zwar unter Anwendung der ausgearbeiteten dialektischen Methode vom marxistischen Standpunkt aus.[22] Da menschliches Leben grundsätzlich praktisch sei, sei eine wirkliche Überwindung menschlicher Sinnlosigkeit durch die Sinngebung menschlicher Praxis möglich, das heißt durch Veränderung des menschlichen individuellen und gesellschaftlichen Lebens.[23] Die Menschen wären in der Lage, die Nichtigkeit und Sinnlosigkeit ihres Daseins insbesondere durch schöpferische Tätigkeiten zu überwinden.[24] Bei diesen Tätigkeiten seien Schönheit, Liebe und Güte die höchsten Werte, nach denen Menschen als ihrem höchsten Lebenssinn streben.[25] Grundsätzlich und letztendlich sei der Sinn des individuellen Lebens Arbeit und Kampf für die Erschaffung einer besseren, humaneren und menschlicheren Welt.[26] Die endgültig einzige richtige Lösung des Lebenssinns sei der Kampf gegen die gesellschaftliche und individuelle Sinnlosigkeit. Diese Lösung ließe sich am besten im Kampf der vereinigten Individuen erreichen, weil auf diese Weise die Sinnlosigkeit sowohl des individuellen als auch des gesellschaftlichen Lebens überwunden werden könne.[27] Der Autor hat uns gezeigt, wie unsere Zeitgenossen auch ohne organisierte Religionen die Lösung der Sinnfrage angehen könnten. Das sei nämlich eine Frage der Praxis und nicht der Theorie. Immer mehr Menschen erreichen tatsächlich ihr Lebensende, ohne jemals nach Religion, Glauben oder Kirche gefragt zu haben.

Der Sinn, den die Menschen finden, ist so stark, dass er den Menschen von seiner inneren Beklommenheit im Gewissen und in der Psyche zu heilen vermag. Heutzutage gibt es eine therapeutische Methode, die sogenannte Logotherapie,

---

21 *Oko* von 30. 11. bis 30. 12. 1979, S. 9.

22 Vgl. Bogdan Šešić, *Čovjek, smisao i besmisao, Dijalektika smisla i besmisla* (Mensch, Sinn und Sinnlosigkeit, Dialektik des Sinns und der Sinnlosigkeit), Belgrad, 1977, S. 10.

23 Vgl. ebd, S. 293.

24 Vgl. ebd, S. 299.

25 Vgl. ebd, S. 318.

26 Vgl. ebd, S. 338.

27 Vgl. ebd, S. 364.

die psychische Krankheiten mit Sinngebung heilt. Der Gründer der Logotherapie, V. E. Frankl ist der Auffassung, dass grundsätzlich jeder Mensch, egal ob religiös oder nichtreligiös, den Sinn finden kann. Wichtig sei nur, sich diesem Sinn zu ergeben. Alles könne Sinn sein, alles könne Leben beinhalten, alles könne transzendieren, wenn der Mensch es verstehe, etwas bewusst zu tun, irgendwo anzukommen, für jemanden zu leben und alte Erinnerungen wieder zu beleben.[28] Ängste, Beklommenheit und Sinnlosigkeit könnten im Transzendieren ihrer selbst überwunden werden.[29] Außerdem suchten die Menschen den Sinn des Leidens und des Lebens beim Psychiater und nicht beim Priester.[30] Ähnlich wie Šešić sagt Frankl, der ursprüngliche Lebenssinn ließe sich nicht bei sich selbst, in der eigene Psyche finden ließe, sondern in der Selbstüberwindung, der Autotranszendenz. Selbstverwirklichung sei nur durch Selbstüberwindung möglich.[31] Wer also aus sich selbst ausgetreten und zum anderen hingegangen sei, der werde den Sinn finden, weil er sich selbst transzendiere. Liebe sei der Sinn, das Ziel und die Kraft der Transzendenz. Sie sei die Transzendenz selbst. Deswegen sei es jedem möglich, Transzendenz zu finden, und keiner könne ohne Liebe auskommen. Der Sinn sei etwas, womit der Mensch konfrontiert werde. Der Sinn sei außerhalb vom Menschen. Das Streben nach Sinn sei eine treibende Kraft im Menschenleben.[32]

Aus dieser Ausführung ist noch klarer zu erkennen, wie sowohl ein marxistischer als auch ein nichtmarxistischer, ein religiöser wie auch ein nichtreligiöser Mensch Transzendenz und Sinn finden kann, ohne das Thema „Gott" zu erwähnen.

Das wird an solchen Menschen sichtbar, die unsere Gesellschaft im moralischen und psychischen Sinne als Delinquenten bezeichnet. Es ist interessant zu hören, was Teenager in einer Besserungsanstalt darüber sagen. Ein fünfzehnjähriger Junge war mit seinem Freund in das Haus von wohlhabenden Menschen gegangen und hatte dort eine Tabakdose gestohlen. Er wurde entdeckt und von diesen Menschen verprügelt und getreten. Dazu sagt er jetzt: „Es schien mir, es war der schlimmste Diebstahl, den ich begangen habe." – aber nicht wegen der erhaltenen Prügel, sondern weil er seinen Freund Miša in so eine missliche Lage gebracht habe.[33] Ein anderer erzählt: „Wenn ich Geld hätte, würde ich ein Haus bauen, um meine Mutter von dort herauszuholen.[34] Mein Vater schlug mich. Dann floh ich zur Mutter. Sie schlägt mich manchmal auch, aber ihre Prügel sind ehrli-

---

[28] Vgl. V. E. Frankl, *Zašto se niste ubili? Uvod u logoterapiju* (Warum habt ihr euch nicht umgebracht? Einführung in Logotherapie), Zagreb, 1978, S. 11.

[29] Vgl. ebd, S. 107.

[30] Vgl. ebd, S. 99.

[31] Vgl. ebd, S. 95.

[32] Vgl. ebd, S. 88.

[33] Vesna Ognjenović, Budimir Nešić, *Pozdravi nekog* (Grüße jemanden), Gradina, 1972, S. 9.

[34] Vgl. ebd, S. 19.

cher", sagt der zehnjährige Junge. Ein siebzehnjähriges Mädchen sagt: „Tausendmal stelle ich die Frage, was das Leben ist. Alle schweigen, schauen mich an und gehen weg."[35] Ein achtzehnjähriges Mädchen schreibt: „Ich will etwas Anderes, will etwas Neues, irgendwo hingehen, alles neu beginnen. Kommt dann wieder die Langeweile, geht es wieder von vorne los und ich suche wieder etwas Neues. Soll das ganze Leben so weiter gehen? Heute Nacht wollte ich durchs Fenster springen, aber ich hatte keine Kraft dazu. Ich stand lange vor dem Fenster und meine Beine waren wie versteinert."[36] „Meine Eltern können nicht begreifen, dass ich ihren Hass hasse", schreibt ein Junge von sechzehn Jahren.[37] Ein siebzehnjähriger Junge sagt: „Ihr Ehrlichen, ihr habt leicht Reden, euch stehen alle Türen offen und alle glauben euch."[38] Ein siebzehnjähriges Mädchen schreibt voller Zorn: „Seid ihr zufrieden, alles Menschliche in mir getötet zu haben? Wenn ihr zufrieden seid, lasst mich allein. Wenn nicht, sagt mir, wie lange wird es noch dauern."[39] Das sagte sie, nachdem sie wegen ihrer Drogensucht behandelt worden war.

Sicherlich wird diese Illustration der Transzendenz moderner Menschen in vielen Sequenzen unvollständig bleiben müssen. Das Gesagte reicht jedoch bereits, um zumindest einen gewissen Einblick in die menschliche Situation zu gewinnen und den Dienst der Kirche an den modernen Menschen zu beurteilen. Hier sollten bestimmt die vielen Idole genannt werden, denen sich der moderne Mensch zu Hause oder außerhalb davon widmet. Für manche sind diese Idole der Sport, für andere die TV-Veranstaltungen, für manche das Geld, für andere die Wissenschaft, für einige utopische Ideologien, für andere wiederum ihre Arbeit, für manche sogar terroristische Untergrundarbeit. Für einige ist es die Politik, für andere der Erfolg, für manche das Rollenspiel. Die Spannweite dieser Idole reicht von Göttern, die Gott nahe sind bis hin zu Satansschöpfungen. Für einige sind es irdische, für andere himmlische Idole. Doch alle suchen gleichermaßen echte Transzendenz und authentischen Sinn.

Schlussfolgerung

Das Dokument des Konzils GS sagt über die menschliche Transzendenz: „In der Teilnahme am Licht des göttlichen Geistes urteilt der Mensch richtig, dass er durch seine Vernunft die Dingwelt überragt... Immer jedoch suchte und fand der Mensch eine tiefere Wahrheit" (GS 15). Hier handelt es sich um Vernunfttranszendenz. An einer anderen Stelle sagt das gleiche Dokument, dass der Mensch nicht

[35] Vgl. ebd, S. 26.
[36] Vgl. ebd, S. 34.
[37] Vgl. ebd, S. 113.
[38] Vgl. ebd, S. 76.
[39] Vgl. ebd, S. 125.

nur mit seiner Vernunft, sondern auch mit dem Herzen alles um sich überragt: „In seiner Innerlichkeit übersteigt er die Gesamtheit der Dinge: in diese Tiefen geht er zurück, wenn er in sein Herz einkehrt, wo Gott ihn erwartet, der die Herzen durchforscht, und wo er selbst unter den Augen Gottes über sein eigenes Geschick entscheidet“ (GS 14). Das Konzil erörtert, wieso der Mensch leiblich sei und diese Leiblichkeit überbiete. „Der Mensch also, der eine und ganze Mensch, mit Leib und Seele, Herz und Gewissen, Vernunft und Willen steht im Mittelpunkt unserer Ausführungen“ (GS 3). „Der Mensch ist in Leib und Seele einer“ (GS 14). In ihm gibt es eine Stätte, die alle Elemente zusammenfügt und ihn mit Gott verbindet. „Das Gewissen ist die verborgene Mitte und das Heiligtum im Menschen, wo er allein ist mit Gott, dessen Stimme in diesem seinem Innersten zu hören ist“ (GS 16). „Die wahre Freiheit aber ist ein erhabenes Kennzeichen des Bildes Gottes im Menschen“, sagt das Konzil (GS 17). „Ein besonderer Wesenszug der Würde des Menschen liegt in seiner Berufung zur Gemeinschaft mit Gott“ (GS 19).

Warum suchen dann nicht alle das gleiche Ziel? Warum wählen nicht alle die gleichen Mittel, um dieses Ziel zu erreichen? Das Konzil erläutert: „Der Mensch leidet an einer inneren Zwiespältigkeit, und daraus entstehen viele und schwere Zerwürfnisse auch in der Gesellschaft“ (GS 10). Auf welche Art manifestiert sich Transzendenz im Menschen? „Viele werden durch eine praktisch materialistische Lebensführung von einer klaren Erfassung dieses dramatischen Zustandes abgelenkt oder vermögen unter dem Druck ihrer Verelendung sich nicht mit ihm zu beschäftigen. Viele glauben, in einer der vielen Weltdeutungen ihren Frieden zu finden. Andere wieder erwarten vom bloßen menschlichen Bemühen die wahre und volle Befreiung der Menschheit und sind davon überzeugt, dass die künftige Herrschaft des Menschen über die Erde alle Wünsche ihres Herzens erfüllen wird. Andere wieder preisen, am Sinn des Lebens verzweifelnd, den Mut derer, die in der Überzeugung von der absoluten Bedeutungslosigkeit der menschlichen Existenz versuchen, ihr nun die ganze Bedeutung ausschließlich aus der autonomen Verfügung des Subjekts zu geben. Dennoch wächst angesichts der heutigen Weltentwicklung die Zahl derer, die die Grundfragen stellen oder mit neuer Schärfe spüren: Was ist der Mensch?“ (GS 10). „Denn es ist die Aufgabe der Kirche, Gott den Vater und seinen Mensch gewordenen Sohn präsent und sozusagen sichtbar zu machen, indem sie sich selbst unter der Führung des Heiligen Geistes unaufhörlich erneuert und läutert“ (GS 21). „Dieser Glaube muss seine Fruchtbarkeit bekunden, indem er das gesamte Leben der Gläubigen, auch das profane, durchdringt und sie zu Gerechtigkeit und Liebe bewegt“ (GS 21). Das Konzil verlangt Zusammenarbeit mit allen und sagt: „Da nämlich Christus für alle gestorben ist und da es in Wahrheit nur eine letzte Berufung des Menschen gibt, die göttliche, müssen wir festhalten, dass der Heilige Geist allen die Möglichkeit anbietet, diesem österlichen Geheimnis in einer Gott bekannten Weise verbunden zu sein" (GS 22).

Die Kirche, „Zeichen und Schutz der Transzendenz" (GS 76), muss dem modernen Menschen entgegenkommen, und zwar mit Taten und nicht lediglich mit Worten. Sie muss sich dessen bewusst werden, dass die Wirklichkeit ohne Christus eine Abstraktion ist, wie Bonhoeffer sagt. Der bekannte zeitgenössische Prediger Dudko sagt: „Die Luft ist in der Kirche giftig geworden. Die Kirche muss die Tür weit öffnen. Mit jedem Tag wird der Nebel der Enttäuschung, des Unglaubens und des Zynismus über den Menschen immer dichter. Traditionen, die früher das Leben geregelt haben, verschwinden ersatzlos. Der Mensch bleibt allein, es helfen keine Ismen. Grundsätzliche Fragen bleiben unbeantwortet. Die Seele dürstet nach diesen Antworten. Das Christentum muss zum Inhalt des gesamten Lebens werden."[40] Unsere Kirche hat sich zu sehr in eine Verteidigungsstellung begeben und ist daher nur begrenzt in der Lage, echte Transzendenz zu zeigen und zu geben. Sie fürchtet sich und fühlt sich angegriffen von allen, die sie kritisieren. Deshalb hat sie sich zurückgezogen und spürt kein Bedürfnis nach authentischem neuem Leben, nach Erneuerung und Reinigung. Der moderne Mensch braucht gelebte und nicht nur rituelle und theoretische Transzendenz. Die Zeit eines echten Dialoges muss erst anbrechen. Deswegen sucht der moderne Mensch die Transzendenz nicht in der Kirche, sondern woanders. Dass er sie dort nicht findet, steht ernsthaft in der Verantwortung der Kirche. Heute soll allen in der Kirche bewusst gemacht werden, dass sie für die anderen da ist und keinen Selbstzweck erfüllt. Sie muss in erster Linie die Vermittlerin der Erlösung sein, und das heißt Vermittlerin des Sinnes und der Transzendenz.

[40] Dimitrij S. Dudko, *Das Wort ist nicht gefesselt,* Styria 1976, S. 10.

V Die Rolle der Werteordnung bei der Entwicklung der Wirtschaft und der Gesellschaft[1]

Einleitung

Bis in die siebziger Jahre des vergangenen Jahrhunderts entwickelten sich die Wirtschaft und die Gesellschaft ohne Rücksicht auf die Ganzheitlichkeit des Menschen und seine Werteordnung. Die Wirtschaftskrise der siebziger Jahre brachte hier eine Wende. Auf theologischer Ebene kamen die Anregungen für Veränderungen aus den Dokumenten zur Soziallehre der Kirche, sowie aus der Befreiungstheologie und der politischen Theologie. Auf wirtschaftlicher Ebene kam man zu der Überzeugung, es sei erforderlich, in Wirtschaft und Unternehmertum einen Ethikkodex einzuführen und die Durchführung ethischer Prinzipien und Normen auf allen Wirtschaftsebenen zu organisieren.

Aus philosophischer Sicht ist es klar, dass der menschliche Geist das geistige und leibliche Leben und Wirken des Menschen formt. Ohne geistige Werte gibt es keine vollständige Einsicht in die Gesetzmäßigkeit der Wirtschaft und des Marktes und keinen Schutz des Menschen und seiner Umwelt vor unbeschränkter marktwirtschaftlicher Konkurrenz und Produktion.

Der Mensch ist eine geistig-seelisch-leibliche Persönlichkeit. Sein Geist steht nicht im Gegensatz zum Leib und zur Materie, sondern verhilft ihnen zu einer Klärung und Umgestaltung, indem er Ordnung in die einander widerstrebenden seelischen und leiblichen Elemente bringt. So stiftet der Geist Einheit und Sinn. Die Seele ist fragmentär, der Geist vollständig. Der Geist übersteigt Raum und Zeit und ist im Gegensatz zur Psyche und zum Leib nicht daran gebunden. Mithilfe des Geistes überwindet man die Grenzen des Bewusstseins. Er wirkt wie eine Kraft, die aufklärt und befreit von der Macht des Bodens und des Blutes. Durch den Geist wird der Mensch zum Herren und nicht zum Sklaven kosmischer Mächte. Durch den Geist wird der Mensch zum Freund der Natur. Der Geist befähigt den Menschen zur Entscheidung für die Wahrheit, Schönheit, Liebe und Güte, für

[1] Vortrag bei der internationalen Beratung INTERCON im Hotel Sheraton in Zagreb am 14. und 15. Oktober 1998.

den Sinn und die Freiheit. Beschränkt der Mensch sein Wirken allein auf wirtschaftliche und soziale Ziele, ohne die geistigen einzubeziehen, wird er frustriert. Ohne den Geist ist es nicht möglich, geschäftliche Prozesse zu durchschauen und eine Attraktivität auf dem Markt zu erreichen.

Der menschliche Geist ist begrenzt, vermag sich aber unbegrenzt zu entfalten. Dazu muss er sich mit dem Absoluten Geist, mit Gott verbünden.

Ohne eine Werteordnung gerät der Organismus des menschlichen Geistes in Konflikte, in Verlegenheit, Verletzlichkeit und Verzweiflung. Um ganzheitlich gesund zu sein und auf allen Ebenen seines Organismus harmonisch zu funktionieren, benötigt der Mensch das Vertrauen zu Gott und zum Mitmenschen. Dazu ist eine bestimmte pneumatische Medizin erforderlich, die mit Hilfe der Liebe des Schöpfers den Ausweg aus dem Konflikt sucht, die Verletzungen der Seele heilt und dem Menschen ermöglicht, dass seine geistige Ebene sein Wirken ganz durchdringt.

Wie moderne Trends in der Wirtschaft und im Unternehmertum zeigen, entscheidet sich die Zukunft des Menschen und der freien Marktwirtschaft an der Frage, ob er seine geistige Dimension in sein Wirken einbezieht.

Das menschliche Wirken auf wirtschaftlichem Gebiet beansprucht alle seine Fähigkeiten. Mit seinem täglichen Erwerb sichert der Mensch seine irdische Existenz. Mit dem, was er über seinen Eigenbedarf hinaus verdient, unterhält er seine Familie und hilft anderen, sozial schwachen Menschen. Als Unternehmer arbeitet er mit verschiedenen Fachleuten und Mitarbeitern zusammen. Man erwartet, dass er beste Beziehungen mit allen Beteiligen unterhält. Die unterschiedlichsten Interessen des Firmeninhabers oder der Anstalt, des Leiters, der Arbeiter und Abnehmer von Dienstleistungen müssen in Einklang gebracht werden, sonst entstehen Uneinigkeit und Spannungen im Unternehmen. Einige werden zufrieden sein, andere unzufrieden, einige werden von Gerechtigkeit reden, andere von Ungerechtigkeit, aber alle werden an einer freien, dynamischen und erfolgreichen Mitarbeit gehindert. Deswegen ist es für einen Firmenchef wichtig, mit allen Mitarbeitern korrekte und gute Verhältnisse anzustreben, damit alle zur Mitarbeit am Erfolg ihrer Firma motiviert sind.

In der Wirtschaft kommt es zum Austausch von Waren. Dabei ist Konkurrenz wichtig. Ohne Wettbewerb lassen sich kaum Fortschritte bei der Arbeit und in der Technologie erzielen. Wenn die Konkurrenz aber nicht loyal ist, entstehen Feindschaften zwischen Firmen, die den Warenaustausch am Markt blockieren und unmöglich machen. Wie kann man wettbewerbsfähig bleiben, ohne den Konkurrenzfirmen zu schaden, und wie bewahrt man auch im Wettbewerb gute Beziehungen mit ihnen?

In Firmen arbeiten Menschen. Menschen sind das Ziel und nicht das Mittel menschlichen Handelns. Ohne diese Mitarbeiter kann es keinen Fortschritt in

Produktion oder Vermarktung geben, und doch darf der Mensch niemals der Produktion als Mittel zum Zweck untergeordnet werden. Wie kann man eine Spitzentechnologie und -produktion erreichen, ohne dass Menschen dabei zu Sklaven werden?

In der postmodernen und postindustriellen Phase stellen nicht mehr materielle, sondern intellektuelle und geistige Mittel das Kapital dar. Wer gute und allseitig ausgebildete Fachleute hat, erreicht am Markt Spitzenwerte. Mit dem Einsatz von materieller Arbeit wird in der Industrie immer weniger verdient, während jene, die intellektuelles, technologisches und geistiges Kapital besitzen, immer reichen werden. Wie kann man mit diesem menschlichen „Kapital" würdevoll umgehen und gleichzeitig unzählige andere Menschen, die dieses Kapital nicht besitzen und entlassen werden, vor einer Erniedrigung bewahren?

Mit der Entlassung überzähliger Arbeiter wächst die Konkurrenzfähigkeit eines Unternehmens. Doch mit der Steigerung von Arbeitslosenzahlen wächst die Unzufriedenheit in der Gesellschaft. Es kommt es zu Ungerechtigkeiten, die den Weg zu Unruhen und Konflikten eröffnen. Wie sichert man den Lebensunterhalt für unzählige arbeitslose Menschen, die wegen mangelnder Konkurrenzfähigkeit oder Nichteinsetzbarkeit entlassen werden, weil ihnen das intellektuelle Kapital fehlt?

Bei seiner Arbeit hat der Mensch mit der Natur zu tun. Er soll sie nicht ausbeuten, sondern soll ihr achtsam begegnen. Gleichzeitig hat er mit Menschen zu tun. Auch über sie hat er keine Macht. Er soll sie nicht nur achten, sondern auch lieben. Sein Gewissen macht dem Menschen seine Verantwortung bewusst. Handelt er in unrechter Weise, bekommt er Gewissensbisse und vermag die Früchte seines eigenen Intellektes und seiner Hände nicht zu ernten und zu genießen.

Durch sein Denken, Forschen und Arbeiten wird der Mensch immer vollkommener. Der Erfolg seiner Arbeit bringt ihm Anerkennung und einen höheren Gesellschaftsrang. Mit viel Geld wird er mächtig. Er läuft Gefahr, abhängig zu werden und die materiellen Güter höher zu schätzen als geistige Werte. Andererseits versetzen ihn sein Besitz und seine Macht in die Lage, vermehrt anderen zu helfen und seine Humanität und geistige Gesundheit zu entfalten.

Es ist offensichtlich, dass wirtschaftliches und gesellschaftliches Handeln Menschen in Konfliktsituationen bringt. In der Geschichte reagierten die Menschen auf solche Situationen meistens in einer schwarz-weiß Mentalität. Um vom Besitz nicht gefangengenommen zu werden, flohen manche in die Armut und in die Wüste. Jene, die ihren Besitz behalten wollten, wandten sich vom Glauben und von ihrer Religionsgemeinschaft ab, um dem Druck ihrer Verantwortung und ihren Gewissensbissen zu entgehen. Konkurrierende Firmen gerieten entweder in Feindschaft, oder sie fusionierten und versanken im Mittelmaß. Es ist klar, dass weder die eine noch die andere Lösung richtig ist.

Die Werte, um die es in diesem Kapitel geht, sind Kompetenzen und Tugenden. Die Tugend ist die Mitte zwischen den Extremen, *in medio virtus*, sagt das lateinische Sprichwort. Kompetenzen und Tugenden ermöglichen es, dass Konkurrenten zusammenarbeiten, ohne den Wettbewerb zur Verbesserung der Produktionstechnologie zu vernachlässigen. Kompetenzen und Tugenden ermöglichen den Mitarbeitern eines Betriebes, einander wertzuschätzen, sich gegenseitig zu helfen und kritisch zu fördern. Tugenden wie auch Kompetenzen sind dringend erforderlich, damit sich modernes Unternehmertum, die Wirtschaft und insbesondere die Gesellschaft, entwickeln können.

Unter Kompetenzen verstehen wir gewöhnlich die fachlichen, methodischen und sozialen Befähigungen, also jene Geisteswerte, die der Mensch mit seiner eigenen Entscheidung und Übung erreichen kann. Unter Tugenden verstehen wir jene Werte und humanen Kräfte, die auf dem Glaubensweg erlangt werden, im loyalen und offenen Verhältnis zu Gott.

Der Begriff des Geistes ist in der modernen Welt nicht zu Ende gedacht worden und wird oft falsch verstanden. Gewöhnlich denkt man dabei an religiöse Handlungen oder Gefühle. Vertreter von Religionsgemeinschaften nennen wir Geistliche. Aber „Geist“ ist ein viel umfassenderer Begriff. Er bezeichnet zunächst die Persönlichkeit des Menschen und seine Vitalität, er offenbart sich im menschlichen Gewissen und in seinem Intellekt, ebenso in seiner umfassenden kulturellen Tätigkeit. Deshalb kann man auch von einem Atheisten und nicht nur von einem gläubigen Menschen sagen, er habe Geist bzw. er sei geistig.

Um das zu verstehen ist es erforderlich, zwischen Religiosität und Religion zu unterscheiden. Mit Religiosität bezeichnen wir jene innerliche geistige Aktivität des Menschen, mit der er nach den Gründen seines Daseins, nach seinem Lebenssinn und nach dem Autor seiner selbst sucht. Der Mensch erlebt sich als Gast und nicht als Herr über sich selbst, über die Natur und seine Mitmenschen. Er hält weder sein eigenes Schicksal noch das Schicksal der Welt in seinen Händen. Er ist eigentlich eine Schöpfung, ein Wesen, das in Relation zu einem Schöpfer steht. In dieser Hinsicht gibt es keinen Menschen, der areligiös wäre. Alle menschlichen Forschungen auf geistigem und rationalem Gebiet sind letztlich Ausdruck seiner religiösen Dimension, seiner Suche nach Sinn und nach der Lösung seiner Lebensmysterien.

Religion bezeichnet eine auf Grund der Religiosität entstandene soziologische Struktur. Sie vermittelt der Schöpfung den Schöpfer, dem Gläubigen seinen Gott. Es kann immer Menschen geben, die außerhalb von diesen soziologischen Gebilden stehen. Sie gehören keinem religiösen System an und glauben an keinen Gott der Religionen. Beispielhaft ist in diesem Zusammenhang die Antwort von Mick Jagger von den „Rolling Stones“. Auf die Frage, ob er an Gott glaube, antwortete er, er glaube überhaupt nicht an ihn. Auf die nächste Frage, ob er an die Existenz eines höheren Wesens glaube, antwortete er, ein höheres Wesen existiere ganz gewiss. Er erklärte seinen Standpunkt mit dem Hinweis, dass seine Großeltern religiös waren, er selbst aber keinem religiösen System angehöre.

Aufgrund der Missverständnisse über die Begriffe Geist, Religion und Religiosität haben sich insbesondere in den letzten zweihundert Jahren Vorurteile angehäuft, die die Forschung belasten. Ein geistig gesunder Mensch zu sein, eine richtige und normale religiöse Beziehung zu Gott zu haben, oder als Gläubiger einer Religionsgemeinschaft anzugehören, sind verschiedene Wirklichkeiten mit unterschiedlichen Bedeutungen. Es kann sein, dass ein Mensch keiner Religion angehört. Es ist ihm jedoch nicht möglich, dem Schöpfer, Gott nicht zu gehören. Es kann sein, dass er auf das Wort Gott allergisch reagiert. Dieses Wort mag ihn abstoßen, weil verschiedene Religionsgemeinschaften diesen Begriff missbraucht und verdunkelt haben. Die wissenschaftliche Ernsthaftigkeit verlangt jedoch von uns, dass wir ohne Vorurteile den Bereich des menschlichen Geistes, seiner Religiosität und seiner Kommunikationsmöglichkeit mit dem Schöpfer erforschen.

Aufgrund dieser Vorurteile bleiben das moderne Unternehmertum, die Wirtschaft und die Gesellschaftswissenschaften ein Torso und Fragment. Sie werden einseitig betrachtet. All‘ das, was diese Vorurteile zudecken, wird abgelehnt.

Deshalb haben sich Theologie und Wirtschaftswissenschaften getrennt entwickelt, oder – noch deutlicher ausgedrückt – zwischen diesen Wissenschaften haben sich Feindseligkeiten und Anschuldigungen eingeschlichen. Diese Fehler der Vergangenheit sind zu korrigieren. Das gesamte Leben und Wirken des Menschen ist interdisziplinär zu studieren und zu entwickeln.

Über die wechselseitige Bedingtheit von wirtschaftlichem Fortschritt und geistigen Werten stehen uns umfassende Forschungen erst noch bevor. Noch immer betrachten manche Menschen das menschliche Geistesleben und die wirtschaftlich-soziale Entwicklung als Parallelwelten. Weithin überwiegt der Eindruck, dass die Wirtschaft auf rein rationalen Grundlagen beruht, während moralisch-ethische Prinzipien dem Geistesleben des Menschen überlassen werden.[2] In der postmodernen Epoche finden wir hier deutliche Anzeichen eines Umdenkens.

Von einer mechanistischen zur ethischen Wirtschaft

Sehr unterschiedliche, weder geplante noch aufeinander bezogene Phänomene eröffnen nicht selten Wege für neue Entwicklungen. So entdeckten Forscher die heilsame Wirkung einer religiösen, mental und geistig positiven Ausrichtung des

2 Vgl. II. Vatkanisches Konzil, GS, Nr. 63 bis 72, Dokumente zur katholischen Soziallehre, *Sto godina katoličkog socijalnog nauka* (Hundert Jahre katholische Soziallehre), KS 1991.

Menschen auf sein Leben und seine Arbeit.[3] Andere entdeckten die Kraft des geistigen Unterbewusstseins im Menschen, von dem V. Frankl sagt, in ihm befinde sich die göttliche Kraft des menschlichen Geistes, „Der unbewusste Gott", wie der Titel seines Buches lautet.[4] Wieder andere belegten ein unmittelbares wechselseitiges Verhältnis zwischen der Wirtschaft und dem menschlichen Geist, wobei sie Wirtschaft und Gesellschaft ausschließlich vom Standpunkt des Glaubens aus betrachteten.

Und doch: Wissenschaftliche Untersuchungen über philosophische und theologische Probleme von Wirtschaftstheorien erscheinen Vielen immer noch seltsam befremdlich. Zwar halten es immer weniger Menschen inzwischen für eine Häresie, wenn wirtschaftliche Theorien von philosophischen Standpunkten aus betrachtet werden. Wesentlich zahlreicher sind jene, die es für zweifelhaft halten, nach theologischen Grundlagen der Wirtschaft zu forschen. Einige Theologen vollziehen eine radikale Trennung von Wirtschaft und Theologie. Andere beschränken sich auf die Anwendung der kirchlichen Soziallehre für die Wirtschaft. Wieder andere weisen jedoch darauf hin, dass Ökonomen und Soziologen immer öfter religiöse Begriffe verwenden, wie beispielsweise „neoliberales Dogma", „Orthodoxie", „Marktgläubigkeit", „erforderliches Opfer". Während die einen meinen, diese Begriffe würden lediglich im analogen Sinn verwendet, sehen andere darin einen Hinweis auf eine Betrachtungsweise, die auf wirtschaftlichem Gebiet gar nicht so neu sei. Schon Adam Smith sprach von der „unsichtbaren Hand" in der Wirtschaft und dachte dabei an Gottes Vorsehung. In verschiedenen Theorien und Ideologien des Kapitalismus konnte man auch dem Begriff vom „übermenschlichen Sein" begegnen, welches auf dem Markt zum Gewinn führe. In den siebziger Jahren des vergangenen Jahrhunderts bekam diese Sprache im Neoliberalismus aber eine besonders radikale Form.

In der theologischen Forschung entwickelten sich spezifische Zweige, die bereits durch ihr Bestehen die Notwendigkeit eine Zusammenarbeit zwischen Theologie und Wirtschaft zeigen. Nach dem II. Weltkrieg entwickelte sich eine Theologie irdischer Werte.[5] In der südamerikanischen Kirche entstand die Befreiungstheologie und auf dem europäischem Boden entwickelte sich die politische Theologie.[6]

---

3 Vgl. N. V. Peale, *You can if you think you can,* 1974 (kroatische Übersetzung, Mladinska knjiga, Zagreb 1991); Gleicher Autor, *The amazing results of positive thinking,* Prentice-Hall, Inc. New York und andere.

4 Vgl. V. Frankl,*Der unbewusste Gott*, München 1974 (kroatische Übersetzung: *Bog podsvijesti* Zagreb, 1981).

5 Vgl. G. Thils, *Théologie des réalités terrestres,* I. Préludes, Paris, 1947.

6 Vgl. G. Gutiérez, *Teologija oslobođenja, Povijest, politika, spasenje* (Befreiungstheologie, Geschichte, Politik, Erlösung), KS, Zagreb, 1989;
Vgl. auch J. B. Metz, *Politische Theologie in der Diskussion,* 1969 im Sammelband: Zum Be-

In der katholischen Theologie wird eine wechselseitige Abhängigkeit zwischen Theologie und Wirtschaft derzeit unmittelbar diskutiert. „Concilium", eine der renommiertesten Zeitschriften katholischer Theologie widmete 1997 eine ganze Ausgabe den Fragen des freien Marktes. Im gleichen Jahr beschäftigte sich eine weitere Ausgabe mit den neuen „Plagen" der modernen Welt. Hierzu zählte man auch das Phänomen des freien Marktes. Es wird nämlich offensichtlich, dass das primäre Ziel der heutigen Wirtschaftspolitik nicht etwa die Schaffung neuer Arbeitsplätze und die Überwindung sozialer Ungleichheiten ist, sondern die Verringerung der Inflation. Je mehr Menschen entlassen werden, desto höher steigen die Aktienkurse, und das bedeutet, dass Arbeitslosigkeit nicht länger als wirtschaftlich-soziales Übel betrachtet wird, sondern als Mittel zur Erlangung wirtschaftlicher Vorteile. In der Ideologie des freien Marktes befinde sich also das Böse, das wie eine Plage die Menschheit global bedrohe.[7]

Auch unter Wirtschaftswissenschaftlern beobachtet man Anzeichen einer Kehrtwende. F. Hayek, der als Vater des Neoliberalismus bezeichnet wurde und 1974 den Nobelpreis bekam, meint, es sei unmöglich, komplexe Marktstrukturen vollständig zu kennen. Wir besäßen weder die Macht noch die Fähigkeiten, alles in der Gesellschaft nach unseren Vorstellungen zu formen. Hierfür müsse dringend ein Bewusstsein geschaffen werden, da wir sonst nur Schaden anrichten würden. Eine mechanistische Betrachtung der Wirtschaft sei falsch und unrealistisch.

Die Überwindung einer mechanistischen Sicht der Wirtschaft durch Einbeziehung ethischer und theologischer Zugänge begann Mitte der siebziger Jahre des vergangenen Jahrhunderts. Damals befanden sich Europa und die USA in einer großen Wirtschaftskrise. Es kam zur Inflation, zum Anstieg der Arbeitslosigkeit, schließlich zur wirtschaftlichen Rezession. Wirtschaftliche und finanzielle Skandale und Korruption unter den Vertretern der öffentlichen Verwaltung kamen ans Licht. Deswegen plädierten intellektuelle Kreise unter den Unternehmern für die Wiederherstellung verlorengegangener moralischer Glaubwürdigkeit. Es kam zur institutionellen Einführung der Ethik in das Unternehmertum, zu theoretischen und praktischen Beiträgen, bekannt unter dem Namen „business ethics" oder Wirtschaftsethik.[8] Man versuchte, unternehmerische Initiativen, die auf Gewinn ausgerichtet sind, in ein ethisches Bezugsfeld einzubinden, und zwar im Rahmen des freien Marktes. Allgemein bekannte und weit verbreitete Formen solcher Insti-

---

griff der neuen Politischen Theologie 1967-1997, Mainz, S. 33-61.

7 Vgl. Jung Mo Sung, *Das Böse in der Ideologie des freien Marktes,* in: Concilium 5 (1997), S. 606-614.

8 Vgl. S. Baloban, *Etika i poduzetničko gospodarstvo* (Ethik und unternehmerische Wirtschaft), in: BS 1-2 (1992), S. 78-92: auch B. Häring, *Etika društveno-gospodarskog života* (Ethik des gesellschaftlich-wirtschaftlichen Lebens), in: Kristov zakon,Slobodni u Kristu III (Das Gesetz Christi, Frei in Christus III), KS, Zagreb, 1986, S. 365-457.

tutionalisierung finden inzwischen häufige praktische Anwendung in der Wirtschaftswelt. Dies sind zunächst die „Ethikkodizes". Sie enthalten jene Werte und wichtigsten moralischen Normen, welche ein Unternehmer einhalten soll. „Ethikausschüsse leitender Beschäftigter", wurden geschaffen, und es wurde die Stelle eines „Verantwortlichen für Firmenethik" eingerichtet, der die Beschlüsse des Ethikausschusses umsetzen soll. Hinzu kamen Programme zur „Einführung in die Ethik", die alle Mitarbeiter einer Firma kontrollieren und schließlich „Telefon-Hotlines" für einen ständigen Austausch von Fragen und Anregungen zu ethischen Belangen innerhalb einer Firma.

Philosophen und Wirtschaftswissenschaftler organisierten gemeinsam an Universitäten und Berufsakademien das Studium der Wirtschaftsethik, um das alles in der Praxis zu ermöglichen. Zahlreiche Handbücher wurden bereits entwickelt, ferner spezialisierte Institute und Forschungszentren, die Seminare über Wirtschaftsethik organisieren und Zeitschriften zu diesem Thema herausgeben.

Ohne Zweifel hat dieses Konzept der Wirtschaftsethik auch Schwierigkeiten. Ein übermäßiger Pluralismus der Meinungen und Standpunkte in Bezug auf Werte und den Glauben erschwert die Bildung fundamentaler Kriterien für moralische Bewertungen in der Wirtschaft. Dieses Problem äußert sich mehr in europäischen Wirtschaftsethiken als in amerikanischen, weshalb das europäische Unternehmertum weniger als das amerikanische mit Ethik durchtränkt ist.

Der institutionalisierte Ethikkodex in der Wirtschaft beginnt bei der „Mikroethik", das heißt bei den ethischen Problemen einzelner Personen. In der „Mesoethik" wird er auf strukturelle Bedingungen der Wirtschaft übertragen, zunächst auf die Organisation des Managements und die Einheitlichkeit des Produktionssystems. In der Dynamik der modernen Wirtschaft setzt es sich als „Makroethik" auf internationaler Ebene fort.[9] Der menschliche Wille hat sich als zu schwach erwiesen, um allen ethischen Anforderungen in der Wirtschaft gerecht zu werden. Es scheint erforderlich, bei der Verwirklichung der ethischen Maßstäbe in der Wirtschaft auf den Glauben an Gott zu setzen. Wirtschaftliche Fragen richten den Blick des Menschen in erster Linie auf den Schöpfer. Der Schöpfer hat die Erde allen Menschen anvertraut und alle haben Anspruch auf ihre Früchte. Die Erde gehört dem Schöpfer und sie darf nicht in verantwortungsloser Weise ausgenutzt werden. Der Mensch ist lediglich Verwalter und nicht Beherrscher der Erde. Er darf daher nicht über alles frei verfügen. Er vermag aber auch nicht alle Möglichkeiten der Natur und des freien Marktes zu kennen. Ohne Inspiration des Schöpfers bleibt der Mensch auch auf dem Gebiet der Wirtschaft im Zirkel seiner beschränkten Möglichkeiten und Sichtweisen eingeschlossen. Unternehmer sind

---

[9] Vgl. A.Lattuada, *Positive Bewertung des Marktes aus ethischer Sicht,* in: Concilium 2 (1997), S. 208-216.

daher über die Ausarbeitung von Ethik-Kodizes hinaus zu einem weiteren Schritt herausgefordert, nämlich zum Glauben und zum Gebet. Auf dieser Ebene machen verschiedene religiöse Wirtschaftsmodelle auf sich aufmerksam, die sich aus der Bibel und christlicher Tradition herleiten.[10]

Die geistige Struktur des Menschen

Um die Entfaltung des wirtschaftlichen und gesellschaftlichen Denkens von einer mechanistischen zu jener geistigen, ethischen und gläubigen Sicht zu begreifen, muss man wissen, wie die Struktur des Menschen beschaffen ist.

Jede Tätigkeit des Menschen betrifft ihn als Ganzes, weil er Person ist. Er kann nicht ausschließlich physisch wirken, ohne Beteiligung seiner psychischen und geistigen Dimension. Wirkt er geistig, so hat das Folgen im somatischen und psychischen Bereich. Vernachlässigt er dagegen seine geistige Dimension, dann wirkt er nicht mehr als Person und sein psychisches und physisches Wirken erleidet Mängel. Der Mensch ist eine geistig-seelisch-physische Person. Die Geistigkeit sei kein Gegensatz zum Leib und zum Materiellen, sondern deren Transformation, In ihr gelange der ganze Mensch zu höchster Qualität, zum Sieg über die chaotischen seelischen und leiblichen Elemente, meint Berdjajev.[11] Der Geist bringe die Einheit, eine sinnvolle Verbindung in das seelisch-leibliche Leben des Menschen. Die Seele sei fragmentär, der Geist vollständig. Es sei gefährlich, das Geistige und Seelische zu vermischen. „Der Geist ist die höchste Eigenschaft der Seele, ihre Befreiung aus der Macht der Welt", betont Berdjajev. Aus diesem Grund könne der Geist vollbringen, was die Ratio allein nicht fertigbringt: Er vermöge das hoffnungslose Kreisen im wirtschaftlichen und gesellschaftlichen Leben zu durchbrechen und Einsicht in die Gesetzmäßigkeiten des Marktes, der Wirtschaft und der Sozialordnung zu gewähren.

Durch seinen Geist hat der Mensch die Möglichkeit der Entscheidung. Geist ist Wahrheit, Schönheit, Güte, Sinn und Freiheit. Deswegen ist eine wirtschaftliche und soziale Tätigkeit des Menschen ohne Mitwirken des geistigen Organismus sinnlos und frustrierend, führt zur Resignation und raubt dem Menschen die Motivation. Ohne Geist ist es nicht möglich, Geschäftsprozesse zu durchschauen und eine Attraktivität auf dem Markt zu erzielen.

Im Unterschied zur Psyche und zum Leib ist der Geist unabhängig von Raum und Zeit. Er ist transzendent und immanent, in ihm wird das Transzendente zum Immanenten, während das Immanente transzendiert und die Einschränkungen

---

[10] Vgl. L. B. Jones, *Jesus Christus Manager. Biblische Weisheiten für visionäres Management,* Wien 1997; J. Knoblauch, *Biti poduzetnik života, 33 provjerene strategije uspjeha u radu* (Lebensunternehmer zu sein, 33 geprüfte Erfolgsstrategien in der Arbeit), STEPress, Zagreb 1997; L. A. Nefiodow, *Der sechste Kondrateieff,* Sankt Augustin, 1966, S. 168-183.

[11] Vgl. N. Berdjajev, *Duh i realnost* (Geist und Realität), KS, Zagreb, 1985, S. 42.

überwindet. Mit dem Geist werden die Bewusstseinsgrenzen überwunden, in ihm ist die Rebellion gegen „die Götter der Natur und der Gesellschaft“, gegen die Bestimmung des menschlichen Schicksals enthalten. Der Geist wirkt als Kraft, die aufklärt, verwandelt und befreit von der Macht des Bodens und des Blutes, indem er sie überwindet, ohne sie jedoch zu vernichten.[12] Der Geist ist die menschliche Fähigkeit, mit der er zum Herrn und nicht zum Sklaven von kosmischen Kräften wird, sondern zum Herrn, zum Freund und Befreier der Natur. Nach dem biblischem Bericht ist der Mensch der Verwalter der Natur und für sie verantwortlich, da sie die Voraussetzung seines leiblich-seelischen Lebens ist.

Der Geist ist nicht vom Leib und von der Seele getrennt, da der Mensch eine unteilbare leiblich-seelisch-geistige Einheit ist. Ohne den Leib gäbe es keinen Menschen und genauso gäbe es ihn ohne Geist und Seele nicht. Der Geist ist eine Eigenschaft des gesamten Menschen, so wie der Leib Eigenschaft des gesamten Menschen ist. Der Geist verleiht dem seelischen und leiblichen Wesen des Menschen die innere Form. Er ist auf Unendlichkeit ausgerichtet, ist aber in sich begrenzt, da nur Gottes Geist absolut ist. Da er auf die Unendlichkeit ausgerichtet ist, muss er mit dem absoluten Geist zusammenarbeiten. Deshalb ist die religiöse Dimension des Menschen unabdingbar für seine Leben, seine Gesundheit und seinen Erfolg. Aufgrund der unbegrenzten Entfaltungsmöglichkeiten seines Geistes findet der Mensch zu immer neuer Tiefe, Vielseitigkeit und Formung. Mit seinem Geist kann sich der Mensch grenzenlos in neue Erkundungen und Hoffnungen begeben.[13]

Als geistiges Wesen hat der Mensch gleichzeitig die Mitte und die Ganzheitlichkeit in sich, er kann denken und verfügt über einen freien Willen. Er handelt ethisch weil er durch seine Freiheit auch verantwortlich ist. Seine Freiheit besteht in der axiologischen Ausrichtung seines Geistes, auf die Kraft der Werte. Aus dem Geist schöpft der Mensch die Kraft, sich aus seinen Lastern, seiner Gebundenheit an die Triebe, aus seinem Versagen, seiner Versklavung und Hoffnungslosigkeit zu befreien, und so den Weg aus Misserfolgen zum Erfolg, zur Menschenliebe und zur Einrichtung gerechter sozialer Verhältnisse zu finden.

Der Geist ist gewissermaßen die Seele des Leibes und der Leib das Medium des Geistes. Der Geist durchdringt jede menschliche Erkenntnis, jedes Streben und Wirken. Er ist die menschliche Aufklärung in der Erkenntnis, seine Kraft, sich für Werte zu entscheiden, seine Freude am kreativen Tun. Deshalb ist jedes Wirken des Menschen zutiefst menschlich, persönlich, frei und ganzheitlich. Es ist nicht möglich, sein kulturelles, wissenschaftliches und religiöses Wirken oder sein Wirken aufgrund des Glaubens von dieser Ganzheitlichkeit auszuschließen.

---

12 Vgl. ebd, S. 38.

13 Vgl. E. Coreth, *Was ist der Mensch?,* Innsbruck, 1973, S. 121-127.

Damit wäre der Mensch nur ein Fragment und würde sich in einen verletzten und kranken Torso verwandeln.[14]

Daraus schließen wir, dass auch die niedrigste physische Arbeit eine geistige Anstrengung vom Menschen fordert. Ein ganzheitliches Menschsein bezieht seine geistige Dimension mit ein. Es hebt den Dualismus Geist-Leib, Wirtschaft-Politik, Religion-Wissenschaft, Kultur-Technik auf und trägt in alle diese Bereiche die Persönlichkeit, die Freiheit und die Werte wahrer Menschlichkeit hinein – und mit ihnen einen umfassenden Fortschritt und Erfolg.

Der Geist ist Subjekt und nicht Objekt. Deshalb entscheidet der Geist, ohne dass über ihn entschieden werden kann. Der Mensch verfügt nicht über sich selbst. Er ist gebunden an seine Person und an sein Gewissen. Der Mensch ist ein Geschöpf. Es wäre sinnlos, ihn von seinem Schöpfer zu trennen. Das würde eine umfassende Entwicklung unmöglich machen und den Menschen einem Leben in Abstraktionen überlassen. Die Folgen wären fatal: eine Zerstörung der menschlichen Umwelt, der Voraussetzungen für seinen Arbeitsplatz und den Zugang zum Markt; Wäre der Mensch nicht mehr mit seiner ursprüngliche Quelle verbunden, bedeutete dies den Verlust seiner Lebensmitte. Von nicht wenigen modernen Wissenschaftlern, Politikern, Wirtschaftlern und Künstlern wird Gott als Tabu und Phobie verstanden. Das führt in die Isolation. Es macht den Menschen und sein Leben zu einem Torso und macht die menschlichen Bestrebungen erfolglos und falsch. Dem modernen Menschen fehlt einerseits der Blick auf die Ganzheitlichkeit seines Wesens und andererseits die Fähigkeit, Gott als Quelle des menschlichen Lebens zu erkennen. Dadurch hat er nicht die Kraft, vom Begrenzten zum Grenzenlosen vorzudringen und von den relativen Wahrheiten zur Freiheit und zur grenzenlosen Wahrheit durchzubrechen.

Die Werteordnung ist entscheidend

Die Notwendigkeit der Einbeziehung von Werten in die Entwicklung der Wirtschaft und der Gesellschaft wird auch von anderen Positionen bekräftigt.

Der Geist des Menschen ist ein Organismus, der nach spezifischen Gesetzmäßigkeiten funktioniert. Er ist gleichsam das Gewebe der menschlichen Persönlichkeit. Er ermöglicht es, als Mensch zu leben. Durch das Gewissen verbindet er den Menschen mit dem Sinn, durch den Intellekt eröffnet er dem Menschen die Wahrheit, durch den Charakter den Anstand, durch die Religiosität ermöglicht er die Kommunikation mit Gott, durch die Fähigkeit zur Schönheit entwickelt er Kultur, durch die Freiheit macht er den Menschen verantwortlich, durch das Vertrauen macht er ihn umfassend beziehungsfähig zu vernünftigen Wesen, durch die Liebe

[14] Vgl. ebd, S. 110-136.

ermöglicht er dem Menschen, sich im Anderen zu finden, durch die Kreativität und den Einfallsreichtum ist er fähig, die Welt zu gestalten und seine Geschichte zu formen.

Jede dieser Funktionen formt den ganzen Menschen und sein gesamtes Wirken. Alles was den Menschen ausmacht, ist von geistigen Qualitäten durchdrungen, und so sind die leiblichen und psychischen Vollzüge immer eine menschliche Tat, ein *actus hominis*. Wenn der Geist des Menschen nicht mehr funktioniert, ist der ganze Mensch verletzt, krank oder zerstört. Ist eines der „Organe" der menschlichen Geistseele erkrankt, leidet der gesamte Mensch. Weil der Geist die Lebensquelle des Menschen ist und weil er dem Menschen ermöglicht, zur Wahrheit zu finden, bedeutet die Erkrankung seiner geistigen Dimension für den Menschen Lebensunfähigkeit, Resignation bei der Wahrheitssuche und letztlich den Tod, das Ende seiner Menschlichkeit.

Wenn der Mensch böse ist, versteckt er sich vor seinen Mitmenschen, und auch sie meiden ihn. Wenn er lügt, glaubt ihm keiner. Ist er nicht gerecht, weise und aufrichtig, dann will keiner mit ihm zusammenarbeiten. Das Fehlen geistiger Werte zerstört die zwischenmenschlichen Beziehungen und damit auch das Unternehmertum und den Markt. Ein Mensch, der dem Schöpfer der Welt nicht glaubt, wird auch von den Menschen als unglaubwürdig betrachtet.

Die Vernachlässigung der Werteordnung macht den Menschen verletzlich und unfähig zum guten Tun. Handelt er gegen sein Gewissen, sieht er den Sinn nicht mehr. Er erlebt innere Konflikte, Schuldgefühle und innere Unzufriedenheit sowie eine existenzielle Angst. Wenn er der Wahrheit nicht folgt, verletzt er seinen Verstand. Er gleitet in Konflikte und Ängste ab, die sich als Aggressivität und Phobien manifestieren können. Vernachlässigt er die Arbeit an seinen Kompetenzen und Tugenden, wird er innerlich schwach, naiv, heuchlerisch und vom Erfolg und Gewinn abhängig. Ohne Glauben an den Schöpfer wird der Mensch ängstlich und unfähig, seine geistige Konstitution zu heilen.

Der Mensch hält sein Schicksal nicht in den eigenen Händen. Vieles kann ihn verletzen oder sogar vernichten. Er braucht einen allmächtigen Verbündeten. Im Geflecht seiner zwischenmenschlichen Beziehungen ist der Mensch gefährdet. Er braucht den Schöpfer als festen Mittelpunkt, als Sinn von allem und als Ziel seiner Reisen. Er braucht Gott aber auch, damit dieser ihm seine geistige Struktur heilt, denn auf sie ist er in all seinen Vollzügen angewiesen.

Wissenschaftliche Ergebnisse der letzten dreißig Jahre zeigen, dass die pränatale Phase des Menschen und die Zeit bis zu seinem dritten Lebensjahr für die Entwicklung von Vertrauen oder Misstrauen entscheidend sind. Wenn einem Menschen Liebe vorenthalten wird, entwickelt sich in ihm Aggression gegen sich selbst, Mut- und Lustlosigkeit. Solche Kinder werden „hasserfüllte, verwahrloste

Jugendliche – am Ende dieses Weges steht das Verbrechen.", sagt R. A. Spitz.[15] Den geistigen Organismus des Menschen vermag nur der absolute Geist, der Schöpfer zu heilen. Deswegen sind Gebet und Gottvertrauen der Weg zur geistigen Gesundheit. Der gesunde menschliche Geist, gestützt auf die Werteordnung, bringt Spitzenergebnisse.

Schlussfolgerung

„Mit allem ist er fertig geworden, nur mit sich selbst nicht", sagt D. Bonhoeffer über den Menschen. „Gegen alles kann er sich versichern, nur nicht gegen den Menschen."[16] Die vorgelegten Untersuchungen machen deutlich, dass der Mensch in Wirtschaft und Gesellschaft nur erfolgreich sein kann, wenn er sich in seiner Ganzheit einbringt. Früher hat der Mensch alle Widrigkeiten in der Natur und im Zusammenleben mithilfe der Seele und des Glauben überwunden. Heute versucht er, sich auf von Menschen gemachte Organisationen zu stützen. Doch diese Organisationen bedrohen den Menschen und sein Lebensambiente. Bisher kämpfte der Mensch gegen Naturereignisse und andere Übel, jetzt kämpft er gegen sich selbst. Er musste erkennen, dass er ohne Glauben, ohne die Kraft des Geistes, ohne Vertrauen auf den Schöpfer, ohne Werteordnung die Wirtschaft nicht entwickeln kann. Äußere Umstände haben den Menschen empirisch überzeugt, dass eine Umkehr zu geistigen Kräften notwendig ist.

Die Strukturanalyse der menschlichen Seele kommt zu dem Ergebnis, dass eine Entwicklung nur mit Hilfe des Geistes möglich ist. Ohne Aktivierung seiner geistigen Dimension bleibt der Mensch dagegen ein Torso, krank, machtlos und frustriert. Die Einbeziehung der Werteordnung in die gesellschaftliche und wirtschaftliche Entwicklung ist nicht nur wünschenswert, sondern von wesentlicher Bedeutung und unaufschiebbar.

---

15 R. A. Spitz, *Die Entstehung der ersten Objektbeziehungen,* Stuttgart, 1960, S. 128.

16 D. Bonhoeffer, *Widerstand und Ergebung*, München 1998, in DBW, Bd. 8, S. 557 kroatische Ausgabe KS, Zagreb, 1974, S. 176.

VI Jesus Christus und die Welt

Einige Aspekte der Christologie Dietrich Bonhoeffers

Einleitung

Wir leben in einer Zeit unglaublicher Umstürze. Einst mächtige Systeme kommunistischer Provenienz sind wie Kartenhäuser zusammengestürzt. In unserer Gegend wüteten unvorstellbare Kriege. Europa, in das wir zurückkehren möchten wie verlorene Kinder in ihr Zuhause, konnte sich nicht zurechtfinden und die Kriege nicht aufhalten, die seiner und der ganzen zivilisierten Welt unwürdig waren. Europa möchte eine Gemeinschaft werden, aber es ist nicht fähig, heuchlerische Bündnisse abzulehnen, egoistische Interessen von Völkern und Lügen diplomatischer Vereinbarungen zu entlarven.

In der Welt, die gleichzeitig ihre Reife und Unreife offenbart, ruft Bonhoeffers Rede über die „mündige Welt" auf zu neuen visionären Entdeckungen und zukunftsweisenden Taten. Auf den Trümmern der kommunistischen Systeme und der auf wackeligen Beinen stehenden westlichen Demokratie sollte eine neue Welt erbaut und Wege der Verständigung und des Friedens geebnet werden. Bonhoeffers Diagnose der Welt als „mündig" und der Christen als „Menschen für andere" geben Hoffnung, dass wir bessere Zeiten erwarten dürfen. „Es ist nicht unsere Sache, den Tag vorauszusagen", sagt Bonhoeffer, „aber der Tag wird kommen – an dem wieder Menschen berufen werden, das Wort Gottes so auszusprechen, dass sich die Welt darunter verändert und erneuert. Es wird eine neue Sprache sein, ... die Sprache einer neuen Gerechtigkeit und Wahrheit, die den Frieden Gottes mit den Menschen und das Nahen seines Reiches verkündigt."[1] Die Überzeugung, mit der Bonhoeffer diese Worte aussprechen konnte, gründet in seinem Verständnis der Christologie. Es scheint bereits in den Briefen aus dem Gefängnis auf, die im Buch „Widerstand und Ergebung" veröffentlich wurden.

---

1 D. Bonhoeffer, *Widerstand und Ergebung*, DBW Bd. 8 S. 436.

Wer ist Christus für uns?

Bonhoeffers Überlegungen in der Gefangenschaft drehen sich immer wieder um das christologische Problem: „Was mich unablässig bewegt ist die Frage, was das Christentum oder auch wer Christus heute für uns eigentlich ist?“[2] Dieses Thema, das Bonhoeffer schon immer beschäftigte, erhält hier ganz neue Elemente. Bonhoeffer stellt seine Christologie in der Frageform dar. Die Hauptfrage dabei ist „wer“ Christus heute eigentlich ist. Das tat er bereits in seinem kurzen Werk „Vorlesung über Christologie“. Das Neue, das er jetzt zum Ausdruck bringt, findet sich in den Worten „heute“ und „eigentlich“.

Dieses Neue, das visionär in seinem posthum veröffentlichten Werk „Widerstand und Ergebung“ aufgezeichnet wurde, stellt Bonhoeffer mit geradezu aristokratischem Stolz dar. Er schreibt über die Apologeten des Christentums: „Dem Wort Gottes ist die Zudringlichkeit aller dieser Menschen viel zu unaristokratisch, um sich mit ihnen zu verbünden. Es verbündet sich nicht mit dem Aufruhr des Misstrauens, dem Aufruhr von unten. Sondern es regiert.“[3] Wir seien das Problem, und nicht etwa Christus, sagt Bonhoeffer. Mit dieser ganz auf die Person bezogenen Art der Fragestellung setzt sich Bonhoeffers Theologie klar von unverbindlichen Erforschungen eines Stellenwerts der Religion im Leben ab, ebenso von einer apologetischen Verteidigung letzter Werte im Leben oder von einer Suche nach religiösen Provenienzen, in denen die Sprache über Gott noch möglich wäre.[4] Bonhoeffers „Wer“- Frage führt in eine Begegnung mit Jesus, durch die der Mensch in dessen Sein hineingezogen wird. In seiner „Ethik“ erklärt Bonhoeffer, es sei notwendig, dass wir uns dem Leben Jesu angleichen und zulassen, dass er uns verwandelt. Im Werk „Widerstand und Ergebung“ schreibt er von der Herausforderung, in Jesu messianisches Leiden hineingezogen zu werden. Genau hier ist die Kontinuität in Bonhoeffers Frage „Wer ist Jesus Christus?“ zu finden. Was Bonhoeffer auf neue Weise in Bezug auf Jesus mit dem Wort „heute“ ausdrücken möchte, ist die Frage, welche Position wir gegenüber der Wirklichkeit einnehmen möchten. Die christologische Frage nach dem „wer“ stellt sich ihm und jedem Menschen in einer je neuen geschichtlichen Situation. Die Frage „für uns heute“ richtet Bonhoeffer an sich selbst, aber auch an seine Freunde, an „mündige“ Männer und Frauen innerhalb und außerhalb der Kirche, mit denen er sich beim Attentat auf Hitler zusammengetan hat. Gemeinsam hatten sie sich der Schuld für das Vergangene und der Verantwortung für das Kommende gestellt. Bonhoeffer war inhaftiert worden aufgrund des Verdachts, er sei ein Glied in der Kette derer, die am Widerstand gegen Hitler beteiligt waren. Eine solche Verantwortung

2 Ebd, S. 402
3 Ebd, S. 511f.
4 Vgl. E. Bethge, *Glaube und Weltlichkeit bei Dietrich Bonhoeffer*,S. 80.

auf sich zu nehmen, um dem Krieg und der Zerstörung Europas Einhalt zu gebieten, forderte von Bonhoeffer und seinen Freunden außerhalb der Kirche, dass sie mündig werden. Auf diese Weise – und das meint Bonhoeffers Ausdruck „eigentlich" – ließen sie sich in das messianische Leiden Christi hineinreißen. Wer ist Christus heute *eigentlich* für uns, fragt Bonhoeffer.[5] Hinter diesem „eigentlich" verbirgt sich Bonhoeffers Unzufriedenheit mit den bis dahin üblichen christologischen Antworten. Er stellt fest, dass sie die Aussagekraft des Anfangs verloren haben. Statt in der Begegnung mit Christus die ursprüngliche Befreiung zu vermitteln, seien sie zum Hindernis seiner Offenbarung geworden. Dieses „eigentlich" erfordere Mut und eine neue christologische Sprache. Bonhoeffer spürt: „Aber auch wir selbst sind wieder ganz auf die Anfänge des Verstehens zurückgeworfen. Was Versöhnung und Erlösung, Wiedergeburt und Heiliger Geist, was Feindesliebe, Kreuz und Auferstehung, was Leben in Christus und Nachfolge Christi heißt, das alles ist so schwer und so fern, dass wir es kaum mehr wagen, davon zu sprechen. In den überlieferten Worten und Handlungen ahnen wir etwas ganz Neues und Umwälzendes, ohne es noch fassen und aussprechen zu können. Das ist unsere eigene Schuld."[6] Es wäre falsch, Bonhoeffer so zu verstehen, als wolle er damit die traditionelle altchristliche Lehre aufheben. Diese Worte, für sich allein genommen, klingen in der Tat neu und herausfordernd. Im Kontext erweist sich, dass Bonhoeffer den Worten und Riten jene ursprüngliche Kraft zurückgeben möchte, die sie am Anfang hatten. Er schreibt wörtlich an sein Patenkind: „Du wirst heute zum Christen getauft. Alle die alten, großen Worte der christlichen Verkündigung werden über dir ausgesprochen und der Taufbefehl Jesu wird an dir vollzogen, ohne dass du etwas davon begreifst."[7] Ihm ist also am ursprünglichen Verständnis der Worte und Riten gelegen. Das bestätigt auch E. Bethge, der Herausgeber seiner Werke: „Während Bonhoeffer seine Gedanken zur nichtreligiösen Interpretation in der mündig gewordenen Welt entwickelte, dachte er für seine Person nicht daran, dem Umgang mit den überlieferten Worten und Bräuchen der Kirche ein Ende zu bereiten."[8]

Bonhoeffer war wichtig, dass die Kirche ihrer ursprünglichen Bestimmung folgt. So schreibt er wörtlich: „Die Kirche muss aus ihrer Stagnation heraus. Wir müssen wieder in die freie Luft der geistigen Auseinandersetzung mit der Welt. Wir müssen es auch riskieren, anfechtbare Dinge zu sagen, wenn dadurch nur lebenswichtige Fragen aufgerührt werden"[9] In seinen Briefen aus dem Gefängnis schreibt Bonhoeffer, Christus habe sein Leben ohne religiöse Tat zum Gebet ge-

---

5 D. Bonhoeffer,*Widerstand und Ergebung*, DBW Bd. 8, S. 402.

6 Ebd, S. 435.

7 Ebd.

8 E. Bethge, *Dietrich Bonhoeffer. Eine Biographie,* München1970,S. 989.

9 D. Bonhoeffer, *Widerstand und Ergebung* DBW Bd. 8, S. 555.

macht. Christus sei nicht aus der Welt in eine Religion geflüchtet, in der Gott so etwas wie ein *„deus ex machina“* wäre. Christus habe sich von den Privilegierten getrennt und die Gesellschaft jener gesucht, die von der Gesellschaft verstoßen wurden. Er ist der Christus, der selbst auf seine Verteidigung vor den Menschen verzichtet habe. Auf diese Weise habe er den Menschen von allen Mächten, die ihn bevormunden wollen, zur Eigenverantwortlichkeit befreit.[10] Um das zu verstehen, schauen wir uns die Hauptpunkte von Bonhoeffers Verständnis der Christologie und ihrer Wirklichkeit an.

Der Begriff der „Mitte“

In seiner „Ethik“ hat Bonhoeffer die gesamte Wirklichkeit christologisch verstanden. Das zeigt sich auch in „Widerstand und Ergebung“. Aus diesem Wirklichkeitsverständnis versucht er Schlüsse „für uns heute“ zu ziehen. Er fragt sich nämlich: Wenn die gesamte Wirklichkeit christologisch strukturiert ist, wer ist dann Christus für uns Gläubige? Oder: Wenn es mit der Wirklichkeit so aussieht, wie steht es dann mit Nichtreligiösen und Atheisten in der Welt? Jegliches Wirklichkeitsverständnis ohne Christus, sagt Bonhoeffer, sei eine Abstraktion. Er fragt sich: Leben die Nichtreligiösen dann außerhalb der Wirklichkeit? Er findet bei ihnen Mündigkeit und Verantwortung. Wie komme es aber, dass sie verantwortlich leben konnten ohne religiös zu sein? Daraus ergibt sich für ihn die nächste Frage: Existiert neben der Wirklichkeit Christi noch eine andere Wirklichkeit? Möglicherweise ist unsere bisherige Theologie nur unfähig gewesen, die mündige Welt für Christus zu erschließen? Bonhoeffer sucht neue Antworten auf diese Frage. Ohne von seinem Wirklichkeitsbegriff abzurücken, setzt er sich mit der Welt auseinander, um darin Christus zu finden.

Während Bonhoeffers „weltliche“ Gedanken aus dem Studium des Alten Testaments hervorgegangen sind, kamen seine Gedanken über die Religiosität aus der Erfahrung. Im Alten Testament, sagt Bonhoeffer, handle es sich im Unterschied zu Erlösungsmythen um die geschichtliche Erlösung diesseits der Todesgrenze. Im Alten Testament sei die Erlösung demnach weltlich.[11] Seine Erfahrung zeigt ihm jedoch, dass wir einer nichtreligiösen Zeit entgegengehen. Er schreibt wörtlich: „Wir gehen einer völlig religionslosen Zeit entgegen, die Menschen können einfach, so wie sie nun einmal sind, nicht mehr religiös sein... Was bedeutet das dann für das ‚Christentum‘?“[12] Es ist interessant, dass Bonhoeffer das Wort Christentum in Anführungszeichen setzt. Das ist das Zeichen, dass er dabei an etwas

---

[10] Vgl. E. Bethge, *Glaube und Weltlichkeit bei Dietrich Bonhoeffer,* S. 87.

[11] Vgl. D. Bonhoeffer, *Widerstand und Ergebung*, DBW Bd. 8, S. 500.

[12] Ebd., S. 403.

ganz bestimmtes denkt, nämlich an das Christentum, das bisher im Westen gelebt hat.

Seine „weltlichen“ Gedanken und seine Gedanken über die Nichtreligiosität fügt er zusammen und konfrontiert sie mit Christus. „Wie kann Christus der Herr auch der Religionslosen werden? Gibt es religionslose Christen? ... Wie sprechen wir von Gott – ohne Religion, d. h. eben ohne die zeitbedingten Voraussetzungen der Metaphysik, der Innerlichkeit usw. Wie sprechen (...) wir ‚weltlich‘ von Gott?“[13] Bonhoeffer ist dabei aber nicht pessimistisch um Christus besorgt. Er betont, dass es sich hier um uns und nicht um Christus handeln würde. Wir seien das Problem. Er stellt die Frage: „Wer ist eigentlich Christus *für uns*? Gibt es ein religionsloses Christentum? ... Wie sind wir ‚religionslos-weltliche‘ Christen, wie sind wir *ecclesia*, Herausgerufene, ohne uns religiös als Bevorzugte zu verstehen, sondern vielmehr als ganz zur Welt Gehörige? Christus ist dann nicht mehr Gegenstand der Religion, sondern etwas ganz anderes, wirklich der Herr der Welt. Aber, was heißt das?“[14]

Man muss gleich betonen, dass Bonhoeffer immer von Gott ausgeht. Er und Christus sind immer sein Ausgangspunkt. Darin unterscheidet er sich von den liberalen Theologen. Die Liberalen Theologen fragen nämlich von der Welt aus auf Christus hin. Bonhoeffer geht dagegen nicht von menschlichen Voraussetzungen aus, nicht von Philosophien und Ideologien zum Wort Gottes, er bewegt sich also nicht von der Anthropologie zur Christologie, sondern geht den umgekehrten Weg, von der Wirklichkeit der Offenbarung Gottes in Jesus Christus.[15] Bonhoeffer geht es um die Herrschaft Christi in der Welt. Christus nimmt nämlich das gesamte menschliche Leben mit allen seinen Eigenschaften auf sich, damit all das ins Reich Gottes übergeht. Nichts davon soll ausgenommen sein. Wenn nämlich die Gerechtigkeit und das Reich Gottes siegen, wird es auf Erden Leben in Fülle geben. Christus wird zum Herrscher der Erde. Ein Hindernis für Christi Herrschaft über die Welt sieht Bonhoeffer darin, dass wir vor der Welt fliehen. Diese Flucht werde von der Religion verursacht. Die Wirklichkeit, in der die „Nichtreligiösen“ lebten, werde nämlich ohne Christus zur Abstraktion. Christus müsse auch deren Wirklichkeit durchdringen. Atheisten müsse der Weg zu Christus freigemacht werden. Wenn sie einfach nicht mehr religiös werden könnten, müssten wir auf eine andere Weise, auf die das Christentum bisher nicht gebaut hat, auf sie zugehen. Bonhoeffer fügt hier die Notwendigkeit der „weltlichen“ oder „nichtreligiösen Interpretation“ hinzu.

Aber kann das Christentum ohne Religion existieren? „Unsere gesamte 1900-jährige christliche Verkündigung und Theologie baut auf dem ‚religiösen Apriori‘

---

[13] Ebd, S. 405.

[14] Ebd.

[15] Vgl. Ristow H., *Evangelium und mündige Welt,* S. 23.

der Menschen auf."[16] Bonhoeffer fragt sich, ob Religion und die mit ihr verbundene Flucht in die Jenseitigkeit erforderliche Voraussetzungen für das Christentum seien. Genau das verneint er. Stattdessen findet er in seiner Argumentation den Begriff der „Mitte", des Mittelpunkts. Christus sei in der Mitte menschlicher Existenz. „Die Religiösen sprechen von Gott ... immer ... an den menschlichen Grenzen; ... Ich möchte von Gott nicht an den Grenzen, sondern in der Mitte, nicht in den Schwächen, sondern in der Kraft, nicht also bei Tod und Schuld, sondern im Leben und im Guten des Menschen sprechen. ... Gott ist mitten in unserem Leben jenseitig. Die Kirche steht nicht dort, wo das menschliche Vermögen versagt, an den Grenzen, sondern mitten im Dorf. So ist es alttestamentlich und in diesem Sinne lesen wir das Neue Testament noch viel zu wenig vom Alten her."[17] Bonhoeffer ist also der Auffassung, dass Jesus Christus der Mittelpunkt unseres Lebens und unserer Wirklichkeit sei, und wenn die Wirklichkeit und die Welt um uns herum von diesem Mittelpunkt aus betrachtet würden, dann würden sich gewisse Fragen von selbst erübrigen. Nicht nur seine persönliche Erfahrung und das Alte Testament, auch das Evangelium selbst führe den Beweis, dass man weltlich denken müsse. Im Mittelpunkt des Evangeliums steht die Erlösung. Bonhoeffer sieht dies als Schlüsselwort. Er unterscheidet religiöse Erlösungsmythen von den christlichen und zeigt auf, wie Religionen die Erlösung aus Leiden und Sorgen in einer nichtgeschichtlichen, jenseitigen Wirklichkeit suchten. Er meint, dass der Glaube des Alten und Neuen Testaments keine Erlösungsreligion in diesem Sinne sei. Er sagt dazu wörtlich: „Nun sagt man, das Entscheidende sei, dass im Christentum die Auferstehungshoffnung verkündigt würde, und dass also damit eine echte Erlösungsreligion entstanden sei. Das Schwergewicht fällt nun auf das Jenseits der Todesgrenze. Und eben hierin sehe ich den Fehler und die Gefahr. Erlösung heißt nun Erlösung aus Sorgen, Nöten, Ängsten und Sehnsüchten, aus Sünde und Tod in einem besseren Jenseits. Sollte dieses aber wirklich das Wesentliche der Christusverkündigung der Evangelien und des Paulus sein? Ich bestreite das. Die christliche Auferstehungshoffnung unterscheidet sich von der mythologischen darin, dass sie den Menschen in ganz neuer und gegenüber dem Alten Testament noch verschärfter Weise an sein Leben auf der Erde verweist"[18] Bonhoeffer stellt klar, dass Mythen aus der Erfahrung von Grenzen entstehen, während Christus den Menschen im Mittelpunkt seines Lebens erfasse. Ein Christ muss „das irdische Leben wie Christus ganz auskosten und nur indem er das tut, ist der Gekreuzigte und Auferstandene bei ihm, und er ist mit Christus gekreuzigt und auferstanden. Das Diesseits darf nicht vorzeitig aufgehoben werden. Darin bleiben Neues und Altes Testament verbunden. Erlösungsmythen entstehen aus den

[16] D. Bonhoeffer, *Widerstand und Ergebung*, DBW Bd. 8, S. 403.
[17] Ebd, S. 408.
[18] Ebd, S. 500.

menschlichen Grenzerfahrungen. Christus aber fasst den Menschen in der Mitte seines Lebens.“[19] Bonhoeffer sagt, Christus habe uns durch seinen Tod und seine Auferstehung für das weltliche Leben befreit, er sei Mittler zwischen Gott und der Welt geworden. Und genau aus diesem Mittelpunkt, vom Evangelium aus, könne er auch die Mündigkeit der Welt verstehen.

Christus sei der Mittelpunkt menschlicher Existenz. Deswegen kann Bonhoeffer selbst griechische Götter in Betracht ziehen, wenn er über Christus redet. Sie seien nämlich aus dem Reichtum und der Tiefe des Seins und nicht aus Sorgen und Sehnsüchten entstanden.

Zu all dem, sagt Bonhoeffer, habe Gott durch Jesus Christus sein „ja“ und „Amen“ gesagt.[20] „Wenn die Erde gewürdigt wurde, den Menschen Jesus Christus zu tragen, wenn ein Mensch wie Jesus gelebt hat, dann und nur dann hat es für einen Menschen Sinn zu leben. Hätte Jesus nicht gelebt, dann wäre unser Leben, trotz allen anderen Menschen, die wir kennen, verehren und lieben, sinnlos.“[21]

Seine Gedanken über Christus als Mittelpunkt des gesamten Lebens illustrierte Bonhoeffer mit dem Bild der Polyphonie. Er schreibt: „Gott und seine Ewigkeit will von ganzem Herzen geliebt sein, nicht so, dass darunter irdische Liebe beeinträchtigt oder geschwächt würde, aber gewissermaßen als *cantus firmus*, zu dem die anderen Stimmen des Lebens als Kontrapunkte erklingen.“[22] Wenn der *cantus firmus* klar und kräftig sei, dann könne sich der Kontrapunkt in gewaltige Höhen entwickeln. „Beide sind ‚ungetrennt und doch geschieden‘, ... wie in Christus seine göttliche und seine menschliche Natur.“[23]

In diesem Sinne, meint Bonhoeffer, könne ein Christ die Welt voll und ganz lieben und auskosten. Daher sei es unchristlich, das typisch „Christliche in der Temperierung von Leidenschaften zu sehen.“[24] Als Beispiel führt er *Das Hohelied* an, von dem er schreibt „es ist wirklich keine heißere, sinnlichere, glühendere Liebe denkbar als die, von der dort gesprochen wird.“[25] Er sagt, dass er dieses Lied als irdisches Liebeslied lesen möchte. Er meint sogar, dass es wahrscheinlich eine der besten christologischen Exegesen sei.

Zu dieser Polyphonie des christlichen Lebens gehören gleichermaßen die Freude und das Leid. „Der Unterschied zwischen Altem und Neuem Testament liegt wohl in dieser Hinsicht nur darin, dass im Alten Testament der Segen auch

---

19 Ebd, S. 501.

20 Ebd, S. 573.

21 Ebd.; siehe auch A. Dumas, *D. Bonhoeffer,* S. 237, und Benktson, *Christus und die Religion,* S. 40.

22 D. Bonhoeffer, *Widerstand und Ergebung,* DBW Bd. 8, S. 440.

23 Ebd, S. 441.

24 Ebd.

25 Ebd, S. 441.

das Kreuz, im Neuen Testament das Kreuz auch den Segen in sich schließt."[26] Denn Jesus nimmt das menschliche Leben als Ganzes auf sich, mit allen seinen Eigenschaften, und das tut er für sich und für das Königreich Gottes. Christi Herrschaft sei die Regierung des gekreuzigten Herrn, der noch nicht gekommen sei. Das sei die verborgene Regierung, die sich aus empirischer Wirklichkeit nicht herleiten ließe, sagt Bonhoeffer. Sie sei aber nicht weniger real, wenn sie für uns hier und heute geglaubte und verkündete Wirklichkeit sei. Die Welt sei der Regierung Christi untergeordnet, ob sie es wüsste oder nicht. Diese Regierung sei sowohl in der Inkarnation als auch in der Erschaffung der Welt und in der Lehre des Epheserbriefes (1,10) begründet, wo von der Wiederherstellung aller Dinge durch Christus gesprochen wird.

Der christliche Glaube

Im „Entwurf für eine Arbeit", der in „Widerstand und Ergebung" veröffentlicht wurde, stellt Bonhoeffer die Frage nach dem Glauben in gleicher Weise, wie er sie über Jesus Christus gestellt hat: „Was ist eigentlich christlicher Glaube?"[27] Er sucht nämlich nach einem Glauben, der der Wahrheit entspricht.

Er schreibt dort zunächst, was der Glaube nicht sei. Kontroverse interkonfessionelle Fragen hält er für überholt. „Beweisen kann man nur, dass der christlich-biblische Glaube nicht von diesen Gegensätzen lebt und abhängt."[28] Die Bekennende Kirche und die dialektische Theologie hätten dazu geführt, dass sich die Menschen hinter dem Glauben der Kirche zu verschanzen suchten. Der dialektische Ansatz gebe zu bedenken, dass man über den Glauben nicht verfügen könne. Das sei aber lediglich „Pfaffengeschwätz", das uns nicht von der Pflicht entbinden könne, ehrlich zu uns selbst zu sein, sagt Bonhoeffer.

Also, was glauben wir wirklich? Bonhoeffer fragt und antwortet im gleichen Kapitel, in dem er über Gott spricht. Mit anderen Worten, eine Antwort auf diese Frage ist seiner Ansicht nach nur möglich, wenn die Frage nach Gott beantwortet ist.[29] Von Gott wissen wir – sagt er – nur durch Jesus Christus. Nur eine Begegnung mit Jesus Christus könne uns daher diese Frage beantworten, was der Glaube sei. In seiner „Christologischen Vorlesung" präzisiert Bonhoeffer, allein die Frage „Wer bist du, Christus?" sei die angemessene Glaubensfrage. Der Gläubige müsse ununterbrochen, lange und ruhig in Leben, Sprache und Handeln, sowie Leiden und Sterben Jesu Christi eintauchen, um zu begreifen, was Gott verheiße und erfülle. Jesus sei Gott, der Mensch geworden ist. In dieser Dimension des Mensch-

[26] Ebd, S. 549.
[27] Ebd, S. 556.
[28] Ebd, S. 559.
[29] Ebd, S. 559 f.

seins finde sich die Antwort des Glaubens. Bonhoeffer sagt, das Christsein stelle uns zu gleicher Zeit in viele verschiedene Dimensionen des Lebens. Wir würden Gott und die ganze Welt in uns beherbergen. Das Leben bleibe mehrdimensional-polyphon. Diese Mehrdimensionalität werde nur durch den Glauben ermöglicht.

Was motiviert Bonhoeffer zu seiner positiven Einschätzung der Mündigkeit der Welt? Er sieht darin eine notwendige Vorbereitung auf den Glauben. Seiner Meinung nach müssen die Menschen aus dem eindimensional religiösen Denken in eine Art „Vorbereitung", beziehungsweise „Ermöglichung des Glaubens in der Welt" hineingezogen werden. Das ganze Leben sei als eine Einheit zu betrachten, objektiv und subjektiv, fröhlich und traurig, negativ wie positiv. In seinem Werk „Nachfolge" beschrieb Bonhoeffer den ersten Glaubensschritt als einen Schritt des Gehorsams gegenüber dem Evangelium. Das Mündigwerden gegenüber der Welt könne als dieser erste Schritt betrachtet werden, denn die Annahme der Verantwortlichkeit für die Welt sei hier als ein Schritt des Gehorsams dargestellt. Als Schüler Barths betrachtet Bonhoeffer all dies dialektisch. Die Wahrung der mehrdimensionalen Haltung zum Leben sei „Vorbereitung" und „Ermöglichung" des Glaubens, und gleichzeitig sagt er, „Mehrdimensionalität bestehe nur durch Glauben." Im Werk „Nachfolge" sagte Bonhoeffer, der erste Glaubensschritt sei zwar weltlich, könne aber doch nicht ohne Gnade ausgeführt werden. „Wir bangen ... um unser Leben, aber wir müssen doch zugleich Gedanken denken, die uns viel wichtiger sind als unser Leben"[30] Bonhoeffers Mitverschwörer waren genau solche Menschen. Deshalb konnte er sagen, sie seien Gott näher als religiöse Menschen, weil sie dem biblischen Gott den Weg frei machen würden. Sie erweisen, dass Religion keine Voraussetzung für den Glauben sei.[31]

Der Glaube entspringe aus der Begegnung mit Jesus Christus. Diese Begegnung führe zu der Erfahrung, dass in Jesus eine Umwandlung des gesamten menschlichen Seins stattgefunden habe, und zwar dadurch, dass Jesus der „Mensch für andere" sei. Dieses „Menschsein für andere" sei Jesu Erfahrung der Transzendenz. Aus der Freiheit von sich selbst, bis in den Tod „Leben für andere zu sein", entspringe Allmacht, Allwissenheit, Allgegenwärtigkeit. Der Glaube sei gerade die Beteiligung an diesem Sein Jesu, das Menschwerdung, Kreuz und Auferstehung umfasse.[32]

Die Freiheit von sich selbst erlange man durch Handeln und Leiden. „Die Befreiung liegt im Leiden darin, dass man seine Sache ganz aus den eigenen Händen geben und in die Hände Gottes legen darf. In diesem Sinne ist der Tod die Krönung der menschlichen Freiheit. Ob die menschliche Tat eine Sache des Glaubens ist oder nicht, entscheidet sich darin, ob der Mensch sein Leiden als eine Fortset-

[30] Ebd, S. 453.
[31] Vgl. ebd, S. 535 ff.
[32] Vgl. ebd, S. 558.

zung seiner Tat, als eine Vollendung der Freiheit versteht oder nicht."[33] In seinem Gedicht zählt Bonhoeffer die „Stationen auf dem Weg zur Freiheit" auf: „Zucht, Tat, Leiden, Tod."[34]

Deswegen sei es nur in der Diesseitigkeit, in der Fülle der Aufgaben, Fragen, Erfolge und Misserfolge, Erfahrungen und Ratlosigkeiten möglich, glauben zu lernen. „... dann wirft man sich Gott ganz in die Arme, dann nimmt man nicht mehr die eigenen Leiden, sondern das Leiden Gottes in der Welt ernst, dann wacht man mit Christus in Getsemani, und ich denke, das ist Glaube, das ist ‚Metanoia'; und so wird man ein Mensch, ein Christ (vgl. Jer. 45)."[35] Bonhoeffer meint, dass ein Christ deshalb weltlich leben müsse, er müsse sich an Christi Leiden in der Welt beteiligen. „Metanoia" anzunehmen bedeute keinesfalls, ständig mit den eigenen Leiden, Probleme, Sünden und Ängste beschäftigt zu sein. Es bedeute vielmehr den Weg Jesu Christi zu gehen, sich dem messianischen Ereignis anzuschließen, um das Wort Jesaja 53 zu erfüllen. So sei auch der Aufruf zu verstehen: „Glaubt an das Evangelium" und der Hinweis des Täufers Johannes „Seht das Lamm Gottes, das die Sünden der Welt annimmt" (Joh. 1, 29).[36]

Dieses Hineingenommenwerden in das messianische Leiden Gottes in Jesus Christus erführen im Neuen Testament vielen Menschen auf unterschiedliche Art, aber allen gemeinsam sei, sagt Bonhoeffer, „das Teilhaben am Leiden Gottes in Christus." Das sei ihr Glaube. Glaube sei also etwas Ganzheitliches, ein Lebensakt. „Jesus ruft nicht zu einer neuen Religion auf, sondern zum Leben"[37]

Um diesen Glauben, von dem Bonhoeffer spricht, gut und richtig verstehen zu können, müssen sein Verständnis von Gottes Ohnmacht und Gottes Leiden und der Begriff „da-sein für andere „ erläutert werden.

Die neue „Theologia crucis"

Glauben bedeute, sagt Bonhoeffer, Jesus Christus zu begegnen. Bei dieser Begegnung bekomme alles Menschliche eine Wendung. Diese Wendung heiße eigentlich Nachfolge Jesu Christi. Für Bonhoeffer bedeutet diese Nachfolge Teilnahme an Gottes Leiden in der Welt im aktuellen geschichtlichen Moment. Was versteht er unter Gottes Leiden?

Das Leiden Gottes sei zunächst die Erfahrung, von allen verlassen zu sein, auch von Gott. Deshalb zitiert Bonhoeffer das Neue Testament: „Mein Gott, warum hast du mich verlassen?" und verweist auf Getsemani, wo selbst die Apo-

33 Ebd, S. 549.
34 Ebd, S. 570 f.
35 Ebd, S. 542.
36 Vgl. ebd, S. 536.
37 Ebd, S. 537.

stel Jesus verlassen haben.[38] Christus lasse zu, dass Menschen ihn hinausdrängen und ans Kreuz schlagen. Bonhoeffer sagt: „Vor und mit Gott leben wir ohne Gott. Gott lässt sich aus der Welt herausdrängen ans Kreuz, Gott ist ohnmächtig und schwach in der Welt und gerade und nur so ist er bei uns und hilft uns. (...) hier liegt der wesentliche Unterschied zu allen Religionen. Die Religiosität des Menschen weist ihn in seiner Not an die Macht Gottes in der Welt, Gott ist der *deus ex machina*. Die Bibel weist den Menschen an die Ohnmacht und das Leiden Gottes; nur der leidende Gott kann helfen".[39] Gott leide also in der Welt. Aber gerade in diesem Leiden, durch diese Ohnmacht, bekomme er Raum in der Welt, werde in ihr stark und könne helfen.[40] Früher hat Bonhoeffer für Gottes Machtlosigkeit in der Welt den Begriff „Verborgenheit" benutzt, jetzt benutzt er eine neue Bezeichnung, nämlich „Ohnmacht". Dieses Paradox, Gott sei stark erst indem er schwach ist, erklärt sich daraus, dass für Bonhoeffer Gottes Freiheit nicht formell ist, sondern in seiner Verbindung zum Menschen besteht. Gott habe sich dem Menschen gleichsam auf Gedeih und Verderb überlassen. Ein anderer Aspekt zum Verständnis dieses Paradoxons liegt in der Wahrheit, dass Jesus machtlos und verlassen sei, weil er unsere Sünden auf sich genommen habe. In beiden Fällen würde uns Gott gerade durch seine eigene Ohnmacht, sein Leiden und seine Verlassenheit helfen.

Glauben bedeute also für Christen, an diesen Leiden Gottes in der Welt beteiligt zu sein. Gott sei heute von gottlosen Menschen verworfen, er sei schwach, er schweige in der Welt, weil er aus dem Leben heraus gedrängt worden sei. Der mündige Mensch sei selbstständig geworden, meint Bonhoeffer. Er brauche keinen Gott. Ein Christ müsse unter diesen Gottlosen leben. Er müsse das Leben auf Erden voll erfahren und auskosten. Er müsse in der Welt leben *„etsi deus non daretur"*, als ob es Gott nicht gäbe. Er dürfe nicht versuchen, sich in eine bessere Jenseitigkeit zu flüchten, ebenso wenig dürfe er die Gottlosigkeit der mündig gewordenen Welt religiös verdecken. Er dürfe Gott auch nicht als Lückenbüßer für seine Beschränkungen suchen. Er müsse Gottes Verlassenheit in der Welt voll auskosten. Für Bonhoeffer bedeutet das, der Christ müsse und dürfe völlig weltlich leben, er dürfe sich in der Welt und für die Welt voll einsetzen, denn genau damit befreie er sich von allen religiösen Ängsten und genau so habe er Teil an den Leiden Gottes.

Durch das Kreuz Christi sei die Welt aber nicht zu einer absoluten, sondern lediglich zu einer relativen Autonomie befreit worden. Die Welt steht für Bonhoeffer unter einem doppelten Zeichen: dem der Gottlosigkeit und dem der Versöhnung. So werde die Welt in dem Moment zur Welt, in dem sie die Verurteilung, aber auch die Versöhnung erhalte, und zwar durch Christi Stellvertretung. Wür-

---

38 Ebd, S. 500 f.

39 Ebd, S. 534.

40 Vgl. ebd, S. 535.

de die Welt nicht beides annehmen, würde sie in ihre eigene Weltlichkeit fallen und die echte Weltlichkeit verpassen. Ein Christ zu sein bedeute ein Mensch im wahren Sinne des Wortes zu sein. Bonhoeffer denkt dabei nicht nur horizontal. „Christsein heißt ... Menschsein, nicht einen Menschentypus, sondern den Menschen schafft Christus in uns. Nicht der religiöse Akt macht den Christen, sondern das Teilnehmen am Leiden Gottes im weltlichen Leben."[41] „Gott gibt uns zu wissen, dass wir leben müssen als solche, die mit dem Leben ohne Gott fertig werden. Der Gott, der mit uns ist, ist der Gott, der uns verlässt (Mk. 15, 34)! Der Gott, der uns in der Welt leben lässt ohne die Arbeitshypothese Gott, ist der Gott, vor dem wir dauernd stehen."[42] Genau jenes *„etsi deus non daretur"* sei das Kreuz der Christen in der Welt. So hat Bonhoeffer durch seine Theologie des Kreuzes im Sinne eines neuen Wirklichkeitsbegriffs eine neue Art der Nachfolge Christi beschrieben. Das Kreuz der Wirklichkeit wird zum Kreuz der Nachfolge. Bonhoeffer hat also die Nachfolge Christi in die Wirklichkeit versetzt und so diese Nachfolge erweitert.[43]

Über die Theologie des Kreuzes fand er den Raum für die mündige Welt. Sie ist durch die Strukturen des Kreuzes Christi gekennzeichnet. Bonhoeffer sagt in seiner Ethik: „Ohne oder gegen die Verkündigung des Kreuzes Christi gibt es keine Erkenntnis der Gottlosigkeit und Gottverlassenheit der Welt, vielmehr wird das Weltliche immer sein unstillbares Verlangen nach eigener Vergöttlichung zu befriedigen suchen. Wo aber das Weltliche neben der Christusverkündigung sein eigenes Gesetz aufrichtet, dort verfällt es ganz sich selbst und muss sich schließlich selbst an Gottes Statt setzen. In beiden Fällen hört das Weltliche auf weltlich zu sein, auf sich selbst gestellt will und kann das Weltliche nicht nur weltlich sein, sondern es sucht verzweifelt und krampfhaft nach der Vergöttlichung des Weltlichen, und die Folge ist, dass gerade dieses betont und ausschließlich weltliche Leben einer unechten, halben Weltlichkeit verfällt; es fehlt die Freiheit und der Mut zur echten und ganzen Weltlichkeit, das heißt die Welt das sein zu lassen, was sie vor Gott in Wirklichkeit ist, nämlich eine in ihrer Gottlosigkeit mit Gott versöhnte Welt"[44]. Die Gottlosigkeit der Welt bedeutet für Bonhoeffer, dass durch die Verlassenheit des Sohnes Gottes der Weg für seine vollkommene aber verborgene Wirklichkeit in der Welt geöffnet wird.[45] Er betont, gerade die Gottlosigkeit der Welt weise auf den biblischen Gott hin und könne deshalb eine positive Rolle spielen.

41 Ebd, S. 535.
42 Ebd, S. 533.
43 Vgl. Mayer, *Christuswirklichkeit,* S. 160.
44 D. Bonhoeffer, *Ethik*, DBW Bd. 6, S. 405.
45 Vgl. Mayer, NF 136, S. 131; J. Moltmann, MW 3, S. 54.

Mensch für andere

Der Begriff „der Mensch für andere" als Titel Jesu machte Bonhoeffer in der Welt berühmt. Diesen Titel hat er jedoch nicht spontan gefunden. Er hat keinen prophetischen Charakter, sondern ist das Ergebnis einer Entwicklung seiner Theologie. Bereits in seinen früheren Schriften spielte bei ihm die Bezeichnung „*pro nobis*" und andererseits „*extra me*" in der Transzendenz der Persönlichkeit Christi eine wichtige Rolle. In „Akt und Sein" erblickt er die Freiheit Gottes darin, dass dieser sich an den geschichtlichen Menschen gebunden hat. Später entwickelte er den Begriff der Stellvertretung.

Die ursprüngliche Erfahrung von Transzendenz sei das Leben Jesu als „Sein für andere". Jesus sei „„der Mensch für andere'! Darum der Gekreuzigte. Der aus dem Transzendenten lebende Mensch."[46] Dieser Titel drückt „Freiheit für" aus. Die Tat und das Leiden befähigen uns zur „Freiheit von" uns selbst. Die Beteiligung an Jesu Sein für andere macht uns frei für den Einsatz für andere, für „Freiheit für" und orientiert uns positiv nach vorne, zum transzendenten Nächsten. „Unser Verhältnis zu Gott ist kein ‚religiöses' zu einem denkbar höchsten, mächtigsten, besten Wesen – dies ist keine echte Transzendenz –, sondern unser Verhältnis zu Gott ist ein neues Leben im ‚Dasein-für-andere', in der Teilnahme am Sein Jesu. Nicht die unendlichen, unerreichbaren Aufgaben, sondern der jeweils gegebene erreichbare Nächste ist das Transzendente. Gott in Menschengestalt!"[47]

Dieser Titel ist eine theologische Aussage. Die Rede ist nämlich von der Teilnahme am Leben Gottes, da Gott Mensch geworden sei. Deswegen müsse die Kirche, weil sie Offenbarungsort Gottes sei, „den Menschen aller Berufe sagen, was ein Leben mit Christus ist", was es bedeute, „für andere zu sein".[48] Bonhoeffer denkt also nicht, Gott sei im Menschen, weil er ihn erschaffen habe und in der Menschheitsgeschichte präsent sei, sondern weil Gott in Christus Mensch-für-uns geworden sei.[49] Gottes Herrschaft in der Person des Gekreuzigten sei allumfassende Christokratie, das heißt die Regierung, Macht und Gewalt in Stellvertretung. Jesu Bezeichnung „Mensch für andere zu sein" bedeutet für Bonhoeffer, dass Christus für die Menschen da sei, dass er für sie gestorben und auferstanden sei. Er sagt nirgendwo ausdrücklich, dass Gottes Sohn zu Ehren Gott Vaters Mensch geworden wäre. Im „Zweiten Versuch des Katechismus" sagt er: „Wer ist Gott Sohn? Es ist Jesus Christus, dem Gott in Ehre und Macht gleich, der aus Liebe zu uns auf die Erde gekommen ist, um uns mit dem Vater zu versöhnen"[50] An-

46 D. Bonhoeffer, *Widerstand und Ergebung*, DBW Bd. 8, S. 559.
47 Ebd. S. 558.
48 Ebd, S. 560.
49 Vgl. J. Moltmann, NF 71, S. 38.
50 D.Bonhoeffer, *Gesammelte Schriften III*, S. 349.

scheinend können aber einige seiner Aussagen auch so verstanden werden, dass Jesus gekommen ist, um seinen Vater zu ehren. So sagt er: „Jesus war seinem Vater vollkommen gehorsam in Liebe und erfüllte damit vollständig das Gesetz."[51] In „Widerstand und Ergebung" schreibt er: „Nicht all unsre Wünsche, aber all seine Verheißungen erfüllt Gott, das heißt er bleibt der Herr der Erde, er erhält seine Kirche, er schenkt uns immer neuen Glauben, legt uns nie mehr auf, als wir tragen können, macht uns seiner Nähe und Hilfe froh, erhört unsere Gebete und führt uns auf dem besten und geradesten Weg zu sich. Indem Gott dies gewiss tut, schafft er sich durch uns Lob."[52] Über diesen Titel spricht er auch im Gedicht „*Christen und Heiden*":

„Gott geht zu allen Menschen in ihrer Not,
sättigt den Leib und die Seele mit Seinem Brot,
stirbt für Christen und Heiden den Kreuzestod
und vergibt ihnen beiden."[53]

Nichts liegt Bonhoeffer ferner, als dass der Titel „Mensch für andere" horizontal verstanden wird. Es ist ihm immer daran gelegen, dass es sich hier um die Teilnahme an Christi Sein, an seinem Kreuz und seiner Auferstehung handelt. Bonhoeffer hat den christologischen Wirklichkeitsbegriff nie verlassen.

In seiner „Ethik" schreib er: „Die Christliche Gemeinde steht an der Stelle, an der die ganze Welt stehen sollte; insofern dient sie stellvertretend der Welt, ist sie um der Welt willen da. Andererseits kommt die Welt dort zu ihrer Erfüllung, wo die Gemeinde steht, die Gemeinde ist die ‚neue Schöpfung', ‚die neue Kreatur', das Ziel der Wege Gottes auf Erden. In dieser doppelten Stellvertretung steht die Gemeinde ganz in der Gemeinschaft und Nachfolge ihres Herrn, der gerade darin der Christus war, dass er ganz für die Welt und nicht für sich selbst da war."[54]

Nach Christus, der das Leben sei, gebe es das Leben nur in Stellvertretung, als Weise verantwortungsvoller Existenz. In „Widerstand und Ergebung" versteht Bonhoeffer diese Stellvertretung im Sinne aktiver Gestaltung der Welt, und zwar in der Übernahme ihrer Schuld. Er ist der Auffassung, dass die Kirche erst dann wirklich und wahrlich „weltlich" werde. Er sagt an einer anderen Stelle: „In der Menschwerdung bekundet Gott sich als den, der nicht für sich selbst, sondern ‚für uns' da sein will. Als Mensch vor Gott zu leben, angesichts der Menschwerdung Gottes kann also nur heißen, nicht für sich selbst sondern für Gott und die anderen Menschen da zu sein."[55]

---

[51] Ebd, S. 356.
[52] B. Bonhoeffer, *Widerstand und Ergebung*, DBW Bd. 8, S. 569.
[53] Ebd, S. 515 f.
[54] D. Bonhoeffer, *Ethik,* DBW Bd. 6,S. 408.
[55] Ebd, S. 404.

Aufgrund dieser Überzeugung kam Bonhoeffer zu dem Schluss, alles christliche Predigen habe nichtreligiös zu sein. Für ihn bedeutet es, nicht von der Welt, sondern von Gott her zu schauen, die Welt nicht als unterwegs zu Gott, sondern Gott unterwegs zur Welt zu betrachten. In allem habe also Gott die Initiative. Diese Initiative bestehe in Jesus, dem Mensch gewordenen, gekreuzigten und auferstandenen Gott.

Schlussfolgerung

Die massiven Veränderungen in der Welt, insbesondere in unserem Land, machen es erforderlich, dass auch die Gläubigen der Kirche auf sie eingehen. Denn diese Veränderungen sind nicht nur ein Ergebnis menschlicher Anstrengungen, sondern auch ein Werk Gottes. Sie sind die Zeichen der Zeit, die ein besseres Verständnis der Offenbarung Gottes für heute ermöglichen. Bonhoeffer gewann sein visionäres Verständnis der Welt in schwersten Lebenszeiten, als er während der Haft seinen Tod erwartete. Während sich die Kirche auf die Evangelisierung ihrer selbst vorbereitet, um die moderne Welt zu evangelisieren, können seine Erkenntnisse zu neuen Möglichkeiten kirchlicher Verkündigung und zu einem besseren Verständnis der Welt verhelfen.

VII Die Wirklichkeit ohne Christus ist eine Abstraktion

Einleitung

Während unsere Zeit im Zeichen eines globalen religiösen Dialoges steht, wächst ein bemerkenswerter Konflikt: Vertreter bestimmter Religionen und des Atheismus stellen sich gegen das Christentum. Dies ist aber kein Präzedenzfall in der Geschichte – Kirche und Christentum können ihn in allen Epochen ihrer Geschichte registrieren. Eine theologische Aufarbeitung sollte allerdings überlegen, wie dieser Widerstand verstanden und möglichst abgemildert und beseitigt werden kann.

Das moderne Europa ähnelt einem riesigen Pantheon mit Göttern verschiedener Provenienzen. Die Renaissance brachte der westlichen Welt die Entdeckung griechischer und römischer Philosophie und Kunst. Im Zuge der modernen Globalisierung wird in Europa die Annahme von Religionen verschiedener Völker nicht nur entdeckt, sondern regelrecht initiiert. Der Aufruf, von dem die Menschen sich dabei leiten lassen, scheint zu lauten: Zurück zum Heidentum! Religiöse Intellektuelle wie auch europäische Atheisten werden zu Anhängern verschiedenster gnostischer, fernöstlicher, kosmischer, hinduistischer, altgermanischer, gallischer, indianischer, vom New-age erdachter oder „neu komponierter“ Götter. Jesus Christus und die Kirche sind in dieses Pantheon proskribiert, beunruhigen allerdings mit ihren moralischen Anforderungen den europäischen Pantheon-Frieden. Erinnern wir uns: In der Präambel der europäischen Verfassung durfte nicht einmal der Name des Christentums, geschweige denn die Kirche oder Jesus Christus erwähnt werden. In Deutschland und Italien wurde die Forderung, Kruzifixe aus den Schulen zu entfernen, öffentlich diskutiert. Diese antichristliche Animosität wird mit psychologischen und religiösen Gründen erklärt, aber letztlich steckt doch die Forderung nach einem säkularen Status der europäischen Gesellschaft dahinter. Es geht um einen sehr speziellen Säkularismus, eine Art von religiösem Atheismus bzw. atheistischer Religiosität. Diese ideologische Haltung hat ihre Ursprünge in einer wachsenden Aggressivität der Religionen, in neuen esoterischen Bewegungen, im New-Age sowie im Glauben an die Astrologie: Die der Kirche wohlgesinnte astrologische Periode des Fisches habe zu Kriegen geführt, in denen die Kirche die Grundlagen des Heidentums zerstört hätte. Sie trage daher die Schuld für das Verschwinden heidnischer Kulturen in diesen Gebieten. Philosophische Kreise versuchen uns ihrerseits zu überzeugen, dass das Christentum die Entwicklung des Zornes, des Ärgers und der Wut unterdrückt hat. Damit habe es den Weg zur Entwicklung der Zivilisation versperrt, denn nicht der Friede sondern der Krieg rege Entwicklungen an.[1] A. Glucksmann spricht sogar von der Notwendigkeit des Hasses. Anthroposophen und Theosophen sind verärgert, weil die Kirche den Gnostizismus verurteilt habe, während Anhänger von New-Age kirchliche Missionen beschuldigen, afrikanische und asiatische Religionen, Götter und Kulturen beseitigt zu haben. Bedeutet das, dass den Kirchen drastische Verfolgungen bevorstehen? Analoges geschah nämlich in den neunziger Jahren des vergangenen Jahrhunderts in Kroatien, das von östlichen Nachbarn fälschlich des Genozids beschuldigt wurde, um ihre kriegerischen Aggressionen rechtfertigen zu können. Auch wenn es in der Europäischen Union noch Platz für Christen gibt, kann man das für Kirche, Christentum und Jesus Christus jedenfalls nicht sagen.

Wie kommt es, dass in einer Zeit der Rückbesinnung auf die Religionen dem Christentum faktisch kein Religionsstatus zuerkannt wird? Das Heidentum, aktuelle oder vergangene Religionen, Götter, Riten, magische, okkulte und esoterische Praktiken und satanische Sekten werden in Europa mit offenen Armen aufgenommen, nur dem Christentum und Jesus Christus scheint der Einlass versperrt zu sein. Theologisch gesehen scheint es sich hierbei um den Kampf kosmischer Gottheiten gegen den Gott der Transzendenz und Immanenz zu handeln. Götter sind weder geschichtlich noch übergeschichtlich, weder transzendent noch immanent, sondern sie stehen zwischen Transzendenz und Immanenz. Sie sind kosmische Mächte, Naturseelen, unpersönliche Wesen, die weder Himmel noch Erde angehören. Jesus dagegen ist der Sohn Gottes, transzendent und in seinem Sein absolut, aber gleichzeitig auch immanent, inkarniert. Er ist Mensch und Herr aller Schöpfung. Jesus ist Gott im Himmel und auf Erden, gleichermaßen in der Übergeschichte und Geschichte.

Dieses Sich-Widersetzen der Religionen gegenüber dem Christentum, des Heidentums gegenüber der Kirche, legt nahe, dass wir nicht einen Kampf der Kulturen erleben, wie Huntington meint, sondern die Konfrontation der Religionen und des Atheismus auf der einen und des Christentums auf der anderen Seite.[2]

---

1 Vgl. P. Sloterdijk, *Zorn und Zeit,* Suhrkamp, Frankfurt, 2006.

2 Vgl. S. P. Huntington, *Sukob civilizacija i preustroj svjetskog poretka* (Der Kampf der Kulturen), Izvori, Zagreb, 1998.

Auf den Spuren christologischer Erkenntnisse

Zu ähnlich globalen Konflikten kam es im zwanzigsten Jahrhundert in Europa bei der kommunistischen Machtergreifung in Russland in den zwanziger Jahren, und in den dreißiger Jahren in Deutschland, als die Nationalsozialisten an die Macht kamen. In den Wirren und Leiden des Kommunismus und des Nationalsozialismus kann man einen globalen Konflikt zwischen Gott und den Göttern, einen Kampf des Heidentums gegen Jesus Christus erblicken. Der Zweite Weltkrieg globalisierte die Welt auf blutige Art. Eigentlich war es ein Kampf der Ideologien und esoterischen Mächte gegen das Christentum und das Judentum.

Die Götter der Religionen fordern Menschenopfer, während Gott sich selbst opfert, um die Menschen zu retten. Die Götter provozieren Konflikte, Kriege, Terror und Massaker. Jesus Christus bringt dagegen Frieden, Vertrauen, Liebe, Zusammenarbeit und eine neue Welt. Die Götter drohen, Jesus vergibt. Indem die Anhänger des New-Age behaupten, die Zeit des Christentums als astrologische Periode des Fisches wäre voller Konflikte und Kriege, die Zeit des Heidentums mit dem Beginn der astrologischen Periode des Wassermannes bringe stattdessen allgemeinen Frieden, erweisen sie sich als Ideologen und nicht als Vertreter wissenschaftlicher Wahrheit.

Dietrich Bonhoeffer lebte intensiv im Strudel dieses blutigen Konflikts. Den Herrschaftsanspruch seiner ideologisierten Zeitgenossen vor Augen, starb er als Zeuge Jesu Christi und seines Friedens am 9. April 1945 im Konzentrationslager den Märtyrertod. Er hatte den befreienden Ausbruch aus dem Konflikt mit den (falschen) Göttern gefunden, indem er sich umso intensiver um die Erkenntnis Jesu Christi und die Begegnung mit ihm bemüht hatte: Ständig stellte er sich die Frage, wer Jesus Christus für uns heute eigentlich sei. Schauen wir, welche Antwort er selber auf diese Frage gegeben hat!

In seiner Christologievorlesung[3] führt er aus, die Christologie sei insofern eine besondere Wissenschaft, als sie „Logologie" sei – das „Wort vom Wort Gottes". Im Grunde sei sie das Zentrum der Wissenschaft, die Voraussetzung für wissenschaftliches Arbeiten überhaupt. Nur in der Christologie werde nämlich die Frage nach Jesus als dem menschgewordenen Transzendenten gestellt.[4] Theologisch ausgedrückt müssten wir sagen, dass der Mensch nur von Gott her erkennen könne, wer er sei, und dass er dadurch auch die Erkenntnis über sich selbst bekomme. Wesentlicher Gegenstand der Christologie ist die Frage „Wer bist du?" – die Frage nach der Person Jesu Christi, seiner Transzendenz und Existenz. Insofern es sich dabei um eine Glaubensfrage handle, könne sie nur im Raum der Kirche ge-

---

3 D. Bonhoeffer, *Christologievorlesung*, DBW Bd. 12, II/12, S. 279-348.

4 Vgl. ebd, S. 281.

stellt werden. Damit sei sie „die unsichtbare, unerkannte, verborgene Mitte der Wissenschaft“.[5]

Dem Anspruch seiner Vernunft – seines immanenten Menschenlogos – folgend stellt der Mensch gewöhnlich allem Unbekannten, das ihm begegnet, die Frage: „Wie bist du?“. So vermag er es in sein System einzuordnen. Dieser Herrschaftsanspruch des menschlichen Logos werde in der Begegnung mit Jesus Christus entthront. Jesus sagt von sich: „Ich bin die Wahrheit.“ – Er sei der Gegenlogos, der Gotteslogos![6]

Mit der Frage nach der Transzendenz Jesu Christi sei zugleich die Frage nach der Existenz gestellt. Der Fragende erforsche jemanden, der ihm fremd sei, und das bedeutet, er erforsche den, der seine eigene Existenz begrenzt. Die Transzendenz stelle sein eigenes Sein in Frage. „Zusammengefasst: Die Existenzfrage ist die Transzendenzfrage“, meint Bonhoeffer.[7]

Die „Wer“-Frage sei eine Frage nach dem Sein Jesu Christi, nach seiner Natur und seinem Wesen. In dieser Hinsicht sei die christologische Frage eigentlich eine ontologische.[8] Christologie müsse nicht auf eine Idee zurückgeführt werden, sondern auf das Sein einer konkreten Person: auf Jesus Christus. Bonhoeffer erkennt in Jesus Christus den ewigen Sohn Gottes, der ewig beim Vater und vom Vater gesandt ist, um uns zu retten.[9] Deshalb verbiete sich die Frage: „Wie bist du (möglich)?“ ebenso wie jede „dass“-Frage. Die einzig angemessene Frage sei „Wer bist du?“. Hier unterscheidet sich Bonhoeffers Christologie von der Bultmanns. Bei Bultmann, meint Bonhoeffer, sei die gesamte Frage nach Jesus in der Frage „dass“ er existiere, enthalten.

In Bonhoeffers Ausführungen über die „Wer“-Frage zeigt sich etwas Grundsätzliches in der Begegnung von Personen. Eine andere Person ist für uns transzendent. Wir können nur dann Erkenntnis über sie gewinnen, wenn sie sich uns selbst offenbart. Bei der Frage „Wer bist du?“, stoße der Fragende selbst an die Grenze seiner eigenen Existenz. Er könne diese Frage nicht aus sich heraus beantworten, sondern müsse die Selbstoffenbarung der anderen Person abwarten, um von ihr Erkenntnis zu bekommen.

An Christus gerichtet, könne nur Christus diese Frage beantworten, und zwar indem er sich offenbart. Für den Menschen sei es eine Frage der Vernunft, die Vernunft aber habe ihren Herrschaftsanspruch ihm gegenüber verloren. Deshalb sei die „wer“- Frage eine Glaubensfrage, es sei die eigentlich religiöse Frage. Die entthronte, entsetzte Vernunft suche ständig zur sogenannten „wie“- Frage

---

[5] Ebd.
[6] Joh 14, 6; Vgl. S. 282.
[7] Ebd, S. 283.
[8] Vgl. ebd, S. 285.
[9] Vgl. ebd, S. 284.

zurückzukehren. „Dass wir immer nach dem ‚wie' fragen, ist unsere Fesselung an unsere eigene Autorität. Es ist das cor curvum in se (Luther)"[10]. Wenn der Mensch mit seinem Logos auf Jesus treffe, gebe es nur zwei Möglichkeiten: entweder den Tod des Menschen, oder dass Jesus vom Menschen getötet werde.[11] Nun sei Christus tatsächlich getötet worden, er sei aber auferstanden und lebe weiter. Das mache es dem Menschen unmöglich, ihn als Person zu umgehen. Die menschliche Vernunft müsse sich dem göttlichen Logos unterwerfen, da sie vor dem auferstandenen Jesus machtlos sei. Nur im Glaubensakt habe der menschliche Logos die Möglichkeit, wissenschaftlich die „wer"-Frage zu stellen. Deshalb könne die christologische Frage nur im Raum der Kirche gestellt werden. „Es gibt kein blindes Drauflos-Suchen nach Gott."[12] Einen Zugang zu Christus hätten wir nur durch seine Selbstoffenbarung, der gegenüber immer die Frage nach der Person, die „wer"- Frage den Vorrang behalten müsse.

Bonhoeffer unterscheidet deshalb die Christologie von der Soteriologie. Die Christologie ist die Lehre von der Person Jesu, sie fragt nicht nach der Kraft oder dem Wert, nicht nach der Wirksamkeit, nicht nach der „Persönlichkeit", nicht nach dem „Wie" der Verbindung von Mensch- und Gottsein in ihm – dies seien alles apersonale und damit verkappte „wie"-Fragen[13]. Methodisch habe die Christologie die Priorität, denn es sei notwendig, zunächst die Person Jesu Christi zu erkennen. Die Soteriologie ist die Lehre von seinen Taten. Die Taten blieben zweideutig, denn Jesus wolle sein Werk in der Zweideutigkeit der Geschichte inkognito tun. Die Taten könnten erst aus der Erkenntnis der Person richtig interpretiert werden. Das heißt, dass die „wer"- Frage den Zugang zur Person Jesu und gleichzeitig zur Erkenntnis seiner Taten biete. Bonhoeffer betont, trotz der methodischen Notwendigkeit, Jesus als Person von seinen Taten zu unterscheiden, könne die theologische Frage nur an den ganzen, geschichtlichen Christus gestellt werden. „Abstrakt ausgedrückt: Die personale Seinsstruktur des ganzen geschichtlichen Christus ist der Gegenstand der Christologie."[14]

Diese Seinsstruktur gelte es zu präzisieren als „pro me": Christus ist in der Kirche gegenwärtig als der „Mensch-für-andere", der „Mensch-für-mich". „Die ‚Pro-me-Struktur' ist es. Das Sein der Person Christi ist wesenhaft bezogen auf mich. Sein Christus-Sein ist Pro-me-Sein, (...) nicht als Wirkung, (...) als Accidenz, sondern es will verstanden werden als das Sein der Person selbst."[15] Christus sei Gottes Offenbarung, seine Gegenwart in Ort und Zeit. Als Person sei er mir als

---

10 Ebd, S. 283 (cor curvum in se – *das in sich selbst verkrümmte Herz.*)

11 Vgl. ebd, S. 285 f. und S. 287f,

12 Ebd. S. 284.

13 Vgl. ebd, S. 293.

14 Vgl. ebd, S. 291.

15 Ebd, S. 295.

Fragendem transzendent, er sei also ein „Akt außer mir". Er markiere die Grenze meiner selbst, meiner Existenz, und betreffe deshalb meine Existenz. Er sei gegenwärtig „*pro me*" in der Einheit von Sein und Akt.[16] In Jesus seien Gottsein und Menschsein keine isolierten Gegebenheiten, sondern dieser Mensch Jesus Christus sei ganz Gott. Von Jesus Christus als Gott zu sprechen, bedeute nicht, ihn als Repräsentanten einer abstrakten göttlichen „Idee" zu betrachten, die Qualitäten der Allwissenheit und Allmacht besäße. Seine Gottheit zeige sich in seiner Schwäche, in seiner Krippe und in seinem Kreuz[17]. Wer von Jesus als Gott spreche, spreche zugleich von ihm als Mensch und umgekehrt. Jesu Menschsein sei in die Heilige Dreifaltigkeit aufgenommen worden. Gott verherrliche sich im Menschen Jesus. Das sei das letzte Geheimnis der Dreifaltigkeit. Jesus Christus sei die Offenbarung des Schöpfers im Geschöpf – und zwar klar, eindeutig, unverschleiert. Seine Herrlichkeit aber sei im Gekreuzigten verborgen. Bonhoeffer vermeidet jeden Christomonismus, indem er betont, dass der dreifaltige Gott sich im konkreten Menschen Jesus Christus offenbare. Alles, was wir von Gott erwarten, könnten wir in Jesus Christus finden.[18]

Die christologisch begriffene Wirklichkeit

Als Gott sei uns Jesus völlig transzendent, als Mensch sei er uns völlig immanent. Das heißt, dass Christus eigentlich die gesamte Wirklichkeit ist. Ohne Christus von der Wirklichkeit zu reden sei eine Abstraktion. Christus sei nicht eine Wirklichkeit, die einer anderen Wirklichkeit entgegengesetzt wäre, sondern alles sei in ihm und durch ihn.[19] Deswegen sei der Widerstand gegen Christus Widerstand gegen die Wirklichkeit, die Welt und alles was es gibt. Wer sich ihm widersetze, trenne sich von der Existenz, er verliere sich selbst. Außerhalb von ihm sei die Nichtigkeit. Deshalb müsse Jesus weder gegen seine Feinde noch gegen die Sünder kämpfen. Indem sie sich ihm entgegenstellten, seien sie bereits besiegt und verloren. Stattdessen kämpfe Jesus für seine Feinde. Er lasse zu, dass sie ihn besiegen, ihn ans Kreuz schlagen, ihn erniedrigen. Gerade durch seine vermeintliche Niederlage besiege, beziehungsweise rette er sie. Erst, wenn er sich ihnen nicht entgegenstelle, sondern sie annehme, könnten sie ihn annehmen. „Vater, vergib ihnen, denn sie wissen nicht, was sie tun."[20]

Diese Erkenntnisse wird Bonhoeffer gegen Ende seines Lebens in seinem Brief an seinen Freund E. Bethge besonders kraftvoll zum Ausdruck bringen, in

[16] Vgl. ebd, S. 296.
[17] Vgl. ebd, S. 341.
[18] Vgl. ebd, S. 342.
[19] Vgl. Kol 1, 16-17; Eph 1, 10.
[20] Lk 23, 34.

welchem er ihm die Gedanken darlegt, die ihn ständig beschäftigen. In seinen Briefen aus dem Gefängnis artikuliert Bonhoeffer nämlich die Frage der Christologie noch grundlegender, und zwar unmittelbar im Verhältnis zu den Religionen. Er schreibt: „Was mich unablässig bewegt, ist die Frage, was das Christentum oder auch wer Christus heute für uns eigentlich ist. Die Zeit, in der man das den Menschen durch Worte – seien es theologische oder fromme Worte – sagen könnte, ist vorüber; ebenso die Zeit der Innerlichkeit und des Gewissens, und d. h. eben die Zeit der Religion überhaupt. Wir gehen einer völlig religionslosen Zeit entgegen; die Menschen können einfach, so wie sie nun einmal sind, nicht mehr religiös sein. (...) Unsere gesamte 1900jährige christliche Verkündigung und Theologie aber baut auf dem ‚religiösen Apriori' der Menschen auf. ‚Christentum' ist immer eine Form (vielleicht die wahre Form) der ‚Religion' gewesen. (...) wenn wir schließlich auch die westliche Gestalt des Christentums nur als Vorstufe einer völligen Religionslosigkeit beurteilen müßten, was für eine Situation entsteht dann für uns, für die Kirche? Wie kann Christus der Herr auch der Religionslosen werden? Gibt es religionslose Christen?"[21] Bonhoeffer sieht bereits, dass sich das Christentum und die Religion trennen werden. Er erkennt darin einen geschichtlichen Prozess, der in unseren Tagen besonders eindrücklich wird. Er fragt sich, ob das Christentum auch auf atheistischer und nicht nur auf religiöser Grundlage existieren könne.

Offensichtlich haben wir es hier mit einem Paradox zu tun. Würden wir von religiösen Menschen nicht erwarten, dass sie Jesus und dem Christentum geneigt wären, während Atheisten ihm nicht wohlgesinnt und seine Gegner wären? Bonhoeffer machte stattdessen gegen Ende seines Lebens die Erfahrung, dass Atheisten wohlwollender gegenüber Jesus und dem Christentum sind als religiöse Menschen. Er schreibt: „Oft frage ich mich, warum mich ein ‚christlicher Instinkt' häufig mehr zu den Religionslosen als zu den Religiösen zieht, und zwar durchaus nicht in der Absicht der Missionierung, sondern ich möchte fast sagen ‚brüderlich'. Während ich mich den Religiösen gegenüber oft scheue, den Namen Gottes zu nennen, – weil er mir hier irgendwie falsch zu klingen scheint. (...)- kann ich den Religionslosen gegenüber gelegentlich ganz ruhig und wie selbstverständlich Gott nennen."[22]

Bonhoeffer hat also bereits damals erkannt, dass die Religionen nicht nur am Schwinden sind, sondern dass sie sich der Kirche und dem Glauben an Jesus Christus widersetzten. Das moderne Pantheon der Religionen und der Esoterik bestätigt Bonhoeffers Diagnose ihrer Gegnerschaft gegenüber dem Christentum. Fraglich ist, ob das von Bonhoeffer konstatierte Wohlwollen der Atheisten gegen-

---

[21] D. Bonhoeffer, *Widerstand und Ergebung*, DBW Bd. 8, S. 402 ff.

[22] Ebd, S. 406 f.

über dem Christentum echt ist. Die Zeiten des kommunistischen Atheismus lehren uns nämlich, dass Nichtreligiöse die Kirche und Jesus Christus ebenso ablehnen wie Religiöse. Christus hat heute sowohl Religiöse als auch Nichtreligiöse gegen sich. Warum geschieht das, wenn doch erwiesen ist, dass in der Tiefe eines jeden Menschen die Sehnsucht nach Christus und Gott besteht? Bonhoeffer sagt dazu: „Immer wieder in dieser turbulenten Zeit verlieren wir aus dem Auge, warum es sich eigentlich zu leben lohnt. Wir meinen, weil dieser oder jener Mensch lebe, habe es auch für uns Sinn zu leben. In Wahrheit aber ist es so: Wenn die Erde gewürdigt wurde, den Menschen Jesus Christus zu tragen, wenn ein Mensch wie Jesus gelebt hat, dann und nur dann hat es für uns Menschen einen Sinn zu leben. Hätte Jesus nicht gelebt, dann wäre unser Leben trotz aller anderen Menschen, die wir kennen, verehren und lieben, sinnlos."[23] Also weder Religiosität noch Nichtreligiosität, sondern der Glaube an Jesus Christus allein rettet uns.

Sind Religiosität und Nichtreligiosität („Atheismus"?) lediglich zwei ideologische Phänomene, die zwar von Gott reden, sich ihm in Wirklichkeit aber beide widersetzen? Es ist interessant, wie Bonhoeffer das sieht. „Gott läßt sich aus der Welt herausdrängen ans Kreuz, Gott ist ohnmächtig und schwach in der Welt und gerade und nur so ist er bei uns und hilft uns. Es ist Mt. 8, 17 ganz deutlich, dass Christus nicht hilft kraft seiner Allmacht, sondern kraft seiner Schwachheit, seines Leidens! Hier liegt der entscheidende Unterschied zu allen Religionen. Die Religiosität des Menschen weist ihn in seiner Not an die Macht Gottes in der Welt, Gott ist der *deus ex machina*. Die Bibel weist den Menschen an die Ohnmacht und das Leiden Gottes; nur der leidende Gott kann helfen. Insofern kann man sagen, dass die beschriebene Entwicklung zur Mündigkeit der Welt, durch die mit einer falschen Gottesvorstellung aufgeräumt wird, den Blick frei macht für den Gott der Bibel, der durch seine Ohnmacht in der Welt Macht und Raum gewinnt."[24] Durch sein Leiden sei Jesus den Menschen am nächsten und immer fähig ihnen zu helfen.

Aber was ist mit den Christen, die zusammen mit Christus verfolgt werden? „Die ‚Christen stehen bei Gott in seinen Leiden', das unterscheidet Christen von Heiden. (...) Der Mensch wird aufgerufen, das Leiden Gottes an der gottlosen Welt mitzuleiden. (...) Christ sein (...) heißt Menschsein, nicht einen Menschentypus, sondern den Menschen schafft Christus in uns. Nicht der religiöse Akt macht den Christen, sondern das Teilnehmen am Leiden Gottes im weltlichen Leben. Das ist die ‚Metanoia', nicht zuerst an die eigenen Nöte, Fragen, Sünden, Ängste denken, sondern sich in den Weg Jesu mithineinreißen lassen, in das messianische Ereignis, dass Jes. 53 nun erfüllt wird! (...) Dieses Hineingerissen-

[23] Ebd, S. 573.
[24] Ebd, S. 534 f.

werden in das – messianische – Leiden Gottes in Jesus Christus geschieht im N. T. in verschiedenster Weise: (...) Das einzige, ihnen allen Gemeinsame, ist", sagt Bonhoeffer, „das Teilhaben am Leiden Gottes in Christus. Das ist ihr ‚Glaube'."[25] Die Gefahren und die Leiden bringen die Menschen näher zu Gott. Das Leiden sei die Form und Wirklichkeit, wie Gott den Menschen näher komme und wie Menschen Gott näher kommen.

Bonhoeffer wird jetzt auch den Begriff der Transzendenz Gottes im Kontext der „*theologia crucis*" erklären. Jesu „Leben für andere" mache ihn erfahrbar als den Transzendenten. Und das Wesen des christlichen Lebens sei die Begegnung mit Jesus Christus: „Begegnung mit Jesus Christus. Erfahrung, dass hier eine Umkehrung alles menschlichen Seins gegeben ist, darin, dass Jesus nur ‚für andere da ist'. Das ‚Für-andere-dasein' Jesu ist die Transzendenzerfahrung! Aus der Freiheit von sich selbst, aus dem ‚Für-andere-dasein' bis zum Tod entspringt erst die Allmacht, Allwissenheit, Allgegenwart. Glaube ist das Teilnehmen an diesem Sein Jesu. (Menschwerdung, Kreuz, Auferstehung.) Unser Verhältnis zu Gott ist kein ‚religiöses' zu einem denkbar höchsten, mächtigsten, besten Wesen – dies ist keine echte Transzendenz –, sondern unser Verhältnis zu Gott ist ein neues Leben im ‚Dasein-für-andere', in der Teilnahme am Sein Jesu. Nicht die unendlichen, unerreichbaren Aufgaben, sondern der jeweils gegebene erreichbare Nächste ist das Transzendente. Gott in Menschengestalt! nicht wie bei orientalischen Religionen in Tiergestalten als das Ungeheure, Chaotische, Ferne, Schauerliche; aber auch nicht in den Begriffsgestalten des Absoluten, Metaphysischen, Unendlichen etc.; aber auch nicht die griechische Gott-Menschengestalt des ‚Menschen an sich', sondern ‚der Mensch für andere'! Darum der Gekreuzigte. Der aus dem Transzendenten lebende Mensch."[26]

Bonhoeffer erblickt das Besondere in der moralischen Transzendenz, nicht in der intellektuellen. Gott sei die Liebe und daher sei die moralische Transzendenz real und entscheidend. Wer bereit sei, sich von sich und den Bindungen an die Dinge zu befreien, der sei frei für andere, und zwar vollkommen frei, er befinde sich auf der gleichen Höhenmarke, auf der sich Gott befinde. Er könne jetzt für andere da sein und für andere leben, denn er habe verschiedene unnötige Aporien und Alternativen überwunden und habe die Freiheit zu einem Leben für andere gewählt. Er habe keine Gegner mehr, gegen die er kämpfen müsste, sondern er kämpfe für andere weil er Liebe sei. Für ihn gäbe es keine Grenzen mehr, er sei ewig, er habe die Welt und all ihre Widrigkeiten besiegt. Er sei dort, wo Gott sei. Das sei reale und erreichbare Transzendenz. So werde der Christ allmächtig, er sei die Hefe einer neuen Gesellschaft, das Licht der Welt wie Jesus aus Nazareth. Re-

[25] Ebd, S. 535 ff.
[26] Ebd, S. 558 f.

ligionen und Götter kämpften für sich, sie seien Egoismus, geboren aus Angst, sie bewirken den Absturz auf die psychophysische Ebene, das Herausfallen aus der Liebe und damit den Abfall von Gott. Die Anhänger der Religionen hätten daher bereits im Vorfeld die Schlacht verloren, sie hätten sich lahmgelegt und gefangengenommen. Sie zu bekämpfen sei nicht erforderlich, stattdessen müsse man für sie kämpfen, müssen sie lieben. Ihr Widerstand gegen das Christentum und gegen die Anhänger von Jesus aus Nazareth spiegle ihre Machtlosigkeit, ihren Neid und ihre Hilflosigkeit, er sei ein Zeichen ihres Endes. So lange ein Christ wie Jesus liebe, habe er nichts zu verlieren, da er wie Gott sei. Er sei Liebe geworden, ganz für andere da. Deswegen seien Märtyrer der Samen neuer Christen, deswegen trage der Tod für andere bereits den Keimling der Auferstehung und Freiheit in sich.

Das verlangt Bonhoeffer für die Kirche: „Die Kirche ist nur Kirche, wenn sie für andere da ist. (...) Sie muss an den weltlichen Aufgaben des menschlichen Gemeinschaftslebens teilnehmen, nicht herrschend, sondern helfend und dienend. Sie muss den Menschen aller Berufe sagen, was ein Leben mit Christus ist, was es heißt, ‚für andere dazusein.‘ „[27] Deswegen meint Bonhoeffer, es sei der Kirche nicht gegeben, eine neue Religion unter zahlreichen anderen zu werden, die sich für sich – und das ist das Paradox – gegen sich selbst richten würde. „Jesus ruft nicht zu einer neuen Religion auf, sondern zum Leben.“[28]

Im Brief an seinen Freund Eberhard erklärt Bonhoeffer dies aus seiner eigenen Erfahrung. „Ich habe in den letzten Jahren mehr und mehr die tiefe Diesseitigkeit des Christentums kennen und verstehen gelernt; nicht ein *homo religiosus*, sondern ein Mensch schlechthin ist der Christ, wie Jesus – im Unterschied wohl zu Johannes dem Täufer – Mensch war. Nicht die platte und banale Diesseitigkeit der Aufgeklärten, der Betriebsamen, der Bequemen oder der Lasziven, sondern die tiefe Diesseitigkeit, die voller Zucht ist, und in der die Erkenntnis des Todes und der Auferstehung immer gegenwärtig ist, meine ich.“[29]

Bonhoeffer kam zu diesen Gedanken zunächst durch sein Studium und korrigierte sie später durch seine Lebenserfahrung. Er erzählt: „Ich erinnere mich eines Gespräches, das ich vor 13 Jahren in Amerika mit einem französischen jungen Pfarrer hatte. Wir hatten uns ganz einfach die Frage gestellt, was wir mit unserem Leben eigentlich wollten. Da sagte er: ich Möchte ein Heiliger werden (- und ich halte für möglich, dass er es geworden ist -); das beeindruckte mich damals sehr. Trotzdem widersprach ich ihm und sagte ungefähr: ich möchte glauben lernen. Lange Zeit habe ich die Tiefe dieses Gegensatzes nicht verstanden. Ich dachte, ich könnte glauben lernen, indem ich selbst so etwas wie ein heiliges Leben zu führen versuchte. Als das Ende dieses Weges schrieb ich wohl die ‚Nachfolge‘.

[27] Ebd, S. 560.
[28] Ebd, S. 537.
[29] Ebd, S. 541.

Heute sehe ich die Gefahren dieses Buches, zu dem ich allerdings nach wie vor stehe, deutlich. Später erfuhr ich und ich erfahre es bis zur Stunde, dass man erst in der vollen Diesseitigkeit des Lebens glauben lernt. Wenn man völlig darauf verzichtet hat, aus sich selbst etwas zu machen – sei es einen Heiligen oder einen bekehrten Sünder oder einen Kirchenmann (eine sogenannte priesterliche Gestalt!), einen Gerechten oder einen Ungerechten, Kranken oder Gesunden (...) dann wirft man sich Gott ganz in die Arme, dann nimmt man nicht mehr die eigenen Leiden, sondern das Leiden Gottes in der Welt ernst, dann wacht man mit Christus in Getsemani, und ich denke, das ist Glaube, das ist „Metanoia"; und so wird man ein Mensch, ein Christ. (vgl. Jerem. 45!). Wie sollte man bei Erfolgen übermütig oder an Misserfolgen irre werden, wenn man im diesseitigen Leben Gottes Leiden mitleidet?"[30]

Bonhoeffer wird sich auch weiter mit diesen Gedanken beschäftigen, mit nur dem einen Ziel: zu begreifen, wie Jesus Christus heute Herrscher über alle Menschen, sowohl Religiöse als auch Atheisten, werden könnte. Darüber schreibt er kurz an seinen Freund Eberhard Bethge: „Laß mich nur schnell nochmal das Thema, um das es mir geht, formulieren: die Inanspruchnahme der mündig gewordenen Welt durch Jesus Christus"[31] Dabei sei es am wichtigsten, dass der Christ dort bleibe, wo Jesus Christus sei. „Der Christ hat nicht wie die Gläubigen der Erlösungsmythen aus den irdischen Aufgaben und Schwierigkeiten immer noch eine letzte Ausflucht ins Ewige, sondern er muss das irdische Leben wie Christus (‚mein Gott, warum hast Du mich verlassen¿) ganz auskosten und nur indem er das tut, ist der Gekreuzigte und Auferstandene bei ihm und ist er mit Christus gekreuzigt und auferstanden. Das Diesseits darf nicht vorzeitig aufgehoben werden. Darin bleiben N. T. und A. T. verbunden. Erlösungsmythen entstehen aus den menschlichen Grenzerfahrungen. Christus aber fasst den Menschen in der Mitte seines Lebens."[32]

Die göttliche und menschliche Natur Christi vergleicht Bonhoeffer mit einer Polyphonie und betont dadurch noch mehr seinen Gedanken, dass man als Mensch das Leben in der Welt ganz ernst zu nehmen habe: „Gott und seine Ewigkeit will von ganzem Herzen geliebt sein, nicht so, dass darunter die irdische Liebe beeinträchtigt oder geschwächt würde, aber gewissermaßen als *cantus firmus*, zu dem die anderen Stimmen des Lebens als Kontrapunkt erklingen; (...) Wo der *cantus firmus* klar und deutlich ist, kann sich der Kontrapunkt so gewaltig entfalten wie nur möglich. Beide sind ‚ungetrennt und doch geschieden', um mit dem Chalcedonensne zu reden, wie in Christus seine göttliche und seine menschliche Natur. Ist nicht vielleicht die Polyphonie in der Musik uns darum so nah und wichtig,

[30] Ebd, S. 541f.
[31] Ebd, S. 504.
[32] Ebd, S. 500 f.

weil sie das musikalische Abbild dieser christologischen Tatsache und daher auch unsrer *vita christiana ist*? (...) wenn man in dieser Polyphonie steht, dann wird das Leben erst ganz und zugleich weiß man, dass nichts Unheilvolles geschehen kann, solange der *cantus firmus* durchgehalten wird.“[33]

Gottes verhüllte Gegenwart in der Welt

Wie wir sehen, sucht Bonhoeffer von den Anfängen seiner theologischen Arbeit bis zu seinem gewaltsamen Tod eine Antwort auf die Frage, wer Christus heute ist. In diesem Zusammenhang spricht er auch über die verhüllte Gegenwart Christi in der Welt.[34] Er nennt sie ein Ärgernis und stellt die Frage, wie Christus durch die Kirche für die Welt sichtbar und erfahrbar sein könne. Als Person nehme Jesus Christus räumlich und zeitlich seinen Platz in der Welt ein. „Jesus bleibt auch als der Auferstandene der Mensch Jesus. Nur weil er Mensch ist, kann er uns gegenwärtig sein. Aber dass er uns ewig anwesend, ewig gleichzeitig ist, das ist seine Gegenwart als Gott. Nur weil Jesus Gott ist, kann er uns gegenwärtig sein.“[35] Die sowohl räumliche als auch zeitliche Gegenwart Jesu Christi seien Prädikate der ganzen Person des Gottmenschen. Gott und Mensch dürfen wir in Christus auf keinen Fall isoliert betrachten. „Gott in seiner zeitlosen Ewigkeit ist nicht Gott. Jesus Christus in seiner zeitbegrenzten Menschlichkeit ist nicht Jesus Christus“, sagt er.[36]

Bonhoeffer sagt nun, dieser raum-zeitlich gegenwärtige Gott-Mensch sei verhüllt. Was ist darunter zu verstehen? Nicht Gott sei verhüllt im Menschen, sondern der Gott-Mensch als ganzer sei verhüllt in der ‚Gestalt des Fleisches‘, der Gestalt des Ärgernisses – in der ärgerlichen Gestalt der Verkündigung der Kirche. Dies – und nicht etwa seine Menschwerdung – sei seine Erniedrigung! „Der Gott-Mensch Jesus Christus ist der in seiner Pro-me-Struktur der Kirche in seiner Person gegenwärtige als Wort, Sakrament und Gemeinde.“[37]

Als Wort sei Christus Wahrheit und Sinn. Er sei lebendiges Wort, nicht ewige, allgemein zugängliche Idee, sondern Anrede – frei gegebenes, einmaliges und jedesmal neues Wort zwischen zweien, das auf Antwort und Verantwortung aus sei. Es sei „pro me“, es verlange nach Gemeinschaft und suche sie in der Weise, dass es den anderen in die Wahrheit versetze. Es sei in der Kirche anwesend als Predigt und diese Predigt sei sein Dasein in der Kirche. Christus sei auch im Sakrament in seiner erniedrigten Existenz anwesend. „Christus ist im Sakrament uns gegen-

33 Ebd S. 440 ff.
34 D. Bonhoeffer, *Christologievorlesung,* S. 294-306.
35 Ebd, S. 294.
36 Ebd.
37 Vgl. ebd, S. 297.

wärtig in der Sphäre der fassbaren Natur unseres Leibes. Hier ist er als Geschöpf neben uns, mitten unter uns als Bruder neben Bruder. Er ist als Sakrament die wiederhergestellte Schöpfung unserer geist-leiblichen Existenz."[38]

Jesus in seiner Person sei als Wort und Sakrament in der Gemeinde anwesend, sagt Bonhoeffer. Als Wort Gottes sei die Gemeinde Empfängerin, aber auch Offenbarung dieses Wortes. Bonhoeffer betont klar: „Sie ist kein bloßes Bild, die Gemeinde ist Leib Christi."[39] Für ihn existiere Christus eigentlich als Gemeinde.

Bonhoeffer macht hier erneut den Gegensatz zwischen Kirche und Religion deutlich. Die Kirche sei Gemeinschaft der Gerufenen und Auserwählten, Christi Leib auf Erden. Religion sei leiblos, sie brauche keinen Raum in der Welt. Die Gemeinde Jesu Christi müsse jedoch einen Raum der Verkündigung in der Welt in Anspruch nehmen.[40] Deswegen müsse sich die Kirche von der Welt trennen, meint Bonhoeffer, sie müsse klare Grenzen zwischen sich und der Welt ziehen. Diese Trennung der Kirche von der Welt bedeutet für Bonhoeffer den heiligen Krieg der Kirche für Gottes Heiligtum auf Erden. Doch die Gegensätze zwischen Kirche und Welt kämen nicht von außen, sondern gingen mitten durch die Kirche, sagt Bonhoeffer. Die Gläubigen müssten tatsächlich Kirche werden. Kirche, sei Kirche!, wird Bonhoeffers ständiger Aufruf in der Zeit der Angriffe Hitlers gegen die Kirche.[41] Bonhoeffer erkennt in Christus den einzigen Mittler zwischen der Kirche und der Welt. Die Unterscheidung zwischen der Welt und der Kirche ist erforderlich, damit die Kirche und Christus in ihr in der Welt sichtbar werden können. Er wird sogar sagen, dass es einen unzulässigen Verbleib in der Welt und eine unzulässige Flucht aus der Welt gibt.[42]

Bonhoeffer zeigt, dass die akademische Christologie sich durch fruchtlose, von Missverständnissen und falschen Fragestellungen ausgelöste Diskussionen selbst aufs Totenbett gebracht hat. Der Glaube verwirkliche sich in der Nachfolge Christi, dem habe die Christologie zu dienen. Damit hat Bonhoeffer in gewisser Weise die akademisch vorgetragene Christologie von ihrem Totenbett gehoben. Wer Christus nachfolge, dessen Glaube müsse von Wahrheitsliebe geprägt sein und von der Entschlossenheit, Gottes Gebote anzunehmen. Deshalb müsse man sich für das Glaubensbekenntnis entscheiden. Dieses Glaubensbekenntnis verlange jedoch Gehorsam und dabei sei besonders wichtig, betont Bonhoeffer, dass der Glaube die Liebe sucht. Indem Bonhoeffer auf diese Weise vom Inneren und

38 Ebd, S. 305.

39 Ebd. S. 306.

40 Vgl. D. Bonhoeffer, *Nachfolge*, DBW Bd. 4, S. 245. ebenso S. 241, Anm. 2 mit dem Hinweis auf NL A 57,3, in: *Gesammelte Schriften III* 325-334 „Nimmt die Kirche des Wortes Gottes einen Raum ein in der Welt, und welcher Art ist er?".

41 Vgl. D. Bonhoeffer, *Nachfolge,* München 1967, S. 225; auch *Sanctorum Communio,* DBW Bd. 1, München, 1986, S. 193.

42 Vgl. *Nachfolge*, DBW Bd. 4, S. 263.

vom Äußeren der Kirche redet, wird er sagen, dass das Wesen der Kirche ihre Verborgenheit, ihre empirische Wirklichkeit die Sichtbarkeit der Kirche sei. Sie verhielten sich zueinander wie die Seele zum Leib. Unsichtbare und sichtbare Kirche seien eine Kirche.[43]

Bonhoeffer sagt, Christus sei in besonderer Weise in den Gläubigen gegenwärtig. Als gekreuzigter und auferstandener Herr sei er für mich da als der Mittler. In Zeit und Raum stehe er an meiner Stelle, genau da, wo ich stehen sollte, wo ich als Teil der gefallenen Welt aber nicht stehen kann – in der Mitte zwischen mir und mir, zwischen meinem alten und meinem neuen Ich. So ist er mir wiedergefundene Mitte. Das ist seine Existenzweise. Er ist nicht Mittelpunkt meiner Persönlichkeit. Dies ist also keine psychologische Aussage, sondern eine ontologisch-theologische Aussage über seine und unsre Person vor Gott. Jesus ist die Erfüllung des Gesetzes, Ende meiner alten, gefallenen Existenz und Anfang der neuen, insofern „Mitte", „geglaubte Mitte", wie Bonhoeffer präzisiert[44].

Theologie des Kreuzes

Die Frage, „wer" Jesus sei, hängt für Bonhoeffer direkt mit seiner Theologie des Kreuzes zusammen. Der Glaube an die Macht der Machtlosigkeit ist seine zentrale Erkenntnis, die er im Laufe seines Lebens – auch durch die eigenen schmerzvollen Erfahrungen – entwickelt und vertieft hat. Für das Ereignis des Kreuzes gebraucht er verschiedene Ausdrücke: Erniedrigung, Verborgenheit, Verhüllung, Gestalt des Ärgernisses, *homoioma sarkos*, Gestalt des Leidens und des Kreuzes.[45] Das Ereignis des Kreuzes betreffe die gesamte Person des Gottmenschen, nicht nur seine menschliche Natur. Also könne auch hier nur die „wer"- Frage gestellt werden. Am Kreuz zeige sich das Dasein des menschgewordenen Gottes in seiner Erniedrigung. Diese bestehe also nicht in seiner Menschwerdung. Die Lehre über die Menschwerdung und die über die Erniedrigung müssten getrennt voneinander behandelt werden. Eine besondere Art der Erniedrigung sei darin erkennbar, dass Christus in der Welt den Leib der Sünde auf sich genommen habe. „Bis zur Unkenntlichkeit tauchte er in die sündige Art des menschlichen Daseins ein."[46] Er habe für uns gelitten, sei am Kreuz gestorben und verstoßen worden. Leiden und Verstoßen werden seien gemeinsame Ausdrücke für Christi Kreuz.[47]

---

[43] Vgl. *Sanctorum Communio,* S. 149 f.

[44] Vgl. *Christologievorlesung*, DBW Bd. 12, S. 307.

[45] Vgl ebd, S. 302 .

[46] Ebd, S. 237.

[47] Vgl. *Nachfolge*, S. 62.

Doch diese anstößige Gestalt sei die Gestalt Christi *pro nobis*.[48] Nur eine solche Gestalt, meint Bonhoeffer, ermögliche unseren Glauben an Christus. Ohne Christi Erniedrigung wäre der Glaube keine freie innere Bekehrung, sondern ein Eingeständnis, die Anerkennung eines übernatürlichen historischen Faktums. „Weil Jesus unsere Freiheit will, muss er uns ein Ärgernis werden, bevor er uns ein Heil wird. (...)Erst dort, wo ich auf sichtbare Bezeugung verzichte, glaube ich an Gott."[49] Da der Glaube gleichzeitig Bekenntnis und Wirksamkeit, Gehorsam bis zur Auslieferung des ganzen Lebens an Christus sei, müsse jeder Christ mit Christus zusammen gekreuzigt und verstoßen werden. Nachfolge als Bindung an Jesu Person stelle den Nachfolger unter Christi Gesetz, das heißt unter das Kreuz.[50]

Die Kirche verwirkliche sich in der Welt in ihrer sichtbaren Form und verborgener Göttlichkeit durch die richtige Verkündigung der Gnade und der Gebote. Ihre Botschaft sei aber von Leiden getragen. Gottes Wort, und es müsse verkündet werden, sei so schwach, dass Menschen es annehmen oder verwerfen können. „Die Idee ist stark. Das Wort Gottes aber ist so schwach, dass es sich von Menschen verachten und verwerfen lässt. ... Für die Idee gibt es nichts Unmögliches, für das Evangelium aber gibt es Unmöglichkeiten."[51]

Deswegen dürften die Verkünder des Wortes Gottes nicht stark sein, während das Wort schwach sei, sie dürften nicht mit allen Mitteln und unter allen Umständen dieses Wort der Welt aufdrängen. Dieses schwache Wort, das Widerstände von Sündern erdulde, sei stark und barmherzig, doch seine Kraft sei verhüllt in der Schwachheit.[52]

Die gesamte Theologie in allen ihren Schattierungen und dem grundsätzlichem Sinn, wie auch neue und unerwartete Gedanken, erlangt Bonhoeffer nur über die Erkenntnis der Theologie des Kreuzes. Der Glaube ist für ihn Begegnung mit Jesus Christus. In dieser Begegnung finde alles Menschliche seine Verwandlung. Und diese Verwandlung geschehe in der Nachfolge Jesu. Es sei entscheidend, seine Stimme zu hören: folge mir oder komm mit mir. Aber Christus folgen bedeute in diesem geschichtlichen Augenblick, an Gottes Leiden in der Welt teilzunehmen. Woraus bestehe dieses Leiden Gottes in der Welt?

Es sei zunächst die Erfahrung der Verlassenheit von allen, selbst von Gott. In diesem Kontext zitiert er den neutestamentlichen Angstschrei zitiert: „Mein Gott, mein Gott, warum hast du mich verlassen?" Bonhoeffer sagt: „Gott gibt uns zu wissen, dass wir leben müssen als solche, die mit dem Leben ohne Gott fertig

48 Vgl. *Christologievorlesung*, Gesammelte Schriften III, S. 239; vgl. auch J. Ratzinger, *Einführung in das Christentum*, München, 1968, S. 231.

49 *Christologievorlesung* DBW Bd. 12, S. 345 f.

50 Vgl. *Nachfolge*, S. 62.

51 Ebd, S. 180 f.

52 Vgl. ebd, S. 181.

werden. Der Gott, der mit uns ist, ist der Gott, der uns verlässt (Mk. 15, 34)! Der Gott, der uns in der Welt leben lässt ohne die Arbeitshypothese Gott, ist der Gott, vor dem wir dauernd stehen. Vor und mit Gott leben wir ohne Gott."[53] Doch die Menschen verlassen uns ebenfalls und wir bleiben allein in Leiden und Einsamkeit. Selbst Jesus wurde in Getsemani von seinen engsten Freunden, den Aposteln, verlassen. An Christi Leiden teilzunehmen bedeute, mit Christus in Getsemani wach zu bleiben. Dort, wo alle ihn verlassen hätten, bleibe der Gläubige an seiner Seite. Gottes Transzendenz und Allmacht sei nicht in der menschlichen Allmacht, sondern in der menschlichen Machtlosigkeit zu finden. Jesus lasse zu, dass Menschen ihn ans Kreuz schlagen. Anscheinend sei er machtlos und schwach in der Welt. Er leide in der Welt. Aber gerade durch dieses Leiden, diese Machtlosigkeit, gewinne er Raum in der Welt, werde stark und könne uns auf diese Weise helfen. Dieses Paradox kann verstanden werden, wenn man weiß, dass Bonhoeffer Gottes Freiheit nicht formal, sondern als an Menschen „angebunden zu sein" begreift. Gott habe sich damit dem Menschen auf Gedeih und Verderb ausgeliefert. Ein anderer Gesichtspunkt dieses Paradoxons besteht darin, dass Jesus machtlos und verlassen sei, weil er unsere Sünden auf sich genommen habe. In beiden Fälle helfe uns Gott durch seine Machtlosigkeit, sein Leiden und seine Verlassenheit. Wir sehen hier deutlich, dass Bonhoeffer das Substantiv „Gott" und „Jesus" in gleicher Bedeutung verwendet.

Für Gottes Leiden in der Welt verwendete Bonhoeffer zunächst den Begriff der „Verborgenheit" Gottes und seiner Unsichtbarkeit in der Welt, später den Begriff „Ohnmacht". Der Glaube bestehe für den Christen in seiner Teilhabe an Gottes Leiden in der Welt. Gott sei heute verlassen von gottlosen Menschen, er sei schwach, er schweige in der Welt, weil er aus dem Leben heraus gedrängt worden sei. Der mündig gewordene Mensch sei selbstständig geworden, er brauche Gott nicht mehr. Der Christ müsse unter diesen Gottlosen leben. Er müsse das irdische Leben ganz erfahren. Er müsse in dieser Welt leben *„etsi deus non daretur"*. Wie soll das verstanden werden?

Der moderne Mensch, der sich für selbstständig und reif halte, begegnet Gott in seinen Leiden; dieses Leiden aber sei eigentlich die im Diesseits verborgene Kraft Gottes. Das bedeutet zugleich, dass der Mensch doch nicht bewusst atheistisch leben könne und dürfe. Er müsse, und dessen sei er auf eine geistige Art auch bewusst, abhängig von Gott leben. Es gäbe ein geistiges Bewusstsein, das nicht mit dem psychischen Bewusstsein und Unterbewusstsein identisch sei. Im Licht dieses Bewusstseins werde die Wirklichkeit klar erkannt, und zwar auf eine intuitive und nicht diskursive Art. Auch Moralische Werte begreife der Mensch mithilfe dieses Bewusstseins. Es gäbe eine intuitive Erkenntnis der Werte und

---

[53] Ebd, S. 533 f.

nicht nur das, sondern auch eine intuitive Entscheidung des Menschen für die Werte.[54] Außerdem gäbe es den Atheismus. V. Frankl sagt, dass der Atheist die Gotteserkenntnis und die Religiosität eigentlich ins Unbewusste verdrängen würde. Es sei notwendig, ihm diese Verdrängung der Religiosität zu beleuchten, damit er gesund werde.[55] C. G. Jung sagte, dass keiner seiner Patienten mittleren Alters genesen konnte, wenn er nicht zum Glauben seiner Kindheit zurückgekehrt sei.[56] Die moderne Wissenschaft hat entdeckt, dass ein Kind in frühester Kindheit auf irgendeine Weise von Gott weiß. Dieses Wissen sei auf geistiger und nicht rationaler oder psychophysischer Ebene. Dafür sei es aber umso sicherer und bewusster, da es sich um jene Dimension handeln würde, die spezifisch menschlich sei. K. Rahner betont, dass jede Krankheit ein Zeichen dafür sei, dass sich im menschlichen Wesen etwas Verletzendes ereignet habe, dass nämlich eine wesentliche Beziehung zu Gott verloren gegangen wäre. Deshalb sei es wichtig, meint er, dass beim Diagnostizieren auch die geistige Dimension, beziehungsweise Wirklichkeit Gottes in Betracht gezogen werde.[57] Gott sei die Grundfunktion und Bedingung des Menschen. Der Neurologe Dr. Persinger betont, dass der Mensch in seinem Gehirn eine Gotteskomponente oder einen Gottespunkt hätte, der auf menschliche Lebensstandpunkte positiv oder negativ reagiere, und daher den Sinn oder die Sinnlosigkeit des Lebens bezeichne.[58] Dr. Amen spricht vom Abdruck Gottes und vom „Modul Gott“ im Gehirn. Für ihn hat es nichts Verwunderliches, zu entdecken, dass auch im menschlichen Gehirn Spuren geistiger Prozesse nachgewiesen werden können.[59] Moderne Wissenschaften entdecken so die Wahrheit, die die Philosophen bei der Betrachtung des menschlichen Wesens schon längst formuliert haben: Wenn es Gott nicht gäbe, müsste man ihn erfinden! Der Mensch kann ohne Gott nicht funktionieren und nicht existieren. Gäbe es keinen Gott, hätte der Mensch auch nicht zu existieren begonnen. Der Atheismus sei also entweder eine Krankheit oder eine Lebensentscheidung. Oft sei der Atheismus nur ein ideologischer Trick. Die wissenschaftliche Wahrheit spreche gegen ihn. Deshalb sagen heutige Atheisten lieber, sie seien Agnostiker: Möglicherweise gebe es Gott, allerdings könnten sie ihn nicht erkennen. Diese Flucht sei aber weder real noch ehrlich. Wenn sie sich Mühe geben würden, würden sie Gott finden, denn er sei dem Menschen im Bewusstsein präsenter als der Mensch es sich selbst sei.

---

54 Vgl. D. Goleman, *Emocionalna inteligencija* (Emotionale Intelligenz), Mozaik knjiga, Zagreb, 1997, S. 18-19.

55 Vgl. V. Frankl, *Der unbewusste Gott*, München 1974, S. 54 ff.

56 Vgl. C. G. Jung, *Gesammelte Werke,* Olten, 1971, Band 11, S. 125.

57 Vgl. K. Rahner, *Schriften zur Theologie II,* S. 292.

58 Vgl. D. Amen, *Liječenje hardwarea duše* (Heilung der Hardware der Seele), VBZ, Zagreb, 2003, S. 70-71; auch D. Zohar, J. Marshall, *SQ,* VBZ, Zagreb, 2002, S. 87.

59 Vgl. ebd, S. 30.

Wenn nur die Christen sich dessen bewusst wären, dann sei es klar, dass sie in dieser Welt leben und arbeiten müssten im Bewusstsein, dass die Welt ihnen gehöre und sie Arbeiter in dieser Welt seien. Der Christ dürfe keine Flucht ins Jenseits versuchen, er dürfe sich nicht mit religiösem Ausreden über die Gottlosigkeit der mündig gewordenen Welt trösten, er dürfe zu Gott nicht aufblicken wie zu einem Flickschuster, der Löcher in der menschlichen Schwäche stopft. Er müsse Gottes Verlassenheit in der Welt voll erfahren. Das bedeutet, dass der Christ ganz weltlich leben müsse, er müsse sich in der Welt und für die Welt voll einsetzen, denn nur dadurch werde er von religiösen Störungen frei werden. So werde er mit Gott in seinen Schmerzen und Leiden zusammen sein.

Aus der Perspektive des Kreuzes Christi sei die Welt für die relative und nicht für die absolute Autonomie befreit worden, wie es verschiedene marxistische Interpreten Bonhoeffers begriffen haben. Die Welt steht für Bonhoeffer unter der doppelten Bedeutung: Gottlosigkeit und Versöhnung. Die Welt werde zur Welt im wahren Sinn des Wortes erst wenn sie das Urteil und darin die Versöhnung in Christus akzeptierte, sonst falle sie auf sich selbst zurück und verpasse ihre echte Weltlichkeit. Christ zu sein bedeute also Mensch zu sein im wahrsten Sinne des Wortes. Es ist klar, dass Bonhoeffer dabei nicht horizontal denkt, sondern von dem Menschen spricht, den Christus in uns erschafft. Gott, der mit uns sei, sei Gott, der uns verlasse. Gott, der uns in der Welt ohne die ‚Arbeitshypothese Gott' leben lasse, sei der Gott, vor dem wir dauernd stünden. „Vor und mit Gott leben wir ohne Gott."[60] Genau jenes „*etsi deus non daretur*" sei das Kreuz der Christen in der Welt. Die Notwendigkeit des Kreuzes Christi erkennen wir also, dass Gott mit Christi Menschwerdung die sündige Welt wohl angenommen habe, sie aber noch nicht befreit und gerechtfertigt habe, damit sie in Christus ein wahres und selbstbestimmtes Wesen sein könne. Auf diese Weise hat Bonhoeffer durch seine neue Theologie des Kreuzes im Sinne seines Wirklichkeitsbegriffs eine neue Art der Nachfolge aufgezeigt. Das Kreuz der Wirklichkeit wird zum Kreuz der Nachfolge. Bonhoeffer hat also die Nachfolge Christi in die Wirklichkeit versetzt. Für ihn ist nämlich die ganze Wirklichkeit von Christus durchdrungen, ohne Christus ist die Wirklichkeit nur Abstraktion. So hat er die Nachfolge Christi aus ihrer Einengung auf ein religiöses Leben befreit und auf die gesamte Wirklichkeit ausgeweitet.

Auf diese Weise fand Bonhoeffer über die Theologie des Kreuzes zum Verständnis für die mündig gewordene Welt und stellte sie in Christus hinein. Die Strukturen des Kreuzes Christi seien in die mündige Welt eingeprägt. Er sagt in seinem Werk „*Ethik*": „Ohne oder gegen die Verkündigung des Kreuzes Christi gibt es keine Erkenntnis der Gottlosigkeit und Gottverlassenheit der Welt, viel-

---

[60] D. Bonhoeffer, *Widerstand und Ergebung*, DBW Bd. 8 S. 534.

mehr wird das Weltliche immer sein unstillbares Verlangen nach eigener Vergöttlichung zu befriedigen suchen. Wo aber das Weltliche neben der Christusverkündigung sein eigenes Gesetz aufrichtet, dort verfällt es ganz sich selbst und muss sich schließlich selbst an Gottes Statt setzen. In beiden Fällen hört das Weltliche auf weltlich zu sein, auf sich selbst gestellt will und kann das Weltliche nicht nur weltlich sein, sondern es sucht verzweifelt und krampfhaft nach der Vergöttlichung des Weltlichen, und die Folge ist, dass gerade dieses betont und ausschließlich weltliche Leben einer unechten, halben Weltlichkeit verfällt; es fehlt die Freiheit und der Mut zur echten und ganzen Weltlichkeit, das heißt die Welt das sein zu lassen, was sie vor Gott in Wirklichkeit ist, nämlich eine in ihrer Gottlosigkeit mit Gott versöhnte Welt“[61] Die Gottlosigkeit der Welt spiele insofern eine positive Rolle, als sie uns auf den biblischen Gott hinweisen könne. Die Gottlosigkeit der Welt bedeutet für Bonhoeffer, dass in Gottes Verlassenheit dem Sohnes Gottes der Weg für eine vollkommene, nicht verborgene Weltlichkeit geöffnet werde.

Einige hermeneutische Begriffe

Um den Kontext zu verstehen, in dem sich Bonhoeffers Theologie des Kreuzes bewegt, ist es notwendig, zumindest kurz etwas darüber zu sagen, was er unter dem Begriff Wirklichkeit, mündige Welt, Weltlichkeit, Diesseitigkeit, Gottlosigkeit und Nichtreligiosität versteht.

Wirklichkeit

Wirklichkeit ist für Bonhoeffer vollständig durch seine Christologie definiert. Er sagt: „Alle Wirklichkeitsbegriffe, die von ihm (= Jesus Christus) absehen, sind Abstraktionen.“[62] Anfangs war für Bonhoeffer nur die Kirche die offenbarte Wirklichkeit. Später erweiterte er Christi Wirklichkeit auf die Weltwirklichkeit, um die gesamte Weltrealität als durch Christus definiert sehen zu können. Er beschäftigt sich in der *Ethik* mit der Frage, wie die Offenbarung ihre Form in der Welt bekommen könnte. Er verbindet die Offenbarung zunächst mit dem Begriff des Guten und sagt, das Gute sei die Wirklichkeit selbst. Danach sagte er, dass die Wirklichkeit kein Neutrum, sondern persönliche Wirklichkeit sei, und das sei Jesus Christus.[63] Jesus sei Gott und Mensch. Deshalb könne man den Menschen Jesus nur in Christus, und Gott nur in der menschlichen Gestalt Jesu Christi denken und erkennen. So vereinige der Wirklichkeitsbegriff Gott und Menschen, Himmel und Erde, Gott und Welt in sich. Jede Flucht in die Säkularisation bedeute die Flucht

---

[61] D. Bonhoeffer, *Ethik,* DBW Bd. 6, München 1992, S. 405.
[62] Ebd, S. 39.
[63] Vgl. ebd, S. 43.

vor der Wirklichkeit. Heteronomie und Autonomie würden so von der Christonomie überwunden. Bonhoeffer erklärt das mit den Worten: „In Jesus Christus ist Gottes Wirklichkeit in die Wirklichkeit dieser Welt eingegangen.“[64] Es gäbe keine zwei Wirklichkeiten, sondern nur eine, und zwar Gottes Wirklichkeit, die in Jesus Christus in der Wirklichkeit der Welt offenbart worden sei.[65] Deshalb befinde sich das Christliche nur im Weltlichen, das Übernatürliche nur im Natürlichen, das Heilige nur im Profanen, das Offenbarte nur im Rationalen.[66] Das dürfe jedoch nicht so verstanden werden, als ob sich das Christliche mit dem Weltlichen identifizieren würde, sondern dass sich das Göttliche im Weltlichen befinde. Das Weltliche und das Christliche hätten relative Selbstständigkeit und eine eigene Gesetzmäßigkeit. Das Weltliche und das Christliche seien nur in Christi Wirklichkeit vereint und nicht miteinander vermischt.

Weltlichkeit

Die Frage nach der Weltlichkeit stellte Bonhoeffer bereits in seinen frühen Schriften und definierte sie damals noch nicht exakt. In seinen Briefen aus dem Gefängnis verschärft er diese Frage in Richtung eines nichtreligiösen Christentums. Jetzt unterscheidet er echte und unechte Weltlichkeit. Jene Weltlichkeit sei echt, die damit rechne, dass Christus in die Weltwirklichkeit eingetreten sei, und dass die Welt daher keine eigene, von Gottes Offenbarung unabhängige Wirklichkeit hätte. Echte Weltlichkeit bestehe lediglich durch die Befreiung in Christus. Durch rein profane Weltbilder würden fremde Normen und Werte, Gesetze und Ideen zu herrschen beginnen, die letztlich eine „Götterdämmerung“, einen „Göttertod“ hervorbringen würden, sagt Bonhoeffer.[67] Unechte Weltlichkeit entstehe durch die Trennung des Christlichen vom Weltlichen in zwei Bereiche beziehungsweise Räume. Jede Trennung des Weltlichen vom Mittelpunkt, der Christus sei, sei eine unechte Weltlichkeit, eine Abstraktion.

Diesseitigkeit

Ein der Weltlichkeit ähnlicher Begriff ist die Diesseitigkeit. Bonhoeffer versteht diesen Begriff in der Bedeutung des Alten Testaments. „Nur wenn man die Unaussprechlichkeit des Namens Gottes kennt, darf man auch einmal den Namen Jesus Christus aussprechen; nur wenn man das Leben und die Erde so liebt, dass mit ihr

64 Ebd, S. 39.
65 Vgl. ebd, S. 43.
66 Ebd, S. 44.
67 Vgl. ebd. S. 32.

alles verloren und zu Ende zu sein scheint, darf man an die Auferstehung der Toten und eine neue Welt glauben.", meint Bonhoeffer.[68] Ein Christ sei nicht jemand, der vor seinen Aufgaben in der Welt und vor den Enttäuschungen und dem Übel, die in ihr geschehen, fliehen dürfte. „Der Christ hat nicht wie die Gläubigen der Erlösungsmythen aus den irdischen Aufgaben und Schwierigkeiten immer noch eine letzte Ausflucht ins Ewige, sondern er muss das irdische Leben wie Christus (‚Mein Gott, warum hast Du mich verlassen?') ganz auskosten und nur indem er das tut, ist der Gekreuzigte und Auferstandene bei ihm und ist er mit Christus gekreuzigt und auferstanden. Das Diesseits darf nicht vorzeitig aufgehoben werden. Darin bleiben N. T. und A. T. verbunden. Erlösungsmythen entstehen aus den menschlichen Grenzerfahrungen. Christus aber fasst den Menschen in der Mitte seines Lebens."[69] Bonhoeffer befürwortet dabei nicht ein atheistisches Christentum, das Horizontale ohne das Vertikale. Er unterscheidet die banale von der tiefen Diesseitigkeit und sagt darüber: „nicht die platte und banale Diesseitigkeit der Aufgeklärten, der Betriebsamen, der Bequemen oder der Lasziven, sondern die tiefe Diesseitigkeit, die voller Zucht ist und in der die Erkenntnis des Todes und der Auferstehung immer gegenwärtig ist."[70] Bonhoeffer ist so vollständig von Jesus Christus erfasst – durch die Begegnungen mit ihm durfte er erfahren, dass die gesamte Wirklichkeit mit ihm erfüllt ist. Es gäbe keine Diesseitigkeit ohne Christus. Wo ein Christ sei, dort befinde sich sowohl die Vertikale als auch die Ewigkeit.

In diesem Kontext spricht Bonhoeffer auch von diesseitiger Transzendenz. Es handele sich um eine persönlich-ethische Transzendenz. Ein transzendenter Mensch ist für ihn nämlich der, der andere liebt, der wie Jesus „ein Mensch für andere" ist. Nur so einer lebe aus der Transzendenz. In der Christologie werde die Transzendenzfrage nämlich in der Form der Existenzfrage gestellt, und die ontologische Frage als Frage nach der Person Christi.

Die mündig gewordene Welt

Bonhoeffer ist es besonders am Verständnis der sogenannten mündigen Welt gelegen. Er erblickt in ihr eine Folge menschlicher Entwicklung. Sie sei in sich aufrichtig und habe keine Angst vor Leiden. Sie sei nichtreligiös, habe jedoch eine gewisse relative Übereinstimmung mit Christi Wirklichkeit. Den Begriff übernahm Bonhoeffer von W. Dilthey, der das neue Zeitalter als einen ständigen Entwicklungsprozess zur Autonomie der Menschen beschrieben hatte, bei dem der Mensch mit allem, sei es im naturwissenschaftlichen Bereich oder in Politik, Kul-

68 *Widerstand und Ergebung,* DBW Bd. 8, S. 226.

69 Ebd, S. 500.

70 Ebd. S. 541.

tur, Ethik, sogar in religiösen Fragen, ohne Gott fertig werden könne. Diesen Prozess nannte Dilthey die Mündigkeit der modernen Welt.[71] Mündigkeit bedeute nicht, dass die moderne Welt besser sei. Es gehe nicht um die moralische Entwicklung. Es handele sich um eine geschichtliche Entwicklung in Richtung menschlicher Autonomie, welche Bonhoeffer theologisch bewertet. Bonhoeffer war nicht so naiv, zu denken, der moderne Mensch sei fähig geworden, das Schicksal der Welt zu bestimmen. Er selber lebte ja im Lager mit unreifen Menschen. Bonhoeffer sagt sogar: „Der Mensch wird wieder auf sich selbst verwiesen. Mit allem ist er fertig geworden, nur nicht mit sich selbst.“[72] Bonhoeffer hat die religiöse Vielseitigkeit der Welt deutlich gesehen. Trotzdem suchte er nach einer nichtreligiösen Interpretation des Evangeliums, angesichts der Möglichkeit, dass die Welt nichtreligiös werden könnte. Er denkt vor allem theologisch und stellt daher die Frage, was Christus für einen Menschen ohne Religion bedeute. Er geht nämlich von Christi Wirklichkeit aus, also davon, dass authentisches Sein nur in Christus möglich ist und authentische Wirklichkeitserkenntnis nur in ihm zu finden sei. Jede Darstellung der Welt ohne oder neben Christi Wirklichkeit ist für ihn Abstraktion. Er bemerkt jedoch, dass es Menschen gibt, die so leben als ob es Gott nicht gäbe – ein Phänomen, das seinen Begriff von der Wirklichkeit Christi in Frage stellen könnte. Er muss seine Theologie im Bezug auf diese Frage überdenken.

Unter Mündigkeit versteht Bonhoeffer die Bewältigung von Lebensproblemen ohne fremde Vormundschaft, und das bedeutet die eigenverantwortliche Entwicklung unterschiedlicher Lebensbereiche. Ähnlich definierte Kant die Aufklärung, als er sagte, dass sie der Ausgang des Menschen aus seiner selbstverschuldeten „Un“- mündigkeit sei. Unmündigkeit sei das Unvermögen, sich seines Verstandes ohne fremde Leitung zu bedienen.[73] Für Bonhoeffer sei jene Welt reif und mündig, die zum Selbstbewusstsein und eigenen Lebensgesetzen gekommen sei.[74] In ihr sei Gott als moralische, naturwissenschaftliche, politische, philosophische und religiöse Arbeitshypothese abgelehnt und überwunden.[75] Die christliche Apologetik versuche Gott in diese mündig gewordene Welt hineinzuzwängen. Dies empfindet Bonhoeffer als unredlich.[76] Christus sei nämlich Herr und Mittelpunkt von allem. Nicht die Welt und Gott seien das Problem, sondern die intellektuelle Trägheit und Unfähigkeit der Christen, meint er.

---

[71] Vgl. Bonhoeffers Brief vom 2.3.1944: „Könntet ihr mir bitte Dilthey: „Weltanschauung und Analyse des Menschen seit der Renaissance und Reformation“ verschaffen?“ in: D. Bonhoeffer, *Widerstand und Ergebung,* DBW Bd. 8, S. 349, auch ebd, S. 477, Anm. 14.

[72] Ebd, S. 557.

[73] Vgl. I. Kant, *Beantwortung der Frage: Was ist Aufklärung“,* Werke VI, S. 53.

[74] Vgl. D. Bonhoeffer, *Widerstand und Ergebung,* S. 475.

[75] Vgl. ebd, S. 476.

[76] Vgl. ebd, S. 477.

Die Mündigkeit des Menschen sieht Bonhoeffer entsprechend seiner Theologie des Kreuzes. Die Bibel weise den Menschen auf Gottes Machtlosigkeit und sein Leiden hin. Deswegen macht für Bonhoeffer die Mündigkeit der Welt den Blick des Menschen auf den biblischen Gott frei. Er sagt, dass die mündig gewordene Welt gottloser, aber vielleicht gerade deswegen Gott näher sei, als die unreife Welt. Bonhoeffer löst seine christologische Frage nach der Wirklichkeit Christi, indem er an der Mündigkeit und der Autonomie der Welt nachweist, dass die Nichtreligiosität den Menschen befähigt habe, die Gesamtheit der Wirklichkeit – und damit auch Christi Wirklichkeit – sichtbar zu machen.

Nichtreligiosität

Die Nichtreligiosität ist ein Begriff, der bei Bonhoeffer eine besondere Bedeutung hat. Er spricht von zwei Formen der Nichtreligiosität: einer christlichen und einer weltlichen. In der Kirche könne es keine Religion geben, da die Offenbarung das Ende der Religionen sei. Deshalb sprach Bonhoeffer von Nichtreligiosität in der Kirche. Später wird er diesen Begriff weiter entwickeln. Die Religion versuche nämlich, die Wirklichkeit in eine innerweltliche und eine metaphysische zu zerteilen. Das würde bedeuten, dass Religion entweder vor Gott oder vor der Welt fliehe. Sie sei unfähig, Christi Wirklichkeit zu tragen, die ganzheitlich und nicht aufgeteilt sei.

Die zweite Form von Nichtreligiosität sei die weltliche. Da Christi Wirklichkeit ganzheitlich sei, befinde sich die Religion außerhalb dieser Wirklichkeit. Bonhoeffer hat jetzt allerdings das Problem, dass er in der mündig gewordenen Welt nicht Religion sondern Nichtreligiosität vorfindet. Sogar noch mehr: Der mündig gewordene Mensch sei nicht nur nichtreligiös, sondern sogar gottlos. Wenn er aber gottlos sei, dann sei er gerade religiös. Wie ist aus diesem Paradoxon herauszukommen? Bonhoeffer will die Gottlosigkeit des mündigen Menschen nicht verdecken, sondern aufdecken. Die Nichtreligiosität sei Voraussetzung der Mündigkeit, da der mündige Mensch Gott als Arbeitshypothese verworfen und stattdessen die Vernunft und das heuristische Prinzip als Arbeitshypothese angenommen habe. Die Nichtreligiosität sei auch eine Folge der Mündigkeit, da in der selbstständigen Welt Religion überflüssig sei. Diese Nichtreligiosität kann Bonhoeffer jedoch nicht voll akzeptieren, sondern nur relativ, weil sie die Funktion von Christi Wirklichkeit werden könnte. Ihre Gottlosigkeit bleibe jedoch weiterhin das Problem.

Gottlosigkeit

Den Begriff Gottlosigkeit verwendet Bonhoeffer vor allem in seiner *Ethik*. Sie dürfe nicht mit Nichtreligiosität gleichgesetzt werden, da sie eigentlich eine Religion sei.[77] Bonhoeffer unterscheidet zwei Formen der Gottlosigkeit: die abendländische, religiös-christlich verbrämte einerseits und die weltliche, antireligiöse und antikirchliche andererseits.[78] Die abendländische Gottlosigkeit sei eine Art Religion, die vom Bolschewismus bis in den kirchlichen Raum reiche. „Sie ist nicht die theoretische Leugnung der Existenz eines Gottes. Sie ist vielmehr selbst Religion und zwar Religion aus Feindschaft gegen Gott. (...) Ihr Gott ist der neue Mensch. (...) Hier (wird) unter der Gestalt Gottes, ja Jesu Christi, der Mensch angebetet“[79]. Bonhoeffer bezeichnet sie als „hoffnungslose Gottlosigkeit“ und stellt ihr die „verheißungsvolle Gottlosigkeit“ gegenüber. Diese sei ein Protest gegen die fromme Gottlosigkeit, soweit sie die Kirchen verdorben hat. Sie trage das negativ gewendete Erbe des ursprünglichen Glaubens an Gott und der wahren Kirche in sich[80]. Sie sei die Gottlosigkeit des mündigen Menschen. Der Christ müsse in der gottlosen Welt leben und dürfe nicht versuchen, mit irgendwelcher Religiosität die Gottlosigkeit zu verdecken oder umzugestalten, sagt Bonhoeffer. So sei der Mensch aufgerufen, an Gottes Leiden in der gottlosen Welt teilzunehmen.[81]

Die gottlose Welt sei religiös, da jede Wirklichkeit außerhalb von Gott Religion sei. Diese Welt sei aber auch nichtreligiös und so von der Notwendigkeit und von der Versuchung befreit, die Welt in zwei Bereiche aufzuteilen und sie so von Christus zu trennen, dessen Wirklichkeit ganzheitlich und allumfassend sei. Aus diesem Grund hat sie Bonhoeffer im dialektischen Sinne positiv bewertet. Christologie ist also für Bonhoeffer das Grundkriterium zur Beurteilung der Wirklichkeit in der Welt und insbesondere der Beziehungen zwischen den Religionen, Atheismus und Christentum.

Schlussfolgerung

Wir haben versucht, den zeitgenössischen Streit zwischen den Religionen und dem Atheismus auf der einen und dem Christentum auf der anderen Seite unter Bezugnahme christologischer Lösungen zu überdenken. Der protestantische Theologe D. Bonhoeffer war auf dieses Anliegen gestoßen, als er sich mit dem gleichen Problem befasst hat.

Widerstand gegenüber Christi Erlösung leisten nicht nur Atheisten, sondern auch Religiöse. Sowohl die einen wie die anderen streben eine Art Abrechnung mit dem jüdisch-christlichen Erbe an. Dieses Erbe stört beide und sie möchten es mit Gewalt oder durch innere Zersetzung *ad acta* legen. Uns erschien die Ver-

---

[77] Vgl. Mayer, *Christuswirklichkeit,* S. 242.

[78] Vgl. *Ethik*, S. 110.

[79] Ebd. S. 113 f.

[80] Vgl. ebd, S. 115.

[81] Vgl. *Widerstand und Ergebung,* DBW Bd. 8, S. 535.

mutung naheliegend, dass religiöse Menschen unsere Verbündeten bei der christlichen Verkündigung sind. Bonhoeffer kam zu der Erkenntnis, dass sie es nicht sind. Er hatte den Eindruck, die Atheisten seien fähig, die Verkündigung des Evangeliums anzuhören. Die Erfahrung zeigt uns aber, dass das nicht der Fall ist.[82]

Andererseits ist es eine Tatsache, dass Theologen und Naturwissenschaftler die geschaffene Welt gemeinsam erforschen. Die Ergebnisse verschiedener wissenschaftlicher Forschungen zeigen, dass wahr ist, was die Bibel sagt, was Christen glauben und was theologische Wissenschaften lehren. Das belegen Ergebnisse der modernen Hirnforschung, philosophische und psychologische Forschungen, Erkenntnisse im medizinischen Bereich, die Erforschung des deterministischen Chaos und die schwarzen Löcher im Kosmos, sowie anthropologische Erforschungen der geistigen Dimension des Menschen. Daraus schließen wir, dass die Religionen und der Atheismus ideologisiert sind, und das bedeutet, dass sie im Dienste anderer Ziele stehen würden, die ursprünglich nicht wissenschaftlich, oder religiös oder nichtreligiös waren. Die Religionen haben ihre Götter und Gottheiten und erwarten von ihnen die Erlösung. Die Atheisten denken, in sich das Genie gefunden zu haben, dass sie vor Bedrohungen, Tod und Übel befreien könne. Aber beide fürchten sich, fühlen sich schwach und greifen deshalb zu verschiedenen aggressiven Mitteln. Beide verwerfen eine göttliche Initiative zur Erlösung des Menschen. Damit stehen sie außerhalb der echten Wirklichkeit und deshalb fürchten sie sich. Das Zweite Vatikanische Konzil sagt, dass Jesus Christus die gesamte Wirklichkeit auf sich genommen, und sich auf gewisse Art mit jedem einzelnen Menschen der Menschheitsgeschichte verbunden hat.[83] Wer Jesu Botschaft, sein Angebot und seine Erlösung nicht annimmt, lebt in Abstraktion, außerhalb der Wirklichkeit, in Unwahrheit. Wie könnte diesen Menschen geholfen werden? Bonhoeffer sieht die Lösung in der Theologie des Kreuzes. Die Kirche könne ihnen entgegenkommen und sie überzeugen, nur und gerade indem sie schwach, abgewiesen, gekreuzigt sei. Eine starke Kirche wecke in ihnen negative Empfindungen wie Eifersucht, Konkurrenz, Angst, Bedrohung. Sie fürchten, dass die Kirche ihre Identität, ihre Kultur und ihre Überzeugungen vernichten könnte.

Die Kirche muss auf jeden Fall in den Menschen die Wahrheit und nicht Verbündete suchen. Die Wahrheit wird uns befreien. Jesus ist die Wahrheit. Diese Wahrheit muss in der Liebe angeboten werden. Die Liebe ist zwar auf den ersten Blick schwach, aber in Wirklichkeit stark, denn Gott ist die Liebe. Bonhoeffers Gedanken helfen uns, die Wahrheit in einer Weise aufzudecken, die modernen Menschen verständlich ist. Er sagt, dass es nur eine Wirklichkeit gibt, und zwar die christologische, und dass in ihr die himmlische und die irdische Wirklichkeit

[82] Vgl. GS 21: „Wenn die Kirche auch den Atheismus eindeutig verwirft ..."

[83] Vgl. GS 22: „Denn er, der Sohn Gottes, hat sich in seiner Menschwerdung gewissermaßen mit jedem Menschen vereinigt."

vereinigt sind. Die gesamte Schöpfung sei durch Christi Menschwerdung in eine höhere Wirklichkeit aufgehoben, betonten bereits die Kirchenväter und das bestätigt das Zweite Vatikanische Konzil.[84]

Aber wie kann man diese Wahrheit heute im Bewusstsein der Christen einpflanzen und beleben, die in ganz anderen Überzeugungen leben? Offensichtlich ist wieder eine neue Evangelisation nötig. Noch haben wir die Frage einer Neuevangelisation der Kirche und der neuen Evangelisation der Welt weder gelöst noch verwirklicht, da steht bereits der Auftrag für eine andere Evangelisation moderner Menschen vor der Tür. Die Kirche und die Gläubigen werden erneut gründlich in Frage gestellt.

[84] Vgl. ebd: „Da in ihm die menschliche Natur angenommen wurde,... ist sie dadurch auch schon in uns zu einer erhabenen Würde erhöht worden."

VIII Der Christusglaube im atheistischen Ambiente

Einleitung

Der Atheismus hört nicht auf, Kirche und Glauben herauszufordern. Er ist ein großes Zeichen der Zeit. Die Kirche verhält sich ihm gegenüber immer noch defensiv. Anstatt ihre Augen für die neuen Perspektiven zu öffnen, zu denen der Atheismus sie herausfordert, um ihn mit ihrer Kreativität, ihrer Vision und ihrem Wirken zu übertreffen, lässt sie sich von ihm ausbremsen und sucht ihren Platz innerhalb seines Systems. Deshalb bleibt er weiterhin ein Auftrag an die Kirche.

Um in einem konkreten Bereich zu bleiben und unnötige Verallgemeinerungen zu vermeiden, betrachten wir zunächst jenen Atheismus, der unsere Kirche in Kroatien herausfordert. Im ersten Teil zeigen wir einige Merkmale dieses Atheismus auf, im zweiten Teil die Situation der Gläubigen in ihm.

Das atheistische Ambiente in Kroatien

Der Atheismus auf dem Gebiet der katholischen Kirche in Kroatien im Gebiet von Ex-Jugoslawien ist nicht eindeutig. Er ist unterschiedlich begründet und nährt sich aus verschiedenen Quellen. Grundsätzlich können wir drei Typen unterscheiden: den marxistischen, den nationalistisch-humanistischen und den praktischen Atheismus.

Der *marxistische* Atheismus ist auf dem Gebiet Ex-Jugoslawiens wohl am stärksten ausgeprägt. Die „theoretische und ideelle Tätigkeitsgrundlage des Bundes der Kommunisten ist der wissenschaftliche Sozialismus, beziehungsweise der Marxismus und der Leninismus."[1] Die jugoslawischen Kommunisten begriffen den Marxismus und den Leninismus nicht als eine Sammlung von Dogmen, sondern als schöpferische und aktive Theorie; sie verhielten sich ihm gegenüber „wie zu einer Lehre, die ständig entwickelt und mit der modernen gesellschaftlichen Praxis und neuen Erkenntnissen menschlicher Gedanken bereichert wird."[2] Die

---

1 *XI. Kongress des Bundes der Kommunisten Jugoslawiens*, Verlagszentrum „Kommunist", Belgrad, 1987, S. 225.

2 Ebd, S. 225.

Religion war für sie ganz dasselbe, was sie für Marx und Lenin war. „Religion ist das Opium des Volkes", schreibt Lenin. Diese Aussage von Marx ist der Grundstein der gesamten marxistischen Weltanschauung hinsichtlich der Religion. „Alle zeitgenössischen Religionen und Kirchen, alle verschiedenen Religionsorganisationen betrachtet der Marxismus immer als Organe bürgerlicher Reaktion, die zur Verteidigung der Ausbeutung und Verdummung der Arbeiterklasse dienten."[3] An einer anderen Stelle sagt er erneut: „Wir verlangen, dass die Religion eine private Angelegenheit in Bezug auf den Staat werde, aber wir können keineswegs die Religion als private Angelegenheit in Bezug auf unsere eigene Partei betrachten."[4] Marx wiederum schreibt: „Die Überwindung von Religion als illusorisches Glück des Volkes ist eine Forderung nach seinem wahren Glück."[5]

Aus dem Programm des Bundes der Kommunisten Jugoslawiens (SKJ) lässt sich erkennen, dass die jugoslawischen Marxisten die gleiche Linie verfolgten: „Marxismus als Weltanschauung und Ideengrundlage praktischer Tätigkeit der Kommunisten ist mit irgendwelcher religiösen Überzeugungen unvereinbar. Eine Mitgliedschaft im Bund der Kommunisten Jugoslawiens lässt daher keinen religiösen Glauben zu. In ihrem Kampf mit ideellen Mitteln gegen jede Form von Vorurteilen und sich auf Errungenschaften von Natur- und Gesellschaftswissenschaften stützend, respektieren Kommunisten das Recht jugoslawischer Bürger, einer der Religionsgemeinschaften anzugehören oder nicht anzugehören ... und dass sie wegen ihrer religiösen Überzeugung und Ausübung religiöser Bräuche keinerlei Nachteile in ihren gesellschaftlichen oder politischen Rechten haben dürfen."[6] Aber „Kommunisten verzichten nicht auf ihre führende gesellschaftliche Rolle."[7] Und „das Programm des Bundes der Kommunisten Jugoslawiens setzt jugoslawischen Kommunisten ihre Grundaufgaben in ihrer gesellschaftlich-politischen Tätigkeit beim sozialistischen Aufbau der Gesellschaft und der Entwicklung sozialistischer Gesellschaftsverhältnisse fest, formuliert Ideenkonzeptionen zu allen wesentlichen inneren Problemen und der Außenpolitik Jugoslawiens und bestimmt die Richtlinien der weiteren Entwicklung des Landes."[8] In diesem Sinne wurde in der Präambel der alten Verfassung der Sozialistischen Föderativen Republik Jugoslawien (SFRJ) festgelegt: „Erziehung und Ausbildung basieren auf den

---

[3] *Marksističko poimanje religija* (Marxistische Auffassung von Religionen), (Sammelband), Zagreb, 1976, S. 104.

[4] K. Marx, F. Engels, V. I. Lenin, *O religiji* (Über die Religion), Mladost, Belgrad 1976, S. 179.

[5] K. Marx, F. Engels, *O religiji* (Über die Religion), (Auswahl aus den Texten), Zagreb, 1976, S. 47.

[6] *Program SKJ* (Programm des Bundes der Kommunisten Jugoslawiens), 1973, S. 252.

[7] Ebd, S. 122.

[8] Ebd, S. 7.

Errungenschaften der modernen Wissenschaft und insbesondere des Marxismus als Grundlage des wissenschaftlichen Sozialismus ...“[9]

Kommunisten haben eine materialistische Weltanschauung. „Ihrer marxistischen materialistischen Weltanschauung konsequent folgend, wissen jugoslawische Kommunisten, dass die Religion, wenn sie unter bestimmten geschichtlichen Bedingungen materieller und geistiger Rückständigkeit der Menschen entsteht und gepflegt wird, nicht mit administrativen Mitteln beseitigt werden kann, sondern durch ständige Entwicklung sozialistischer Gesellschaftsverhältnisse, der Verbreitung von wissenschaftlichen Erkenntnissen und durch allgemeine Förderung des menschlichen Bewusstseins, womit die wahre menschliche Freiheit progressiv verwirklicht, und die materiell-geistige Voraussetzungen für verschiedene Irrtümer und Illusionen zerstört werden.“[10]

Die staatliche Gesetzgebung des ehemaligen Staates berücksichtigte ebenfalls diese Sichtweise. Artikel 174 der alten Verfassung der SFRJ stellt fest: „Die religiöse Überzeugung ist frei und stellt eine private Angelegenheit des Menschen dar. Religionsgemeinschaften sind vom Staat getrennt und in ihrer Ausübung von Religionstätigkeiten und -Riten frei. Religionsgemeinschaften dürfen Schulen nur zur Priesterausbildung gründen.“ Die alte Verfassung der Sozialistischen Republik Kroatien (SRH) wiederholt im Artikel 258 die gleichen Bestimmungen der Verfassung der SFRJ. Das Gesetz über die Rechtslage von Religionsgemeinschaften präzisiert weiter die Bestimmungen beider Verfassungen.

Die Kirche sei also eine Privatperson in der Gesellschaft und dürfe keinen unmittelbaren Einfluss auf die Menschen haben. Diesen Einfluss haben nur die Marxisten. Damit war einer bestimmten Bekämpfung der Religion auf allen Ebenen gesellschaftlicher Tätigkeiten freie Hand gegeben.

Daraus folgt, dass unser Ambiente von einem gewissen Kampf gegen die Religion durchsetzt war. Die Mitglieder des ehemaligen Bundes der Kommunisten Jugoslawiens hatten eine führende Rolle in der Gesellschaft und die Erziehung und Ausbildung bot viele Möglichkeiten zu antireligiöser Propaganda. Das lässt vermuten, dass das Gebiet der kroatischen Kirche durch die Anwesenheit des Atheismus marxistischen Typs geprägt war. Ist es wirklich so?

Eine Umfrage aus dem Jahr 1975 zeigt, dass dem nicht so ist. So haben sich bei der Volkszählung 1953 12,6 % der Bevölkerung als Atheisten deklariert. Zwanzig Jahre später zeigte eine Untersuchung in der Zagreber Region einen deutlichen Rückgang der Gläubigen auf 48,6 % bis 50,8 %. Die Atheisten sind jedoch bei ihren Zahlen geblieben. Das bedeutet, dass der Abgang aus den Reihen der Gläubigen keinen Zugang in die Reihen der Atheisten bedeutete. Darüber

[9] *Ustav SFRJ* (Verfassung der SFRJ), Präambel – V, S. 15.

[10] *Program SKJ* (Programm des Bundes der Kommunisten Jugoslawiens), S. 252.

schrieb der Soziologe Srđan Vrcan: „Es zeugt von einem Trend der Trennung, Entfremdung und Entfernung der Menschen von der Religion und der Kirche. Dieser Trend führt aber viel mehr zu verschiedenen Formen religiöser Gleichgültigkeit und allgemeiner Nichtreligiosität als zum offenen und deklarierten Atheismus. Am wenigsten zum kämpferischen Atheismus.“[11]

Aus der Umfrage wurde auch ersichtlich, dass jene, die die Religion praktizieren, weniger am gesellschaftlich-politischen Leben beteiligt oder fast ganz davon ausgeschlossen sind. Gleichzeitig zeigte sich aber, dass es keinen direkten Gegensatz zwischen gesellschaftlich-politischer und religiöser Aktivität gibt. Es gibt viel mehr gesellschaftlich-politisch inaktive als religiöse Menschen. Die gesellschaftlich-politisch inaktiven Menschen seien ebenso wenig automatisch an religiösen Tätigkeiten beteiligt, wie alle religiös inaktiven Menschen automatisch gesellschaftlich-politisch aktiv seien; bei 49% der Bevölkerung wurde eine gesellschaftlich-politische Inaktivität festgestellt.[12] Daraus schließen wir, dass religiöse Inaktivität keine Folge gesellschaftlich-politischer Aktivität ist. Religiöse Inaktivität hat größtenteils andere Ursachen.

Die Erhebung über das religiöse Verhalten in der Zagreber Region brachte auch das völlig unerwartete Ergebnis, dass die damalige Arbeiterklasse in großen Prozentsätzen gläubig war. Marx hatte behauptet, die Religion sei für das Proletariat nicht existent. Selbst wenn es „irgendwelche theoretischen Vorstellungen wie religiöse hätte, wären diese durch die tatsächlichen Umstände längst zerschlagen.“[13] Unter den religiös Praktizierenden stehen bei uns die Arbeiter an zweiter Stelle, gleich hinter den Landwirten, an letzter Stelle stehen die Staatsdiener und das Sicherheitspersonal. Vom marxistischen Atheismus wurden also jene erfasst, die keine direkte Verbindung zur Arbeiterklasse hatten und nicht die höchste Ausbildung besaßen. Srđan Vrcan schließt, dass „der deklarierte Atheismus in der Regel bei jenen Menschen anzutreffen ist, die gutbetuchten Gesellschaftsschichten angehören.“[14]

Der Atheismus war bei uns also nicht überwiegend das Ergebnis marxistischer Indoktrination, sondern einer allgemeinen Säkularisierung, wie sie überall in der Welt anzutreffen ist.

Dies führt uns zur zweiten, zur *humanistischen* Form des Atheismus. Bonhoeffer drückte es wie folgt aus: „Die Zeit ist vorbei, als man den Menschen alles mit Theologie oder frommen Sprüchen sagen konnte; und vorbei ist auch die Zeit der Innerlichkeit und des Gewissens, und das heißt die Zeit der Religion allgemein.

---

[11] S. Vrcan, Š. Bahtijarević, *Religiozno ponašanje* (Religiöses Benehmen), I, Zagreb, 1975, S. 98.

[12] Ebd, II, S. 142 f.

[13] K. Marx, F. Engels, *Njemačka ideologija I* (Deutsche Ideologie I), Belgrad, 1964, S. 40.

[14] S. Vrcan, Š. Bahtijarević, *Religiozno ponašanje* (Religiöses Benehmen), I, Zagreb, 1975, S. 181-182.

Wir gehen einer völlig nichtreligiösen Zeit entgegen; die Menschen, so wie sie sind, können einfach nicht mehr religiös sein."[15] Der moderne Mensch habe gelernt, seine Lebensprobleme ohne die Hypothese Gott zu lösen. Er sei misstrauisch gegenüber menschlichen Autoritäten geworden. Da Menschen die Religion vermitteln und führen würden, müsse es eine Möglichkeit geben, die Richtigkeit ihrer Botschaften und Forderungen zu überprüfen. Verschiedene Autoritäten hätten schon immer in der Geschichte ihre Stellung missbraucht, weshalb ein vernünftiger Mensch ihnen gegenüber skeptisch sei. Menschen verlangten Argumente und ließen nicht gelten, dass etwas nur deshalb richtig sei, weil es durch Tradition, Sitten und menschliche Autoritäten legitimiert wäre.

Der Atheismus sei also nicht in erster Linie ein Kampf gegen Gott und den Glauben allgemein, sondern gegen eine private oder falsche Vermittlung des Glaubens. In verschiedenen Religionen – und das geschehe leicht auch im Christentum – positionierten sich Religionsvertreter als privilegierte Gesellschaftsmitglieder im Namen Gottes. Man könnte im Atheismus den Versuch sehen, mit Gott in einem anderen Verhältnis zu leben, als dies die Religionsvertreter täten. Der Mensch könne nämlich ebenso wenig ohne Gott leben, wie ohne sein eigenes Gewissen. Anscheinend könne er aber durchaus ohne die angebotenen Religionsformen und Religiosität leben. Bonhoeffer fragt sich deshalb, ob man ohne jegliche religiöse Form bestehen könne. Wie würde ein rein weltliches Lebensverhältnis zu Gott aussehen? Tatsache ist, dass viele Menschen nichtreligiös leben und ohne größere Traumata und Schwierigkeiten als Atheisten sterben. Es sei also möglich, rein weltlich zu leben; ohne eine bestimmte religiöse Form – das heißt ohne Gott – und doch mit ihm. Hätte nicht das erste Christentum im Vergleich mit seiner Zeit eine gewissermaßen weltliche Form von Religiosität gelebt? Oder ganz ohne gängige religiöse Formen? Habe man die ersten Christen nicht deswegen Atheisten genannt? Hätten sie nicht für ihre Vorsteher rein weltliche Bezeichnungen gebraucht wie Vorgesetzter, Aufseher oder ähnlich? Bonhoeffer fragt sich deshalb zu Recht, ob das Christentum nicht ohne religiöse Formen auskommen könne. Entscheidend sei das Leben in Gemeinschaft mit Gott, mit dem geschichtlichen Gott und in seinem Geiste. Müsse das Christentum zunächst Religion sein, oder könnte es weltliche Formen finden, durch die es vermittelt und vielleicht sogar tiefer und wahrhaftiger gelebt würde? Sei der moderne Atheismus nicht ein Zeichen der Zeit und eine Anregung für die Kirche, auch daran zu denken? Weise der Atheismus außer seinen negativen Aspekten auch eine positive Botschaft auf? Sei eine Aufforderung Gottes darin zu erkennen?

Der eigentliche Atheismus ist eine bewusste Trennung von Gott. Sie geschieht durch die Sünde. Sünde, auch schwere Sünde, kann genauso begangen werden

[15] D. Bonhoeffer, *Widerstand und Ergebung*, DBW Bd. 8, S. 402.

wenn man religiös praktiziert, wie auch, wenn man ohne Religion lebt. Entscheidend dabei ist das menschliche Herz. Gibt es überhaupt ein Christentum abgetrennt vom Leben, welches sich lediglich in bestimmten Praktiken ausschöpft? Muss es, im Gegenteil, nicht mitten im Leben selbst stattfinden? Offensichtlich können Menschen ohne Gewissensbisse mit religiösen Praktiken aufhören, ohne dass sie dabei mit Gott brechen. Davon spricht ein geflügeltes Wort: Gott ja, Kirche nein. Ist der Atheismus ein Anzeichen dafür, dass sich in der Kirche die Formen des religiösen Gemeinschaftslebens zu sehr vom Leben entfernen, anstatt durch das Leben selbst geformt zu werden?

All diese Fragen müssten die Religiösen und insbesondere die Kirche herausfordern. Möglicherweise ist der Atheismus in der Gesellschaft ein Zeichen für das Aufkommen eines „religiösen" Atheismus in der Kirche – dass einige Vermittler nicht Gott, sondern sich selbst vermitteln. Hiervon spricht das Zweite Vatikanische Konzil in der pastoralen Konstitution über die Kirche in der Welt von heute (zum Beispiel GS 19). Als der Priester und Wissenschaftler Linacre nach vielen Jahren das Evangelium aufschlug und die Bergpredigt las, rief er aus: „Entweder ist das hier kein Evangelium, oder wir sind keine Christen!"[16] Die Frage des Atheismus ist also auch eine Frage des Glaubens in der Kirche. Man kann die Frage stellen, ob der Atheismus überflüssig würde, wenn die Kirche in der heutigen Zeit Gottes Anwesenheit wirkungsvoll vermitteln würde. Wegen der Unstimmigkeit zwischen Evangelium und Kirche verlassen viele Menschen die Kirche, weil sie dort nicht ausreichend Gott finden. Als ob sie von der Kirche zu Gott gehen würden. Das Konzil sagt, dass viele Christen mit ihrem Leben das wahre Antlitz Gottes eher verhüllen als offenbaren (GS 19, 3). So spiegelt der Atheismus diese Entwicklung auf dem Gebiet des Glaubens. Wenn ein Christ feststellen will, wie es mit seinem Glauben bestellt ist, könne er bei den Atheisten Aufschlussreiches beobachten. Während man in der Kirche den Aufschrei vernimmt: wehe der Kirche vor dem Atheismus, sollte man auch die Stimme der Welt hören: wehe der Welt wegen der Anstößigkeit der Kirche! Die Frage des Atheismus ist also nicht nur eine Frage der Atheisten, sondern auch der Christen.

Was die Kirche betrifft, so muss man zwischen dem Wesen und der Form unterscheiden. Das Wesen kann nie verloren gehen oder verändert werden. Die Form muss jedoch ständig verändert werden. Gott existiert nicht ohne jegliche Form. Wichtig ist nur, dass die Kirche die Kraft findet, sich in jeder Form des Lebens und der Welt zu verkörpern, wie gottlos und finster sie auch aussehen mag. Möglicherweise stellt die langsame Formveränderung ein Problem der heutigen Zeit dar. Die Kirche ist ständig in Wandlung, sie darf und kann in keiner Form

[16] H. Küng, *Sloboda u svijetu* (Freiheit in der Welt), Zagreb, 1980, S. 15.

steckenbleiben. Ihrer Identität treu, überwindet sie in der menschlichen Geschichte ständig ihre Lebensformen, um eine andere Lebensform anzunehmen.

Der moderne Atheismus zeigt, dass Menschen weder den offiziellen Glauben noch den offiziellen Atheismus akzeptieren. Eine wissenschaftliche Mentalität duldet keine Tabus. Sie lässt sich durch Autoritäten nichts aufzwingen, was sich nicht mit vernünftigen Argumenten rechtfertigen ließe. Die Vernunft müsse sich von allen Bindungen lösen, um die Erde erforschen und der menschlichen Herrschaft unterordnen zu können. Säkularisierung ist also ein Prozess der Emanzipation menschlicher Vernunft und des Menschen selbst. Je mehr sich Gläubige dieser Säkularisierung widersetzen, umso mehr wird diese atheistisch und antichristlich. Dieser Prozess begann bereits im XI. Jahrhundert. Er ist einfach da und stellt den Gläubigen unerbittliche Fragen. Dem modernen Menschen erscheint die Kirche als dogmatisches Gebilde, als Gegner von Demokratie und von Freiheit der Vernunft, als Institution, die sich die höchste Autorität in beinahe allen Fragen menschlicher Existenz vorbehält, insbesondere in Fragen der Religion, der Ethik und des Sinnes. Deswegen hat sie oft die Intelligenz gegen sich.[17]

Die dritte Form des Atheismus in unserer Gegend ist eine bestimmte *Gleichgültigkeit* gegenüber der Religion. Viele Menschen haben sich nicht deshalb von der Kirche entfernt, weil sie etwas gegen sie haben, sondern weil die Kirche ihnen nichts bietet. Sie betrachten die Kirche mehr oder weniger als ein kulturelles Gebilde oder ein geschichtliches Fossil. Sie könne zwar einen bestimmten Wert in der Kultur eines Volkes haben, biete jedoch keinen Raum für ernsthafte existenzielle, schicksalhafte Grundsätze. Es sind Menschen, die insbesondere nach dem II. Weltkrieg viel Negatives über die Kirche gehört haben. Sie erfahren sie als eine Organisation, die Herrschaft über die Menschen beansprucht und sich deshalb grob in intime menschliche Probleme einmischt. Weil die Gläubigen Gottes Existenz ebenso wenig entschieden nachweisen können, wie sie ihrerseits seine Nichtexistenz nicht belegen können, entsteht so etwas wie eine Patt-Situation. Mit anderen Worten: Es geht um die positive Sichtbarkeit Gottes und um die sichtbare Wirksamkeit der Kirche. Auch unter den Gläubigen selbst ist eine gewisse Unbehaglichkeit zu spüren. Sie erleben, dass man sie für Menschen hält, die unfähig für die Freiheit sind, voller Vorurteile und Irrtümer, rückständig und unfähig, sich verantwortungsvoll dem Leben und dem Tod zu stellen.[18]

Im Gebiet der kroatischen Kirche hat man lange Zeit gelehrt, Christus sei eine mythische Person, sein Leben eine Legende und das Christentum eine Schöp-

---

[17] Es ist interessant, dass es heute viele Schriftsteller aus den Reihen ehemaliger Priesterschüler gibt. Sie sind oft harte Atheisten und unangenehme Kritiker mancher Unzulänglichkeiten innerhalb der Kirche.

[18] Vgl. B. Bošnjak, *Kritika religije* (Kritik der Religion), in: *Religija i društvo* (Religion und die Gesellschaft), Zagreb, 1969, S. 10-12.

fung von Paulus und anderen späteren Denkern. So versteht ein zeitgenössischer Mensch die Kirche als Fremdkörper, unverständlich und zwecklos.

Aus all‘ dem können wir schließen, dass die Kirche und der Glaube in unserem Gebiet mit einem vielschichtigen Atheismus zu rechnen hat.

Der Glaube des Christen im atheistischen Ambiente

Wenn wir klären möchten, welche Christen und welchen Glauben wir hier untersuchen, zeigt sich eine große Spannweite. Unter unseren Gläubigen finden sich solche, die lediglich formal getauft sind – bis hin zu solchen mit Glaubenserfahrung. Jene, die wir gläubig nennen, unterscheiden sich oft genug sehr von dem, was wir im Allgemeinen darunter verstehen. Eine Umfrage in der Region Zagreb in den siebziger Jahren des vergangenen Jahrhunderts erbrachte folgende Ergebnisse: 93,4 % der Befragten gaben an, einer Religion anzugehören. 80,1 % von ihnen glauben an die Existenz Gottes, 15,3 % zweifeln daran und 4,6 % glauben nicht daran. 73,4 % der Befragten glauben an die Gottheit Jesu Christi, nur 38,1 % glauben an ein Leben nach dem Tod. Überzeugte Gläubige gibt es 23,5 %. Wenn man jedoch nur getaufte Christen berücksichtigt, kommt man zu anderen Ergebnissen. Unter den Befragten sind 96,7 % getauft, 85,3 % haben die Kommunion und 73,9 % die Firmung empfangen. 84,6 % haben den Religionsunterricht besucht. 51,2 % davon sind allgemein gläubig und 23,5 % erklärt sich für überzeugte Gläubige. 11,9 % besucht regelmäßig den Sonntagsgottesdienst, davon glauben 43,3% an Gottes Existenz und 20,1% an ein Leben nach dem Tod.[19] Auf die Frage: „Was bedeutet der Glaube für dich?“ – antworten sie in einer anderen Umfrage: 38 % moralische Lehre, 25 % inneres Bedürfnis, 18 % Hilfe bei der Bewältigung von Schwierigkeiten, 17 % Familien- und Volkstradition, 14 % beste Lebensphilosophie und nur 6 % Kirche und geistige Gemeinschaft.[20]

Unter den Gläubigen denken wir hier an den durchschnittlich überzeugten Christen, aber noch mehr an erfahrene Gläubige, von denen es heute immer mehr gibt. Tatsache ist, dass der Glaube dieser Christen heute besonderen Versuchungen ausgesetzt ist. Der Christ ist nicht mehr offenen Aggressionen ausgesetzt, gegen die er sich wehren müsste. Ihm wird freigestellt, zu glauben, in der Überzeugung, dass er eines Tages selbst einsehen werde, in Vorurteilen gelebt zu haben. Er hat jetzt niemanden, gegen den er kämpfen oder sich empören müsste, er ist für keinen mehr interessant, keiner bemitleidet ihn oder fragt ihn nach seiner Überzeugung. Es ähnelt sehr einer Situation, die der Schriftsteller Meša Selimović in seinem Roman „Die Festung“ beschrieben hat: „Ich spürte Angst. Wie haben sie

---

[19] Vgl. S. Vrcan, Š. Bahtijarević, *Religiozno ponašanje I* (Religiöses Benehmen I), S. 98-99.

[20] Vgl. E. Ćimić, *Drama ateizacije* (Drama der Atheisierung), Sarajevo 1971, S. 144-146.

mich denn getötet? Ich bin nicht verletzt, bin nicht abgestochen, bin nicht tot, aber es gibt mich nicht. Um Gottes Willen, Leute, seht ihr mich denn nicht? – sage ich. Hört ihr mich denn nicht? – sage ich. Aber meine Gestalt findet keinen Weg in ihr Auge, meine Stimme nicht in ihr Ohr. Es gibt mich nicht. Oder träume ich meine unmögliche Lage, die die Erfahrung ablehnt? Denn ich lebe, ich gehe, ich weiß was ich will, ich stimme nicht zu, dass es mich nicht gibt. Sie konnten mich verprügeln, sie konnten mich einsperren, sie könnten mich umbringen...? Aber warum haben sie ein Gespenst aus mir gemacht, warum nehmen sie mir die Möglichkeit zu kämpfen? Ich will Mensch sein, kämpft mit mir menschlich! Vergeblich. Der leere Raum um mich herum wird immer öder, meine lächerliche Meuterei verstummt...“[21] Der Gläubige ist jemand, mit dem keiner rechnet. Man kommt ohne ihn aus. Dem Christen bleibt in einer solchen Situation nichts anderes übrig, als den Sinn all dessen, was um ihn geschieht, auch jenseits des Glaubens zu suchen. Nichtgläubige leben sogar gut. Man kann auch nicht sagen, dass sie böse oder unmoralisch wären. Die Gesellschaft geht ihren Weg auch ohne Christen und Kirche. Menschen sterben friedlich auch ohne Sakramente und Gebete und überhaupt ohne alles – was ein Christ sich niemals vorstellen könnte. Die Menschen fürchten in ihrem Atheismus nicht Gottes Gericht. Sie sind freier als die Christen, die sich vor Hölle, Gottes Gericht und Gott fürchten. Es scheint als würden die Christen verschwinden oder lediglich als eine kleine Schar von Enthusiasten überdauern. Das stellt den Glauben der Christen unter ein großes Fragezeichen. Noch nie zuvor brauchten Christen so viel Stille, Sammlung und Nachdenken. Jeglicher Aktivismus, Pilgerfahrten, spektakuläre äußere Feierlichkeiten und Lobgesänge bedeuten nur den Aufschub seiner Fragen und seiner Beklommenheit. Keine Seelsorge könnte den Christen aus dieser Frage erlösen. Es handelt sich nämlich nicht um Fragen von „uns“ Gläubigen, sondern um Fragen des Lebens- und des Glaubenssinns selbst. Das ist die innere Beklommenheit des Christen. Das ist die Stimme ihres Gewissens.

Mit diesen Problemen noch während des II. Weltkrieges konfrontiert, versuchte Bonhoeffer einige Lösungsvorschläge zu geben. In einem Brief aus dem Gefängnis schreibt er: „Aber auch wir selbst sind wieder ganz auf die Anfänge des Verstehens zurückgeworfen. Was Versöhnung und Erlösung, Wiedergeburt und Heiliger Geist, was Feindesliebe, Kreuz und Auferstehung, was Leben in Christus und Nachfolge Christi heißt, das alles ist so schwer und so fern, dass wir es kaum mehr wagen, davon zu sprechen. In den überlieferten Worten und Handlungen ahnen wir etwas ganz Neues und Umwälzendes, ohne es noch fassen und aussprechen zu können. Das ist unsere eigene Schuld. Unsere Kirche, die all die Jahre nur um ihre Selbsterhaltung gekämpft hat, als ob es ihr Selbstzweck wäre,

---

[21] M. Selimović, *Tvrđava* (Die Festung), Sarajevo, 1973, S. 81.

wurde unfähig, die Trägerin der versöhnenden Worte für Menschen und die Welt zu sein. Und deshalb sind ehemalige Worte machtlos geworden und müssen verstummen. Und unser christliches Dasein wird heute aus Gebeten und Wirken der Gerechten unter den Menschen bestehen. Aus diesen Gebeten und diesem Wirken muss jede Form des christlichen Denkens, der Sprache und Organisation neu geboren werden." „Bis du erwachsen bist", schreibt Bonhoeffer seinem Patenkind bei der Taufe, „wird sich die Kirchenform sehr verändert haben. Ihre Verwandlung ist noch nicht beendet und jeder Versuch, ihr vorzeitig zu helfen, damit sie ihre organisatorische Kraft entwickelt, bedeutet Aufschub ihrer Bekehrung und Reinigung. Es ist nicht unsere Aufgabe, den Tag umzukehren – aber dieser Tag wird kommen – an dem die Menschen wieder aufgerufen werden, Gottes Wort so auszusprechen, damit es die Welt verändern und erneuern kann. Es wird eine neue Sprache sein, vielleicht völlig nichtreligiös, aber befreiend und erlösend wie Jesu Sprache, die Menschen fassungslos gemacht hat und sie trotzdem von ihr besiegt wurden. Es wird die Sprache einer neuen Gerechtigkeit und Wahrheit werden, die Sprache, die Gottes Frieden unter Menschen und das Nahen des Königreichs Gottes verkündet. Bis dahin werden die Christen in Stille und Verborgenheit leben; es wird aber Menschen geben, die in Erwartung der Zeit Gottes beten und gerecht handeln."[22]

Bonhoeffer hat richtig erkannt, dass alte überlieferte Worte ihre ursprüngliche Kraft nicht mehr haben. Es ist, als könnten die Sakramente nicht mehr das geben, was sie bezeichnen. Und trotzdem spüre man in gewisser Weise, dass es in ihnen eine größere Macht geben müsse, die fähig sei, die ganze Welt umzuwandeln. Zu dieser Macht gelange man durch Gebete und Taten. Die christliche Macht werde wieder aus ihrem Grab gehoben. Es sei die Macht des Kreuzes, und sie dort, wo man von der Theorie in die Praxis übergehe. Die erste Praxis des Christen sei das Gebet. Gerechtigkeit zu üben sei die eigentliche Bekehrung – die Voraussetzung, um Christ zu werden. Die Bekehrung sei eine menschliche Tat, der konkrete Schritt eines Menschen, das Gebet sei der Übergang zum Wirken Gottes, zur Gnade. Aus diesem Doppelschritt entstehe Glaubenskraft, neu und unerwartet. Um diese zwei Schritte – Bekehrung und Gebet – zu verwirklichen, bedürfe es, sagt Bonhoeffer, der Stille und der Verborgenheit. Die Stille ist nötig für das Gebet, die Verborgenheit oder Demut für die Bekehrung zu gerechten Taten. Nur so werde ein neues Verständnis der Worte und Taten in der Kirche geboren. Mit anderen Worten, der Glaube des modernen Christen, mit marxistischen, säkularisierten und anderen Atheismen konfrontiert, bedürfe zunächst der Ruhe, der stillen Überlegung, damit darin Gebet und Bekehrung geboren würden.

---

[22] D. Bonhoeffer, *Widerstand und Ergebung*, DBW Bd. 8, S. 435 (139-140.)

Andererseits verstehe der heutige Christ nicht einmal die Anfangsworte (nicht nur in der Kraft) christlicher Predigt. Sie müssen anders formuliert werden.

Eines dieser Worte ist das Wort *Heil* (Erlösung). Vielen scheint es ein Wort ohne praktischen Wert zu sein. Ihnen ist kaum ersichtlich, wovon der Mensch erlöst werden muss. Die Erlösung wird in eine andere Zeit und in eine andere, jenseitige Welt versetzt. Der Gläubige fühlt sich ganz ins Jenseits projiziert, als ob er nicht von dieser Welt wäre. Anscheinend irritiert uns beim Verständnis des Wortes „Erlösung" auch das kroatische Wort für „Rettung". Es bedeutet nämlich Rettung aus irgendeiner Gefahrensituation, aus Tod und Leiden, aber es fehlt ihm die zweite Bedeutung, die dieses Wort bei anderen Völkern hat.

Das griechische Wort „*soteria*" bedeutet Rettung, Gesundheit, Schutz, Sicherheit. In der deutschen Sprache ist es mit dem Wort „Heil" übersetzt und bedeutet in erster Linie Gesundheit und dann auch Erlösung. Lateinisch „*salus*", italienisch „*salvezza*", französisch „*salut*" – alle Wortstämme deuten auf Gesundheit hin. Das kroatische Wort dagegen nicht. Wenn wir uns Jesus anschauen, sehen wir, dass er Menschen heilte: er erließ ihnen ihre Sünden, vertrieb die bösen Geister oder heilte sie einfach durch sein Wort. Er heilte die Krankheitsursache, insbesondere bei psychischer Krankheit, und dann die Krankheit selbst. Der heilige Jakobus sagt: „Betet füreinander, damit ihr geheiligt werdet" (Jak. 5, 16).

Die Logotherapie übernahm aus dem Evangelium die Grundmethode der psychischen Heilung durch den Sinn. Das ist ein paradoxales Anliegen – Um zu genesen müsse der Kranke die Krankheit zunächst annehmen, die ganze Qual durchmachen, die Neurose oder Psychose akzeptieren. Er müsse zunächst „sterben" – erst dann folge die Gesundheit. Jesus sagte: wer sein Leben erhalten will, verliert es, und wer es verliert, rettet es. „Wer nicht sein Kreuz trägt und mir nachfolgt, der kann nicht mein Jünger sein." (Vgl. Lk. 14, 26-33).

Dieses Paradox ist es übrigens, das eine neue Welt, einen neuen Menschen und die neue Gesellschaft schafft. Die Logotherapie hat diese Worte Jesu für die Genesung der Menschen angewendet. Der Marxismus wandte sie auf die Gesellschaft an, damit sie gesunde. Nicht Hegel hat die Dialektik entdeckt und Marx hat sie angewendet, sondern Jesus hat sie erstmals ausgesprochen und als den notwendigen Weg zur Erlösung bezeichnet. Hegels Dialektik der Entwicklung des *absoluten Geistes* wird bezeichnet durch die Triade: These, Antithese, Synthese. Das ist in Jesu Erlösungsereignis enthalten: Menschwerdung, Kreuz, Auferstehung. Diesen Weg ist Jesus gegangen und hat die Menschen aufgefordert, ihm zu folgen. Dazu müssen sie seinen Weg gehen (Antithese), danach folgt die Auferstehung (Synthese): der neue Mensch, aus Wasser und Geist geboren. Am Anfang steht die Annahme der Wirklichkeit, so wie sie ist. Durch das Kreuz geschieht die Veränderung dieser Wirklichkeit in der Weise, dass der Mensch auf sie verzichtet. Durch diesen Verzicht findet er diese gleiche Wirklichkeit in einer neuen, ewigen Qualität vor. Wenn der Tod eintritt, dann folgt diese neue Wirklichkeit – die Auferstehung. Dies ist ein wunderbarer Weg der Veränderung. Angewandt auf die Seelsorge besteht dieser Dreischritt in der Predigt, der Bekehrung und dem Gebet.

Logotherapie und marxistische Dialektik bleiben insofern auf dem halben Wege stehen, als sie nur auf die menschliche Wirksamkeit dieser Dialektik schauen. Bei den Christen dagegen geschieht diese Wirklichkeit in einer ganz neuen Qualität: der Neugeburt durch die Gnade oder den Heiligen Geist.

Das ist die göttliche Qualität. Das frühe Christentum schaffte in der Tat neue Menschen, persönlich und in der Gesellschaft. Es war eine persönliche und gesellschaftliche Revolution. Heute wird die Kraft dieser Revolution bei anderen gesucht. Der Vertreter der Logotherapie Frankl sagt: „Die Menschen suchen nach dem Sinn des Leidens und des Lebens beim Psychiater und nicht beim Priester."[23] Die Marxisten behaupten, die Religion müsse abgeschafft werden, damit der Mensch zum wahren Glück gelangen könne. Dabei möchten beide den Menschen heilen und retten. Sie betrachten die Rettung als etwas Diesseitiges und nicht nur Jenseitiges. Es ist Jenseitigkeit in Diesseitigkeit, Transzendenz in der Immanenz, Gott in den Menschen, der Himmel auf Erden.

Wenn er dieses bezeugt, kommt der Christ aus seiner inneren Krise heraus. Sein Zeugnis ist heute gefordert. Ein solches Zeugnis kann derjenige geben, der bei sich Erlösung erlebt, nicht aber der, der lediglich etwas davon in einer Predigt oder im Religionsunterricht gehört oder in der Bibel gelesen hat. Der Gläubige spürt, dass es schwer ist, das Geglaubte zu beweisen. In der Welt scheint es nichts Heiliges oder Religiöses mehr zu geben. Die Wissenschaft hat das Heilige und Religiöse als etwas Subjektives hingestellt. Alles ist profaniert, alles ist dem Forscherdrang untergeordnet. Wenn der Mensch Gott finden möchte, vermag er es gar nicht, wie sich der Zeitungsreporter und Schriftsteller Vojislav Kuzmanović in seinem Buch *Notizen über das eigene Sterben* dramatisch ausdrückte. Andererseits versuchen einige Schriftsteller Gott, die Mutter Gottes, die Kirche und alles Heilige blasphemisch anzugreifen[24] und erleben, dass Gott sich nicht verteidigt und keine Rache dafür nimmt. Gott lässt sich nicht herausfordern, weder von der religiösen noch von der nichtreligiösen Seite. In diesem Bereich hat die Theologie des „toten Gottes" ihren Platz gefunden. Es ist also wahr, dass unsere Zeitgenossen eine gewisse Erfahrung der Nichtexistenz Gottes haben. Sei es die Erfahrung, ihn bei ihrer Suche nicht gefunden zu haben, oder die Erfahrung, dass auch Christen trotz allen Nachdenkens in der gleichen Unkenntnis über Gott verharren. Der Erfahrung der Nichtexistenz Gottes kann nur eine Erfahrung seiner Existenz ent-

---

23 V. E. Frankl, *Zašto se niste ubili* (Warum habt ihr euch nicht umgebracht), Zagreb, 1978, S. 11, deutscher Originaltext nicht mehr auffindbar.

24 In unserer zeitgenössischen Literatur gibt es eine Menge davon. Beispielsweise schreibt Ante Zemljar in seinem Werk *Jungfrau* schamlos und abwertend über Maria und Jesus.

gegen gesetzt werden. Im Alten Testament ist Gott der, der sieht, atmet, hört, wirkt, Wunder vollbringt, der das Volk und seine Geschichte auf wundersame Weise führt. Auch der moderne Gläubige sieht sich zu dem Gebet gezwungen: „Erneuere die Zeichen und Wunder!“ Er fühlt sich wie versklavt. Wird er nicht gehört? Oder wartet Gott auf ihn? Erst nachdem Israel sich bekehrt hatte, konnte es das Sklavenhaus verlassen. Der Aufruf zur Bekehrung ergeht an alle Gläubigen. Gott kann nicht auf der Ebene der alten Gewohnheiten und Abhängigkeiten gefunden werden. Man muss zu ihm aufbrechen, eine existenzielle Wandlung erleben, menschliche Berechnungen, Gedanken und Erklärungen müssen sterben. Dann vollzieht sich eine Erfahrung mit ihm. Dann kann der Gläubige von ihm reden und ihn in seinem Leben lebendig bezeugen. Der Gläubige wird leiden, so lange er den Zeitpunkt und die Möglichkeit, den lebendigen Gott zu bezeugen, vor sich herschiebt.

Das Leiden der Gläubigen in der Kirche ist auch auf der Ebene des Verhältnisses zwischen dem Klerus und den Laien spürbar. Der Klerus steht ziemlich außerhalb der Lebensverhältnisse. Er hat kein Gespür für die Bedürfnisse der Laien, die auf ihrem Arbeitsplatz den Atheisten begegnen. Ein Priester ist von religiösen Menschen umgeben. Die Probleme mit Nichtreligiösen sind ihm fern und fremd. Der Klerus stellt Vorschriften und Regeln aus der Erfahrung seiner eigenen Umgebung und Mentalität heraus auf. Der Laie spürt in seiner Situation, dass vieles davon verfehlt ist, sieht sich aber gezwungen, gehorsam zu schweigen. Er fühlt sich wie ein Halbwüchsiger, unreif für die Glaubensproblematik. Das bedrückt ihn. Er leidet eine doppelte Qual: in der Welt wird er oft von verantwortungsvollen Posten ausgeschlossen, weil er als abergläubisch verachtet wird; in der Kirche wird er als Laie von der Verkündigung des Wortes ausgeschlossen. Es ist der pure Glaube, der ihn noch hält, diese Lage des Gekreuzigten auszuhalten. Er fürchtet sich, irgendetwas in Eigeninitiative zu unternehmen, da es als „laienhaft“ verurteilt wird. In der Kirche erlebt er statt der Suche nach Neuem übertriebene Vorsicht, statt Vertrauen den Rückzug ins Gesetz. Als ob man nicht mehr tun könnte. Bewahrung statt Entwicklung. Viele spüren, dass sie die Kirche verlassen müssten, wenn sie den Kampf für eine bessere und vertrauensvollere Welt frei führen möchten. Andere wandern auf der Suche nach einem erlebnisreicheren Glauben in Sekten ab. Wieder andere überlassen sich anthroposophischen und theosophischen Gesellschaften, üben Yoga, meditieren, rufen Geister an und unterwerfen sich parapsychologischen Praktiken. Trotz aller Verständnislosigkeit und einer gewissen Überheblichkeit des klerikalen Teils der Kirche und trotz des Wegganges vieler anderer versucht der echte Gläubige auszuharren, aber im Schweigen, in gerechten Taten und im Leiden. Bonhoeffer wird sagen, ein Christ sei ein Mensch, der sich ins messianische Leiden in der Welt hineinziehen lässt. Gott sei aus der Welt herausgeworfen, er sei tot, unbekannt, schwach. Aber gerade weil er am Kreuz sei,

sei er stark. Er sei ganz für andere da. Der Begriff „Gott“ ist fraglich geworden, als sei der christliche Gott nicht ins Leben vorgedrungen. Durch seine Liebe, seinen Kampf für andere, hat Christus alle Gewalten und Mächte seiner Herrschaft untergeordnet, seien es Mächte des Blutes oder des Bodens, der Partei oder der Hierarchie. Wer Christus anerkennt, der verzichtet auf Macht und Herrschaft, der ist anderen zum Bruder und Diener geworden. James Baldwin schreibt im Essay *Am Fuße des Kreuzes*: „Der Begriff Gott ist nur dann nützlich und wertvoll, wenn er uns größer, freier, liebenswürdiger machen kann. Wenn Gott es nicht kann, dann wird es Zeit, dass wir ihn loswerden.“[25] Wir sollten uns nicht ein Bild von Gott machen, sondern zulassen, dass Gott aus uns ein Bild von sich macht. Der Glaube bedeutet, dass wir Gott folgen, und nicht, dass wir ihn hinter uns her ziehen. Gott ist aber schwach. Er hält sich so verborgen, dass wir ihn verleugnen können.

Die *Geschichtlichkeit* des Glaubens ist eine neue Prüfung des Gläubigen. Alles um uns herum ist veränderbar, geschichtlich. Hegel entdeckte dies für die Philosophie. Marx hat diese Tatsache auf die gesellschaftlichen Normen angewandt und verlangte deren Veränderung. Darwin zeigte, dass der Mensch noch im Entstehen sei. Der biblische Gott ist ein geschichtlicher Gott. Gott leitet die Geschichte. Die Anstößigkeit liegt jedoch darin, dass die Offenbarung der Wahrheit und Gerechtigkeit aus der heiligen Geschichte der Kirche oder des Volkes Israel nicht klar ersichtlich ist. In der Kirchengeschichte gab es so viele Übel, dass wir uns fragen, ob tatsächlich etwas Neues und Großes entstanden ist. Es ist nicht einfach, dieses eindeutig und klar zu sehen. Um Gottes Wirken in der Geschichte zu registrieren, muss man wie Abraham und Israel seine bisherige Umgebung und Mentalität verlassen und in das Land ziehen, das noch nicht zu sehen ist, da es erst nur versprochen wurde. Die Geschichte erreicht ihre Höchstleistung im totalen Gehorsam Jesu dem Willen des Vaters gegenüber. Darin überwindet er sich selbst vollständig. Gottes Wirken in der Geschichte kann nur derjenige registrieren, der Gottes Partner werden möchte. Der Glaube an Gott ist keine Angelegenheit objektiver Beweisführung und rationaler Einsichtnahme, sondern eine Angelegenheit persönlicher Entscheidung und persönlichen Wagnisses. Die Ideologie oder Weltanschauung ist keine objektive Wissenschaft, auch kein System der Theodizee, sondern ein Aufruf an den Einzelnen, sich auf den Weg zu machen. Hier ist Vertrauen gefragt, damit eine neue Geschichte beginnt. Dann denkt der Gläubige nicht länger an die eigenen Leiden und Bedürfnisse, sondern taucht in Gottes Leiden und Gottes Plan mit der Welt ein. Dadurch wird er fähig, die Geschichte zu gestalten. Er vermag den geschichtlichen Moment zu verstehen, anstatt sich passiv aus allem herauszuhalten, als sei es ihm fremd. Die Geschichte ist kein messbarer geplanter Zeitablauf. Sie ist Freiheit im Vertrauen, durch die absolute

---

[25] N. Kutschik, *Gott heute*, Mainz(2), 1968, S. 101.

Freiheit Gottes geleitet. Weder ist es dem Menschen möglich, aus eigener Kraft das Paradies auf Erden zu erschaffen, noch kann er etwas transzendieren ohne jene Transzendenz, die bereits gegeben ist. Er wird auch nicht nur Sinnlosigkeit in der Geschichte entdecken – Sie ist sinnvoll und geleitet. Gott meldet und offenbart sich in der Geschichte. Die Marxisten erkennen eine Gesetzmäßigkeit in der geschichtlichen und gesellschaftlichen Entwicklung. Fortschrittlich ist derjenige, der diese Gesetze bemerkt und mit ihnen zusammenarbeitet. Jene, die Gott nicht gesucht oder sogar abgelehnt haben, entdecken ihn.

Gott wurde bisher meistens als unbeweglich und daher außerhalb der Geschichte stehend betrachtet. Die Geschichte wurde deshalb als gottlos angesehen. Der unbewegliche Gott, der auf seinem Thron sitzt und die Menschen richtet, ist ein Gott, der einen Schaden für die Geschichte bedeutet, denn „er lebt vom Weihrauch und dem Duft der Menschenopfer" (Goethe). Gegen einen solchen Gott rebellierten Feuerbach und Marx, Nietzsche und Sartre.[26] Ein Gott, der nicht in der Geschichte, sondern oberhalb oder außerhalb der Geschichte wäre, sei kein Gott, sondern ein Idol. Er sei ein beschränkter Gott, vor dem man zum Atheisten (anti-Theist) werden müsse. So ein Gott zementiere das Bestehende und sei ein Feind des Neuen. In einer Welt, in der sich alles verändert, sei ein solcher Gott nicht fähig, mit dem Menschen zu gehen.

Von der Geschichte zu sprechen bedeute von Jesus Christus zu sprechen, durch den Gott so in die Geschichte eingetreten sei und sie angenommen habe, dass er unvermischt und ungetrennt blieb, sagt das chalkedonensische Glaubensbekenntnis.

Der Gläubige erlebt auch bestimmte geschichtliche Prozesse als Werk Gottes – und es verwirrt ihn, dass es von Atheisten interpretiert wird. Das Bestreben nach Frieden und Gleichberechtigung aller Völker, die Bemühungen um Brüderlichkeit und Gleichheit aller Menschen, der Einsatz bei der Selbstverwaltung und die gemeinschaftliche Verfügbarkeit von Produktionsmitteln, die Humanisierung des Menschen und der Umwelt, die Koexistenz, die Förderung edler Ziele – all diese Initiativen verwirren den Gläubigen, sofern er selber an ihnen nicht aktiv beteiligt ist. Jeder Versuch, positive geschichtliche Prozesse mit dem Argument zu verwerfen, es seien ausschließlich menschliche Taten, verwirrt ihn ebenfalls. Der Gläubige ist auf Grund dieser Ereignisse bestürzt und gehindert, mit Gott beim Aufbau einer besseren Welt zusammenzuarbeiten. Er betet, dass die Zeit Gottes möglichst bald eintreffen möge, in der sowohl die christliche als auch die atheistische Seite unwiderstehlich Gottes Stimme werde hören können. Denn beide sind Kinder des gleichen Vaters, haben die gleiche Geschichte und den gleichen Aufruf, sie weiter auszubauen.

---

[26] Vgl. ebd, S. 148.

Gott ist Person. Deshalb können wir ihn nicht als Objekt, sondern als Subjekt kennenlernen. Es ist ein großer Unterschied, ob das Evangelium als Lehre vermittelt wird, oder als Person, mit der man in Freundschaft kommuniziert. Das Subjekt wird kennengelernt nur wenn es uns erkennt. Die Liebe ist ein Geschenk, ein gleichzeitiges Nehmen und Geben. Gott als Person ist unfassbar. Er ist nicht zu besitzen. Der Gläubige kommt in seine Nähe und bleibt doch auf Distanz zu ihm. Er ist hin- und hergerissen zwischen Glaube, Hoffnung und Liebe.

Gott ist in der Welt gleichzeitig in intimster Weise anwesend und am weitesten entfernt. Woher kommt diese Unsichtbarkeit und gleichzeitige Anwesenheit? Die Welt ist profan, ihre Rettung kann nur von Gott kommen. De Welt ist lediglich Schöpfung. Der Mensch ist aber das Abbild Gottes. Als solcher ist er Herrscher der Welt, während die Welt profan und gottlos sein kann. Deswegen waren christliche Heilige Märtyrer, Asketen, Jungfrauen oder Mönche. Sie sind ein Zeichen dafür, dass die Welt profan, vergänglich, improvisiert ist. Je reiner der Glaube, desto profaner die Welt. Der menschgewordene Gott war fremd in der Welt. Teilhard de Chardin bemerkte diese Gefahr. Er hörte den Ruf der Materie und der Welt genauso wie den Ruf der Offenbarung. Gott mit ganzem Herzen zu lieben scheint ein Verrat an der Erde zu sein – die Welt mit dem ganzen Herzen zu lieben, ein Verrat an Gott. Man muss es zusammenfügen. Die Wissenschaft entdeckt das Begrenzte, definierbare. Religiöse und philosophische Intuition richtet sich auf das, was man nicht messen und definieren kann. Es ist eine tiefere Erkenntnis, allumfassend und ganzheitlich. Die Grundlage und der Sinn von allem finden sich in einer Tiefe, die durch wissenschaftliche Verallgemeinerung nicht erreicht werden kann. Die Wirklichkeit ist eine. Sie wird auf verschiedene Art und mit verschiedenen Mitteln erkannt.

Das Christentum hat prophetisch zu sein. Dass es sich heute in so unangemessener Weise verteidigenden muss, hindert den Christen in seinem prophetischen Dienst gegenüber allen gesellschaftlichen Einrichtungen. Aber zunächst müssen die Gläubigen für ihren prophetischen Dienst ausgerüstet werden. Aus einem übertrieben aktivistischen Christentum müssen sie sich dem kontemplativen zuwenden. Die modernen Christen leben heute in einer Diasporasituation. Christen leben zerstreut, sind immer öfter in der Minderheit, anonym und uneffizient in der Gesellschaft. Große Manifestationen, die den einzelnen Christen allein lassen, bleiben deshalb unwirksam. Es ist erforderlich, kleinere Gemeinschaften zu bilden, Orte an denen sich zerstreute Christen zusammenfinden, wo sie sich identifizieren und wachsen können. Dort werden sie ihr prophetisches Zeugnis, ihre Identität und Kontemplation stärken können. Nicht eine gelegentliche Reinigung von Sünden ist erforderlich, sondern ein Vorwärtsgehen, eine grundlegende Entscheidung für Jesus Christus und die neue Welt, die durch ihn entsteht.

Schlussfolgerung

Das letzte Konzil sagt in seiner Konstitution *Gaudium et spes* über den Atheismus und die Gläubigen: „Das Heilmittel gegen den Atheismus kann nur von einer situationsgerechten Darlegung der Lehre und vom integren Leben der Kirche und ihrer Glieder erwartet werden. Denn es ist Aufgabe der Kirche, Gott den Vater und seinen menschgewordenen Sohn präsent und sozusagen sichtbar zu machen, indem sie sich selbst unter der Führung des Heiligen Geistes unaufhörlich erneuert und läutert. ... Dieser Glaube muß seine Fruchtbarkeit bekunden, indem er das gesamte Leben der Gläubigen, auch das profane, durchdringt und sie zu Gerechtigkeit und Liebe, vor allem gegenüber den Armen, bewegt. Dazu, daß Gott in seiner Gegenwärtigkeit offenbar werde, trägt schließlich besonders die Bruderliebe der Gläubigen bei, wenn sie in einmütiger Gesinnung zusammenarbeiten für den Glauben an das Evangelium und sich als Zeichen der Einheit erweisen. Wenn die Kirche auch den Atheismus eindeutig verwirft, so bekennt sie doch aufrichtig, daß alle Menschen, Glaubende und Nichtglaubende, zum richtigen Aufbau dieser Welt, in der sie gemeinsam leben, zusammenarbeiten müssen. Das kann gewiß nicht geschehen ohne einen aufrichtigen und klugen Dialog“ (GS 21, 5 und 6).

In den siebziger Jahren des vergangenen Jahrhunderts sagte Joseph Ratzinger über das Antlitz der Kirche im Jahr 2000 folgendes: „Die Zukunft der Kirche kann und wird auch heute nur aus der Kraft derer kommen, die tiefe Wurzeln haben und aus der reinen Fülle ihres Glaubens leben. (...) Sagen wir es positiv: Die Zukunft der Kirche wird auch dieses Mal, wie immer, von den Heiligen neu geprägt werden. (...) Von Menschen, die deshalb mehr sehen können als andere, weil ihr Leben weitere Räume umfasst. Selbstlosigkeit, die den Menschen frei macht, wird nur erreicht in der Geduld der täglichen kleinen Verzichte auf sich selbst. (...) In dieser täglichen Passion, und nur in ihr, wird der Mensch Stück um Stück geöffnet. Er sieht nur so viel, als er gelebt und gelitten hat. Wenn wir heute Gott kaum noch wahrnehmen können, dann deshalb, weil es uns so leicht gemacht wird, vor uns selbst auszuweichen, vor der Tiefe unserer Existenz zu fliehen. (...) So bleibt unser Tiefstes unerschlossen. Wenn es wahr ist, dass man nur mit dem Herzen gut sieht, wie blind sind wir dann doch alle! (...) Eine Kirche, die in politischen ‚Gebeten‘ den Kult der Aktion feiert, brauchen wir nicht. (...) Aus der Krise von heute wird auch dieses Mal eine Kirche morgen hervorgehen, die viel verloren hat. Sie wird klein werden, weithin ganz von vorne anfangen müssen. (...) Sie wird sich sehr viel stärker gegenüber bisher als Freiwilligkeitsgemeinschaft darstellen, die nur durch Entscheidung zugänglich wird. Sie wird als kleine Gemeinschaft sehr viel stärker die Initiative ihrer einzelnen Glieder beanspruchen. (...) Sie wird in Glaube und Gebet wieder ihre eigentliche Mitte erkennen ... Es wird eine verinnerlichte Kirche sein, (...) Sie wird es mühsam haben.

Der Vorgang wird um so schwerer sein, als sektiererische Engstirnigkeit genau so wird abgeschieden werden müssen wie großsprecherische Eigenwilligkeit. (...) Denn die Menschen einer ganz und gar geplanten Welt werden unsagbar einsam sein. Sie werden, wenn ihnen Gott ganz entschwunden ist, ihre volle, schreckliche Armut erfahren. Und sie werden dann die kleine Gemeinschaft der Glaubenden als etwas ganz Neues entdecken. Als eine Hoffnung, die sie angeht, als eine Antwort, nach der sie im verborgenen immer gefragt haben. So scheint mir gewiss zu sein, dass für die Kirche sehr schwere Zeiten bevorstehen. Ihre eigentliche Krise hat noch kaum begonnen. Man muss mit erheblichen Erschütterungen rechnen. Aber ich bin auch ganz sicher darüber, was am Ende bleiben wird: (...) Sie (Die Kirche) wird wohl nie mehr in dem Maß die gesellschaftsbeherrschende Kraft sein, wie sie es bis vor kurzem war. Aber sie wird von neuem blühen und den Menschen als Heimat sichtbar werden, die ihnen Leben gibt und Hoffnung über den Tod hinaus."[27]

In diesen Zitaten des Konzils wurde einigermaßen das gesagt, was die Schlussfolgerung der gesamten Betrachtung ist. Der Atheismus kann mit keinerlei organisatorischen Mitteln überwunden werden, aber auch nicht im Dialog allein. Er kann nur so überwunden werden, dass die Mentalität in der Kirche verändert wird, und dass sie wieder so wird, wie sie in vorkonstantinischer Zeit war. Das bedeutet, dass sie wieder eine Kirche des Glaubens und der inneren Kraft werden muss, die den einzelnen Menschen und durch ihn die gesamte Gesellschaft verändert. Der christliche Glaube muss diesen Weg gehen.

[27] Joseph Ratzinger, *Glaube und Zukunft*, 1970, S. 120-125.

Literaturhinweise

A

Alfvén, H. *Svjetovi i antisvjetovi*, Zagreb, 1971.
Ayer, A. J. *Language, Truth and Logic*, Oxford, 1946.
Altizer, T. *Theology and the Death of God*, in: *Radical Theology and the Death of God*, New York, 1966.
Amen, D. *Liječenje hardwarea duše*, VBZ, Zagreb, 2003.
Ders. *Healing the hardware of the soul*, 2008.

B

Balducci, E. *Bog je pošao naprijed*, Svesci 11, Zagreb, 1968.
Baloban, S. *Etika i poduzetničko gospodarstvo*, BS 1-2, Zagreb, 1992.
Barth, K. *Kirchliche Dogmatik 1/2,* Zürich (8) 1990
Barth, K. *Der Römerbrief*, 1919.
Baum, G. *La sopravivenza del sacro*, Concilium 1, 1973.
Benktson, B. *Christus und die Religion*, Stuttgart 1967.
Berdjajev, N. *Duh i realnost*, KS, Zagreb, 1985.
Bethge, E. *Glaube und Weltlichkeit bei Dietrich Bonhoeffer*, Stuttgart 1969
Ders. *Dietrich Bonhoeffer. Eine Biographie*, München 1970
Bolkovac, P. *Atheisten, Christen: Atheismus im Westen*, Kevelaer1966.
Bonhoeffer, D. *Christologievorlesung*, in: *Berlin 1932 – 1933*, (Dietrich Bonhoeffer Werke Bd. 12), München 1997.
Ders. *Ethik,* (DBW Bd. 6), München, 1992
Ders. *Nachfolge*, (DBW Bd. 4), München, 1998
Ders. *Ökumene, Universität, Pfarramt 1931 – 1932*, (DBW Bd. 11), München 1994
Ders. *Widerstand und Ergebung*, (DBW Bd. 8), München, 1998. (kroatische Übers. *Otpor i predanje, Pisma iz zatvora*, KS, Zagreb, 1974.)
Ders.: *Sanctorum Communio*,eine dogmatische Untersuchung zur Soziologie der Kirche, (DBW Bd. 1), München, 1986.
Boros, L. *Mysterium mortis*, 1964.
Bošnjak, B. *Kritika religije*, in: *Religija i društvo*, Zagreb, 1969.
Bošnjak, B., Bahtijarevič, Š. *Porodica, Crkva i religija – izvještaji i studije*, Radovi Instituta za društvena istraživanja Sveučilišta u Zagrebu, Zagreb, 1970.
Braun, H. *Gesammelte Studien zum Neuen Testament und seiner Umwelt*, Tübingen, 1962.
Buber, N. *Ja i Ti,* Belgrad, 1977.
Bulat, N. *Kršćanstvo bez Boga – iluzija ili stvarnost?*, CUS, Split, 1972.
Bultmann, R. *Neues Testament und Mythologie*, 1941 (Nachdruck München 1988)
Buren van P. N. *The Secular Meaning oft he Gospel. Based on an Analysis of its Language*, New York, 1963.

C

Cox, H. *Stirb nicht im Warteraum der Zukunft*, Stuttgart-Berlin, 1968.
Ders. *On not Leaving it to the Snake*, 1967.
Ders. *The Secular City,* New York, 1965.
Coreth, E. *Was ist der Mensch?,* Innsbruck, 1973, (4) 1986.
Coreth. E. – Lotz, *Atheismus kritisch betrachtet*, München, 1971.

Ć

Čimić, E. *Drama ateizacije*, MI, Zagreb, 1971.
Ders. *Religija, ateizam – odgoj, Crkva*, Zagreb, 1971.

D

Daecke, S. *Der Mythos vom Tode Gottes*, Hamburg, 1969.
Danielou, J. *Religiöse Krise: Das Problem des Säkularismus*, in: Rahner, Metz u. A., *Die Antwort der Theologen*, Düsseldorf, 1969.
Deeken, A. *Lijepo je biti star*, FTI, Zagreb, 1977.
Dewart, L. *The Future of Belief*, New York, 1966.
Dilthey, W. *Weltanschauung und Analyse des Menschen seit Renaissance und Reformation,* zitiert nach DBW Bd. 8, S. 477, Anm. 14
Dilthey, W. *Svjetonazor i analiza čovjeka od vremena renesanse i reformacije*,
Dingermann, F. *Tod im Alten Testament*, LThK 10.
Dudko, D. S. *Das Wort ist nicht gefesselt*, Styria, Graz, 1976.
Dumas, A. *D. Bonhoeffer*

E

Ebeling, G. *Wort und Glaube*, Tübingen, 1960.

F

Frankl, V. *Der unbewusste Gott, München 1974,* kroatische Übers. *Bog podsvijesti*, Oko tri ujutro, Zagreb, 1980.
Ders... *Zašto se niste ubili? Uvod u logoterapiju*, Zagreb, 1978.
Fries, H. *Abschied von Gott? Eine Herausforderung – Versuch einer Antwort*,München, 1976.
Fries, H. – Stählin, R. *Gott ist tot?,* München, 1968.

G

Goleman, D. *Emocionalna inteligencija*, Mozaik knjiga, Zagreb, 1997.
Grumelli, A. *Doprinos tipologiji ateizma*, in: *Svesci 16*, 1969.
Gutierrez, G. *Teologija oslobođenja. Povijest, politika, spasenje*, KS, Zagreb, 1989.

H

Hamilton, W. *The New Essence of Christianity*, New York, 1961.
Ders. *Radical Theology and the Death of God*, New York, 1965.
Häring, B. *Das Gesetz Christi*, Freiburg 1967. Ders. *Frei in Christus*, Freiburg 1989.

Ders. *Etika društveno-gospodarskog života*, in: *Kristov zakon, Slobodni u Kristu III*, KS, Zagreb, 1986.

Hungtington, S. P. *Sukob civilizacija i preustroj svjetskog poretka*, Izvori, Zagreb, 1998.

I

Iersel, von B. *Alternanza di tendenze secolarzzanti e Sacralizzanti nella Scrittura*, in: *Concilium 1*, 1973.

Ivančić, T. *Bog u potrošačkom društvu. Pokušaj religiozne dijagnoze suvremenog čovjeka i izgled kršćanstva unutar te dijagnoze*, in: *BS 4*, Zagreb, 1973.

J

Jedin, H. *Velika povijest Crkve I*, KS, Zagreb, 1972.

Ders. *Handbuch der Kirchengeschichte I*, 1962, unv. Neudr. 1973

Jones, L. B. *Jesus Christus, Manager. Biblische Weisheiten für visionäres Management*, Wien, 1996.

Jukić, J. *Religija u modernom industrijskom društvu*, Split, 1973.

Ders. *Sekularizacija podzemne Crkve*, in: *CUS 4*, 1972.

Jung, C. G. *Gesammelte Werke,* Olten, 1971.

Jung, M. S. *Das Böse in der Ideologie des freien Marktes*, in: *Concilium 5*, 1997.

K

Kant, I. *Beantwortung der Frage: Was ist Aufklärung?,* Werke VI.

Klein, L. *Der moderne Atheismus*, 1970.

Knoblauch, J. *Biti poduzetnik života, 33 provjerene strategije uspjeha u radu*, STEPress, Zagreb, 1997.

Kuzmanović, V. *Zapisi o vlastitom umiranju*, Zagreb, 1979.

Küng, H. *Freiheit in der Welt: Sir Thomas More*, Einsiedeln 1970, Kroatische Übers… *Sloboda u svijetu Sir Thomas More*, Zagreb, 1980.

L

Lattuada, A. *Positive Bewertung des Marktes aus ethischer Sicht*, in: *Concilium 2*, 1997.

Lehmann, K. *Transzendenz*, in: *LThK 10.*

Lohse, J. M. *Menschlich sein – mit oder ohne Gott?,* Stuttgart 1969.

Loretz, O. *Die wissenschaftlich-technische Welt und der Gottesglaube,* in: L. Klein, *Der moderne Atheismus, München 1970*

Lotz, J. *Tod*, PhW, 1965, 12, 331.

Lubac, de H. *Razumjeti čovjeka*, in: *Svesci 7/8*, 1967.

M

Mainberger, G. *Gott lebt und stirbt mit dem Menschen*, Freiburg 1971.

Marlé, R. *Die sogenannte „gott-ist-tot" Theologie*, in: Atheismus kritisch betrachtet, München 1971

Marx, K., Engels, F. *O religiji (Izbor tekstova)*, Zagreb, 1976.

Marx, K., Engels, F. *Njemačka ideologija I*, Belgrad, 1964.

Mayer, R. *Christuswirklichkeit. Grundlagen, Entwicklung und Konsequenzen der Theologie D. Bonhoeffers*, Stuttgart, 1969, (2) 1980.

Merčep, V. *„Nereligiozno kršćanstvo Dietricha Bonhoeffera*, in: *CUS 4*, 1969.

Metz, J. B. *L'uomo del futuro e il Dio che ha da venire*, in: *Ma chi é questo Dio?*

Ders. *„Politische Theologie" in der Diskussion (1969),* in Sammelband: *Zum Begriff der neuen Politischen Theologie 1967-1997*, Mainz 1997

Miano, V. *Religione e ateismo nel mondo contemporaneo*, in: *Dio é morto?,* IDOC 1.

Moltmann, J. *Gott die Macht der Zukunft*, in: S. Daecke, *Der Mythos vom Tod Gottes*, Hamburg 1969.

Mondin, B. *I teologi della morte di Dio. Storia dell'ateismo cristiano e diagnosi delle sue dottrine*, Torino, 1968.

Mussner, F. *Tod in Neuen Testament*, in: LThK 10.

Müller, M. *Weisen der Sinnerfahrung des Menschen von heute,* in: Paus, A. *Suche nach Sinn – Suche nach Gott*, Verlag Styria, 1978.

N

Nefiodow, L. A. *Der sechste Kondrateieff*, Sankt Augustin, 1996.

Nietzsche, F. *Die Fröhliche Wissenschaft*, Nr. 125, in der Ausgabe Frankfurt 1982.

O

Ogletree, T. W. *Is God Dead? The „Death of God" Controversy*, London, 1966.

Ognjenović, V., Nešić, B. *Pozdravi nekog*, Gradina, 1972.

P

Peale, N. V. *You can if you think you can*, Mladinska knjiga, Zagreb, 1991.

Ders. *The amazing results of positive thinking*, Prentice-Hall, Inc. New York, 1984.

Power, D. *Prospettiva teologica della supravivenza della religione*, in: *Concilium 1*, 1973.

R

Rahner, K. *Meditazione sulla parola Dio*, in: *Ma chi é questo Dio?*

Ders. *Probleme der Christologie von heute*, in: *Schriften zur Theologie I*, 1964.

Ders. *Schriften zur Theologie*, Bd. III, 1964.

Ders. *Tod Jesu*, in: *LThK 10.*

Rahner, K. – Vorgrimler, H. *Tod*, in: *KThW*, 1964.

Ratzinger, J. *Einführung ind das Christentum*, München, 1968.

Ders. *Glaube und Zukunft*, 1970.

Ristow, H. *Evangelium und mündige Welt*, Berlin 1962

Robinson, J. A. T. *Dio non é cosi*, Florenz, 1962, (Italienische Übersetzung des Werkes: *Honest to God*).

Ders. *Investigation into God*, London, 1967.

S

Sartory, T. *Atheistische Christen?* in: *Der moderne Atheismus*, 1970.

Sartory, T. *Die wissenschaftlich-technische Welt und der Gottesglaube*, in: *Der moderne Atheismus*, 1970.

Sauser, G. – Vodopivec, M. *Tod in der Medizin*, in: *LThK*, 1965.
Schillebeeckx, E. *Bog u reviziji?*, in: *Svesci 4/5*, 1967.
Ders. *Dio é „colui che verrá"*, in: *Processo alla religione*, IDOC, 9.
Schultz, H. J. *Ma chi é questo Dio?*, Rom, 1970.
Selimović, M. *Tvrđava*, Sarajevo, 1973.
Sloterdijk, P. *Zorn und Zeit*, Suhrkamp, Frankfurt, 2006.
Sölle, D. *Gibt es ein atheistisches Christentum*?, in: *Merkur 23*, 1969.
Ders. *Theologie nach dem „Tode Gottes"*, 1964.
dies.: *Stellvertretung –ein Kapitel Theologie nach dem „Tode Gottes"*, 1965.
Spitz, R. A. *Die Entstehung der ersten Objektbeziehungen*, Stuttgart 1960.
Suenens, J. L. *Cristianesimo senza Dio*? In: *Cristianesimo senza Cristo?,* Assisi, 1968.

Š

Šagi-Bunić, T. *Naši komunisti i građanski humanizam*, in: *GK 1*, Zagreb, 1974.
Šestan, V. *„Istočnjačke mudrosti" i nauka*, in: *Oko* von 23.8. bis 26.9.1979.
Šešić, B. *Čovjek, smisao i besmisao. Dijalektika smisla i besmisla*, Belgrad, 1977.

T

Thils, G. *Cristianesimo senza religione*, 1969.
Ders. *Théologie des réalités terrestres*, I. Préludes, Paris, 1947.
Thomas, St. *7, Div. Nominibus, lect. 4, cap N. 73.*
Türk, H. J. *Welt ohne Gott oder Welt in Gott*, in: Kutschki, Norbert, *Gott heute*, Mainz 1968.

U

Ustav SFRJ (Verfassung der Sozialistischen Föderativen Republik Jugoslawien)

V

Vahanian, G. *No Other God*, New York, 1966.
Ders. *Swallowed up by Godlessness*, in: *Christian Century*, 1965.
Ders. *The Death of God: The Culture of Our Post-Christian Era.*
Volk, H. *Tod (theologisch)*, in: *HThG II*, 1963.
Vrcan, D. – Bahtijarević, Š. *Religiozno ponašanje I*, Zagreb, 1975.

W

Weizsäcker von C. F. *Zum Weltbild der Physik*, Stuttgart, 1960.

Z

Zahrnt, H. *Gott kann nicht sterben. Wider die falschen Alternativen in Theologie und Gesellschaft*, R. Piper & Co. Verlag, München, 1970.
Zemljar, A. *Djevica*, Čakavski, Split, 1977.
Zohar, D. – Marshall, J. *SQ*, VBZ, Zagreb, 2002.

Namensverzeichnis

Abraham, 41, 152
Adam, 39
Alfvén, H., 10, 157
Altizer, Th. J. J., i, 60–62, 64, 65, 157
Amen, D., 129, 157
Ayer, A. J., 54, 157

Bahtijarević, Š., 73, 142, 146, 161
Balducci, E., 27, 157
Baldwin, J., 152
Baloban, S., 89, 157
Barth, K., 49, 54–56, 59, 61, 64, 68, 105, 157
Baum, G., 22, 157
Benktson, B., 56, 103, 157
Bense, M., 15
Berdjajev, N., 91, 157
Berrigan, Gebrüder, 24
Bethge, E., 98–100, 118, 123, 157
Blake, W., 62
Bloch, E., 68
Bošnjak, B., 73, 145, 157
Bolkovac, P., 16, 53, 157
Bonhoeffer, D., i, 15, 16, 42, 43, 46, 47, 53, 55–58, 60, 61, 71, 82, 95, 97–111, 115–128, 130–137, 142, 143, 147, 148, 151, 157, 158, 160
Braun, H., 55, 157
Buber, Ch., 68, 157
Bulat, N., 34, 157
Bultmann, R., 55, 56, 59, 60, 62, 116, 157
Buren, P. M., i, 60, 61, 65, 157

Camus, A., 16, 44, 62, 72
Chardin, T. de, 72, 154
Coreth, E., 56, 57, 92, 158
Cox, H., 23, 44, 57, 58, 65, 158

Ćimić, E., 34, 146

Daecke, S., 59, 64, 66, 158, 160
Daniélou, J., 50
Darwin, Ch., 25, 152
Davidov, J., 44
Deeken, A., 74, 158
Descartes, R., 13
Dewart, L., 63, 158
Dilthey, W., 133, 134, 158
Dingermann, F., 36, 158
Dostojewski, F., 51
Dragojević, D., 73
Dudko, D. S., 82, 158
Dumas, A., 103, 158

Ebeling, G., 64, 158
Engels, F., 140, 142, 159
Esra, 22

Feuerbach, L. A., 13, 14, 153
Fichte, J. G., 13
Focht, I., 77
Frankl, V. E., 79, 88, 129, 150, 158
Fries, H., 34, 50, 158

Glucksmann, A., 114
Goethe, W., 153
Goleman, D., 129, 158
Gorki, M., 8
Grotius, H., 13
Grumelli, A., 17, 158
Gutierrez, G., 158

Hamilton, W., 59–61, 65, 158
Häring, B., 89, 158
Hayek, F., 89
Hegel, F., 13, 62, 149, 152
Heidegger, M., 15, 68

Heine, H., 44, 51
Hitler, A., 55, 98, 125
Hl. Basilius, 39
Hl. Gregor V., 39
Hl. Hylarius, 39
Hl. Jakobus, 149
Hl. Johannes, 17, 37
Hl. Johannes der Täufer, 106, 122
Hl. Paulus, 19, 25, 37, 40, 41, 69, 102, 146, 165
Hl. Petrus, 33, 42
Hl. Thomas, 64, 161
Hume, D., 50
Huntington, S. P., 114
Huxley, J., 50

Iersel, B., 22, 159
Ijob, 22
Ivančić, T., i, ii, 34, 159

Jagger, M., 86
Jaspers, K., 68
Jedin, H., 18, 159
Jesaja, 106
Jesus, i, 1, 7, 15, 17–20, 22, 23, 25–27, 33, 34, 36–38, 40–42, 46, 47, 49, 51, 57, 58, 60–62, 64, 65, 73, 74, 76, 91, 97, 98, 101–107, 109–111, 113–128, 131–133, 137, 149, 150, 153, 154, 159
Joel, 39
Jones, L. B., 91, 159
Jukić, J., 12, 34, 159
Jung, C. G., 89, 129, 159

Kant, I., 13, 50, 134, 159
Keppler, 13
Kierkegaard, S., 44
Klein, L., 53, 54, 159
Knoblauch, J., 91, 159
Krishna, H., 76
Küng, H., 144, 159
Kuzmanović, V., 73, 150, 159

Laplace, P. S., 13, 50
Lattuada, A., 90, 159
Lehmann, K., 68, 159
Lenin, V. I., 46, 140
Leo XIII., 39
Linacre, Th., 144
Lohse, J. M., 34, 159
Loretz, O., 53, 159
Lotz, J., 35, 56, 57, 158, 159
Lubac, H., 27, 159

Maha Rishi, M. J., 76
Mahari, G. J., 76
Mainberger, G., 36, 37, 159
Marcuse, H., 24
Marinković, R., 73
Marlé, R., 57, 159
Marshall, J., 129, 161
Marx, K., 140, 142, 149, 152, 153, 159
Matić-Halle, M., 73
Mayer, R., 56, 108, 136, 160
Mešnjak, S., 72
Merčep, V., 55, 160
Metz, J. B., ii, 50, 66, 88, 158, 160
Miano, V., 53, 160
Mihalić, S., 73
Milić, od M., 77
Moltmann, J., 66, 108, 109, 160
Mondin, B., 49, 50, 53, 64, 160
Moon, S., 76
Müller, Ch., 70, 160
Mussner, F., 37, 160

Napoleon, B., 50
Nešić, B., 79, 160
Nefiodow, L. A., 91, 160
Nehemia, 22
Newton, I., 13
Nietzsche, F., 7, 14, 44, 51, 52, 60, 62, 71, 72, 153, 160
Nikolaus Cusanus, 13
Niobe, 24
Novak, S., 72

Ognjenović, V., 79, 160

Paul, J., i, 44, 50–52, 60
Peale, N. V., 88, 160

Persinger, M., 129
Pius XII., 39
Power, D., 11, 160

Rahner, K., 35–37, 50, 53, 65, 129, 158, 160
Raos, I., 72
Ratzinger, J., 66, 127, 155, 156, 160, 165
Ristow, H., 101, 160
Robinson, A. T., 56, 57, 72, 160

Sartory, T., 53, 160
Sartre, J. P., 16, 52, 62, 153
Sauser, G., 35, 161
Scheler, Ch., 68
Schillebeeckx, E., 28, 66, 161
Schlegel, K. W. RF., 51
Schultz, H.J., 53, 161
Selimović, M., 146, 147, 161
Sirach, 22
Sloterdijk, P. , 114, 161
Smith, A., 88
Sölle, D., i, 49, 62, 65, 161
Spitz, R. A., 95, 161
Stählin, R., 50, 158
Stifter, A., 51
Suenens, J. L., 49, 161
Sung, J. M., 89

Šagi-Bunić, T., 34, 161
Šešić, B., 78, 79, 161
Šegedin, P., 73
Šestan, V., 76, 161

Tenžera, V.Thils, G., 74
Thielike, B., 64
Tillich, P., 57, 60
Tomaš, S., 73
Türk, H. J., 72, 161

Urličić, K., 75

Vahanian, G., i, 58–60, 65, 161
Vodopivec, M., 35, 161
Volk, H., 27, 35, 37, 41, 42, 58, 141, 146, 151, 161
Vorgrimler, H., 35, 36, 160
Vrcan, S., 142, 146, 161
Vuletić, A., 73

Weizsäcker, von, C. F., 13, 161
Wittgenstein, L., 54, 60, 71

Yogi, M. M., 76

Zahrnt, H., 32, 43, 44, 161
Zemljar, A., 150, 161
Zohar, D., 129, 161

Über den Autor

TOMISLAV IVANČIĆ wurde 1938 in Davor/Kroatien geboren. Nach seinem Studium der Philosophie und Theologie in Zagreb und Rom wurde er 1966 zum Priester der Zagreber Erzdiözese geweiht. Nachdem er an der päpstlichen Universität Gregoriana in Rom Magisterium in Philosophie und Doktortitel in Theologie erreicht hatte, kehrte er 1971 nach Zagreb zurück, wo er Professor der Fundamentaltheologie an der Katholischen theologischen Fakultät der Universität in Zagreb wurde. Er war einer der Redakteure der theologischen Fachzeitschrift *Bogoslovska smotra*, Redaktionsmitglied und Mitarbeiter von zahlreichen heimischen und ausländischen theologischen Zeitschriften und Mitglied im Verband kroatischer Literaturübersetzer. Seit 1983 ist er Kanonikus des Zagreber diözesanen Kapitels.

Gebiete seiner wissenschaftlichen Arbeit sind Philosophie, Theologie und Literatur. Sein besonderes Interesse gilt der Erforschung der menschlichen existenziell-geistigen Dimension, wo er die Möglichkeit moderner Evangelisation sowie die Notwendigkeit der Entwicklung *geistiger Medizin* entdeckte, die neben somatischer und psychischer Medizin unumgänglich bei der ganzheitlichen Heilung des Menschen und insbesondere bei der Heilung geistiger Krankheiten und der Sucht ist. Dafür entwickelte er die *Hagiotherapie* und gründete 1990 in Zagreb das Zentrum für geistige Hilfe, dessen Vorsteher er ist.

Seit 1971 war er neben seiner Tätigkeit an der Fakultät Studentenseelsorger in Zagreb, Initiator der Gebetsbewegung innerhalb der Kirche in Kroatien, Gründer der Glaubensgemeinschaft unter dem Namen *Gemeinschaft Wort und Gebet* und der Vereinigung *Zentrum für eine bessere Welt* in Kroatien und im Ausland. Im letzten Jahrzehnt bildet er in Kroatien und im Ausland Mitarbeiter für die Arbeit in Zentren für geistige Hilfe und Leiter der Seminare für die Evangelisation aus.

Seine wissenschaftlichen und Fachartikel erscheinen in einheimischen und ausländischen Zeitschriften und seine zahlreichen Bücher wurden in Deutsch, Italienisch, Französisch, Englisch, Koreanisch, Niederländisch, Ungarisch, Slowakisch, Albanisch, Slowenisch und Serbisch übersetzt.

Von 1998 bis 2001 war er Dekan der Katholischen theologischen Fakultät der Universität in Zagreb. Im September 2001 wurde er zum Rektor der Universität in Zagreb gewählt. Papst Johannes Paulus II. ernannte ihn am 9. Februar 2004 zum Mitglied der Internationalen theologischen Kommission unter Vorsitz des Vorstehers der Kongregation für Glaubenslehre, Joseph Kardinal Ratzinger, der später Papst Benedikt XVI. wurde.

Theologie: Forschung und Wissenschaft

Leonardo Boff
Das Stöhnen der Erde: Geburtswehen einer neuen Welt
Bd. 70, 2022, 304 S., 24,90 €, br., ISBN 978-3-643-15051-6

Walter Andreas Euler
Studien zur Biographie und Theologie des Nikolaus von Kues
Bd. 69, 2022, 304 S., 49,90 €, gb., ISBN 978-3-643-14893-3

Mark Hathaway; Leonardo Boff
Die Weisheit des Kosmos
Ein zukunftweisendes Weltbild. Mit einem Vorwort von Fritjof Capra
Bd. 67, 2021, 586 S., 49,90 €, br., ISBN 978-3-643-91328-9

Ida Raming
55 Years of Struggle for Women's Ordination in the Catholic Church
A Pioneer looks back: individuals – documents – events – movements
vol. 65, 2020, 138 pp., 24,90 €, pb., ISBN-CH 978-3-643-91265-7

Leonardo Boff
Traum von einer neuen Erde – Bilanz eines theologischen Lebens
Deutsche Übersetzung: Bruno Kern
Bd. 64, 2019, 212 S., 19,90 €, br., ISBN-CH 978-3-643-91113-1

John Corrigan; Frank Hinkelmann (eds.)
Return to Sender
American Evangelical Missions to Europe in the 20th Century
vol. 63, 2019, 152 pp., 29,90 €, pb., ISBN-CH 978-3-643-91083-7

Ida Raming
55 Jahre Kampf für Frauenordination in der katholischen Kirche
Eine Pionierin hält Rückschau: Personen – Dokumente – Ereignisse – Bewegungen
Bd. 62, 2018, 138 S., 19,90 €, br., ISBN 978-3-643-14031-9

Josef Nolte
Savonarola – Michelangelo – Luther
Ergänzungen zur Reformationsgeschichte und weiterreichende Fragen
Bd. 61, 2018, 240 S., 34,90 €, br., ISBN 978-3-643-13857-6

Cloe Taddei-Ferretti
Even the Dogs
The Ordination of Women in the Catholic Church
vol. 60, 2017, 276 pp., 34,90 €, pb., ISBN-CH 978-3-643-90927-5

Michael Hoelzl
Theorie vom guten Hirten
Eine kurze Geschichte pastoralen Herrschaftswissens
Bd. 59, 2017, 324 S., 39,90 €, br., ISBN-CH 978-3-643-90863-6

LIT Verlag Berlin – Münster – Wien – Zürich – London
Auslieferung Deutschland / Österreich / Schweiz: siehe Impressumsseite

Titel von Prof. Tomislav Ivancic im LIT Verlag

Tomislav Ivančić
Jesus aus Nazareth – geschichtliche Person
Zugänge im Blick auf fundamentale Rückfragen aus Theologie, Geschichts-, Literatur- und Kulturwissenschaft
„Das Christentum hat einen wunden Punkt. Dieser wunde Punkt ist Jesus von Nazareth. Hätte er nicht gelebt, wäre er nicht am Kreuz gestorben und von den Toten auferstanden, hätte das Christentum keinerlei Existenzberechtigung. Deshalb ist es eine fundamentaltheologische Aufgabe ersten Ranges, sich der historischen Frage zu stellen und die Quellen einer scharfen Prüfung zu unterziehen, um die Antwort in die Reflexion des Glaubens, aber auch in die öffentliche Debatte über Jesus und die Kirche einzuspeisen. Bei der Auferstehung wird es in jedem Fall grenzwertig, weil sie zwar große geschichtliche Wirkungen hat, aber per definitionem die Grenzen von Raum und Zeit überschreitet. Wie steht es aber um das gesicherte Wissen über das Leben und über den Tod Jesu?
Der Aufgabe, eine verlässliche Antwort zu geben, stellt sich Tomislav Ivančić.
Aus dem Vorwort von Prof. Dr. Thomas Söding
Bd. 58, 2018, 184 S., 29,90 €, gb., ISBN 978-3-643-13617-6

Tomislav Ivančić
Erneuerungen der Kirche für die Welt von heute
Impulse aus dem Zweiten Vatikanischen Konzil
Die Kirche soll „Leib Christi", „die Seele der Gesellschaft", das Vorbild dessen sein, was die Menschen sein sollten und könnten. Die Texte dieses Buches sind so angeordnet, dass sie nicht nur theoretisch überzeugen, sondern auch praktisch zu neuen Taten zur Erneuerung der Kirche und der Gesellschaft motivieren: Von „Universalität des Heils" führt der Weg zum neuen Verständnis von „Evangelisation". In der großen überregionalen Kirchen-Gemeinschaft genauso wie in christlichen Basisgruppen bezeugen Christen in allen Lebensaltern Jesus als den Retter der Welt.
Bd. 55, 2016, 236 S., 29,90 €, gb., ISBN 978-3-643-13304-5

Tomislav Ivančić
Hagiotherapie in der Begegnung mit dem Menschen
Grundlagen der Anthropologischen Medizin
Hagiotherapie als eine therapeutische Methode der Anthropologischen Medizin ist sowohl in wissenschaftlicher als auch in medizinischer Hinsicht eine Neuheit – sie unterscheidet sich sowohl von der Medizin als auch von Psychiatrie und Seelsorge. Sie basiert auf Forschungsergebnissen philosophischer und neurologischer Disziplinen, wie auch von Theologie, Physik, Biologie und Psychologie. Darüber hinaus hat sie praktische Therapieerfahrungen, die wissenschaftlich ausgewertet werden können.
Die Hagiotherapie beschäftigt sich mit der Untersuchung der menschlichen Geistseele, insbesondere deren Leiden, und sucht nach entsprechenden therapeutischen Möglichkeiten. Zahlreiche Verwundungen, Traumata und Erkrankungen der Geistseele des Menschen können hagiotherapeutisch geheilt werden.
Bd. 10, 2. Aufl. 2023, ca. 360 S., ca. 34,90 €, br., ISBN 978-3-643-15324-1

Theologie Ost – West

Europäische Perspektiven

hrsg. von Prof. Dr. Janez Juhant (Universität Ljubljana) und Prof. Dr. Albert Franz (†)

Margit Eckholt (Ed.)
Creation – Transformation – Theology
International Congress of the European Society for Catholic Theology (August 2021 – Osnabrück/Germany)
vol. 30, 2022, 570 pp., 49,90 €, pb., ISBN-CH 978-3-643-91488-0

Robert Petkovšek; Bojan Žalec (Eds.)
Ethics of Resilience
Vulnerability and Survival in Times of Pandemics and Global Uncertainty
vol. 29, 2022, 260 pp., 24,90 €, pb., ISBN-CH 978-3-643-91211-4

Miloš Lichner (Ed.)
Hope
Where does our Hope lie? International Congress of the European Society for Catholic Theology (August 2019 – Bratislava, Slovakia)
vol. 28, 2020, 732 pp., 49,90 €, pb., ISBN-CH 978-3-643-91330-2

Robert Petkovšek; Bojan Žalec (Eds.)
Ethical Implications of One God
The Significance of Monotheism
vol. 26, 2020, 208 pp., 29,90 €, pb., ISBN-CH 978-3-643-91126-1

Tonči Matulić
Metamorphoses of Culture
A Theological Discernment of the Signs of the Times against the Backdrop of Scientific-Technical Civilisation
vol. 25, 2018, 684 pp., 69,90 €, pb., ISBN-CH 978-3-643-91049-3

Stanko Gerjolj
Dramatik der biblischen Familienbeziehungen
Eine Herausforderung für die Erziehung heute
vol. 24, 2023, ca. 240 pp., ca. 34,90 €, br., ISBN-CH 978-3-643-91038-2

Robert Petkovšek; Bojan Žalec (Eds.)
Religion as a Factor of Intercultural Dialogue
vol. 22, 2019, 210 pp., 34,90 €, pb., ISBN-CH 978-3-643-91014-1

Robert Petkovšek; Bojan Žalec (Eds.)
Sacrifice
From origins and culture to contemporary life challenges
vol. 21, 2018, 288 pp., 34,90 €, br., ISBN-CH 978-3-643-90917-6

Robert Petkovšek; Bojan Žalec (Eds.)
Truth and Compassion
Lessons from the Past and Premonitions of the Future
vol. 20, 2017, 186 pp., 29,90 €, pb., ISBN-CH 978-3-643-90773-8

LIT Verlag Berlin – Münster – Wien – Zürich – London

Auslieferung Deutschland / Österreich / Schweiz: siehe Impressumsseite

Religion – Geschichte – Gesellschaft
Fundamentaltheologische Studien
begründet von Prof. Dr. Dr. Johann Baptist Metz (†), Prof. Dr. Jürgen Werbick, Prof. Dr. Johann Reikerstorfer
hrsg. von Prof. Dr. Ulrich Engel OP (Institut M.-Dominique Chenu, Berlin), Prof. Dr. Judith Gruber (KU Leuven), Dr. Michael Hoelzl (University of Manchester)

Hans-Gerd Janßen; Julia D. E. Prinz; Michael J. Rainer (Hrsg..)
Theologie in gefährdeter Zeit
Stichworte von nahen und fernen Weggefährten für Johann Baptist Metz zum 90. Geburtstag

Johann Baptist Metz (* 5. August 1928) hat seine Theologie im intensiven Austausch mit Philosophie, Geschichte, Rechts-, Politik- und Sozialtheorie, Jüdischem Denken und Welt-Literatur & Kunst gewonnen und entfaltet – und so nicht nur in der theologischen Diskussion prägende Spuren hinterlassen. Seine Gottesrede lässt sich nicht aus den Katastrophen in Geschichte und Gesellschaft herauslösen, sondern bleibt im Kern herausgefordert angesichts der weltweit steigenden Gefährdungen: interkulturell, sozial, politisch, ökonomisch, ökologisch ... !

Dieser Band führt 150 kompakte Stellungnahmen zusammen, die Zeit-Zeichen setzen: die Beiträger_innen loten aus, in wieweit sie der Neuen Politischen Theologie und J.B. Metz als Person prägende Inspirationen und bleibende Impulse für ihre eigene Sicht auf Philosophie, Theologie, Geschichte, Gesellschaft, Recht, Politik, Bildung und Kunst verdanken: eine ungewöhnliche Festschrift voller Überraschungen und weiterführender Anstöße.

Bd. 50, 2. Aufl. 2019, 600 S., 39,90 €, br., ISBN 978-3-643-14106-4

LIT Verlag Berlin – Münster – Wien – Zürich – London
Auslieferung Deutschland / Österreich / Schweiz: siehe Impressumsseite